Kohlhammer
Urban-
Taschenbücher

Band 329

Werner Link

Der Ost-West-Konflikt

Die Organisation der internationalen Beziehungen im 20. Jahrhundert

Verlag W. Kohlhammer
Stuttgart Berlin Köln Mainz

CIP-Kurztitelaufnahme der Deutschen Bibliothek

Link, Werner:

Der Ost-West-Konflikt: d. Organisation d. internat. Beziehungen im 20. Jh. / Werner Link. Stuttgart, Berlin, Köln, Mainz: Kohlhammer, 1980.
(Urban-Taschenbücher; Bd. 329)
ISBN 3-17-005888-6 kart.

Stuttgart Berlin Köln Mainz
Verlagsort: Stuttgart
Umschlag: hace
Gesamtherstellung: W. Kohlhammer GmbH
Grafischer Großbetrieb Stuttgart
Printed in Germany

Inhalt

Einleitung

In politischen Gesprächen und Diskussionen findet die Ansicht, daß der Ost-West-Konflikt der Grundzug der Weltpolitik nach 1945 ist, breite Zustimmung. Über den Konfliktinhalt und -verlauf sowie über den derzeitigen Konfliktstand gehen allerdings die Meinungen weit auseinander, ganz zu schweigen von der unterschiedlichen Einordnung einzelner Ereignisse in diesen Weltkonflikt. Zudem ist in den letzten Jahren eine allgemeine Orientierungslosigkeit entstanden, nachdem zunächst die gängigen Deutungen des Kalten Krieges und dann die Konzepte der Entspannungspolitik in Frage gestellt wurden. Indem zugleich ein neuer weltpolitischer Konflikt, der Konflikt zwischen den Industriestaaten und den Entwicklungsländern, erkennbar wurde, komplizierte sich die Diskussion: Verliert der Ost-West-Konflikt gegenüber dem Nord-Süd-Konflikt an Bedeutung oder verlängert er sich in die Dritte Welt? Ist Entspannung hier wie dort erreichbar? Fortsetzung der Entspannungspolitik, geographische Unteilbarkeit der Entspannung, realistische Entspannungspolitik, Rückfall in den Kalten Krieg und eine Reihe ähnlicher Begriffe tauchen als neue Schlüsselwörter auf, die freilich das weltpolitische Verständnis nicht aufschließen, sondern eher verschließen. Orientierungslosigkeit oder Flucht in Schablonendenken scheinen die Alternativen zu sein.

Dieser Sachverhalt dürfte seinen Grund darin haben, daß internationale Beziehungen – im Unterschied zu den innerstaatlichen Beziehungen – nicht oder nur selten durch unmittelbare Teilhabe des Bürgers erfahrbar sind. Weltpolitik ist, vermittelt durch die Massenmedien, nah und doch zugleich fern. Zeitungsleser, Radiohörer und Fernsehzuschauer werden mit Nachrichten aus aller Welt versorgt, die sich ihnen ohne erkennbaren Zusammenhang präsentieren. Freundschaftsbeteuerungen und Kooperationsvereinbarungen, Dispute und Konflikte, Kriegsdrohungen und Kriege, Friedensverhandlungen und Friedensappelle, Staatsbesuche mit wortreichen Schlußkommuniqués oder feierlichen Vertragsunterzeichnungen, internationale Konferenzen mit Reden und Gegenreden, mit Resolutionen und Gegenresolutionen, scheinen einem Puzzle zu gleichen, dessen Teile sich nicht zusammenfügen lassen. Die publizistische Gepflogenheit, politische Sachverhalte zu personalisieren, steigert die Verwirrung. Im raschen Wechsel innenpolitischer Gezeiten der einzelnen Staaten erscheinen immer wieder neue Personen auf der weltpolitischen Drehbühne – Akteuere, deren interne und externe Handlungskontexte unbekannt bleiben oder nur schlagwortartig skizziert werden. Es entsteht der Eindruck, daß die internationalen Beziehungen jeglicher Ordnung und Struktur entbehren. Dieser Eindruck ist verständlich. Daß er gleichwohl unzutreffend ist, erschließt sich freilich nur einer gedanklichen Anstrengung.

Ausgehend von derartigen Vorüberlegungen, werden in diesem Buch zunächst die verschiedenen Ordnungs- und Organisationsmuster der internationalen Beziehungen vorgestellt und erörtert (dezentralisiertes Staatensystem; institutionalisierte Staatengemeinschaft; transnationale Beziehungen). Anschließend wird eine politikwissenschaftliche Konflikttheorie entwickelt und auf die internationalen Beziehungen des 20. Jahrhunderts bezogen: Dabei erweist sich der Ost-West-Konflikt insofern als zentraler Weltkonflikt, als er aufgrund widerstreitender ordnungs- und machtpolitischer Tendenzen wiederholt eine kritische Spannung im internationalen Beziehungssystem erzeugt und sich in verschiedenen lokalen und regionalen Konflikten konkretisiert. Er wird zeitweise überlagert von dem Konflikt zwischen dem Dritten Reich und Japan einerseits und der antagonistischen Koalition der Alliierten des Zweiten Weltkrieges andererseits, sowie von dem Nord-Süd-Konflikt.

Dieser Zusammenhang wird systematisch untersucht und erhellt (wobei freilich das Kapitel über den Nord-Süd-Konflikt einer gesonderten Veröffentlichung vorbehalten bleiben muß, da sonst der Umfang eines Taschenbuches gesprengt worden wäre). Genese, Strukturen und Verlaufsmuster des Ost-West-Konflikts und dessen jeweilige Konkretisierungen stehen im Mittelpunkt der empirischen Analyse. Das Hauptinteresse gilt den verschiedenen Formen der Konfliktregulierung, d. h. den Versuchen der Konfliktparteien, durch Verminderung oder Erhöhung des internationalen Beziehungs- und Organisationsgrades eine Mischung zwischen Annäherung und Abgrenzung zu finden, die dem jeweiligen Verhältnis zwischen Gegensätzen und Gemeinsamkeiten angemessen ist. In den verschiedenen Phasen des Konfliktverlaufs werden somit typische Konfliktregulierungen erkennbar, die auf die Organisation der internationalen Beziehungen gerichtet sind und die weltpolitische Entwicklung bestimmen.

I. Die politische Organisation der internationalen Beziehungen

1. Allgemeine Überlegungen zur Organisationsproblematik

Um die Frage nach den spezifischen Ordnungs- und Organisationsmustern (Strukturen) in den internationalen Beziehungen zu beantworten, bedarf es zunächst einer allgemeinen Reflexion über das, was als Organisation oder Struktur begriffen werden kann. Es empfiehlt sich, von einem weiten sozialwissenschaftlichen Organisationsbegriff, der auch informelle, nicht-institutionalisierte Beziehungszusammenhänge umfaßt, auszugehen. Organisation kann danach generell definiert werden als »eine Vielfalt von Elementen (wobei jedes Element unterscheidbar ist) in einem Satz von Beziehungen, die ein Ganzes bilden« (Krikorian, 1935). Der organisatorische Aspekt ist also nichts anderes, als was gemeinhin als Struktur bezeichnet wird: »Die Zuerkennung einer Ordnung zwischen individuellen Teilen, bei der die Teile im Lichte ihres Gesamtarrangements erscheinen« (J. Bronowski, zit. bei Ruggie, 1971, S. 74). Differenzierung und Integration sind aufeinander bezogene Aspekte der Organisation bzw. Struktur, d. h. – wie Alwin W. Gouldner (1967) treffend formuliert hat – »Organisation« dient nicht nur »der Verbindung, Kontrolle und Integration der Teile«, sondern hat vielmehr auch »die Funktion, sie zu trennen und ihre funktionale Autonomie aufrechtzuerhalten und zu schützen«. Der Gesamtzusammenhang stellt für die Teile bzw. Elemente eine »Bedingtheit« (conditionality) dar; d. h. Organisation wirkt als Beschränkung (constraint) der ansonsten bestehenden theoretischen Möglichkeiten; nur eine bestimmte Anzahl von theoretischen Möglichkeiten kann aktualisiert werden; durch Organisation werden Aktionen und Ereignisse (events) konditioniert (W. Ross Ashby, 1962). Was damit gemeint ist, läßt sich am besten an solchen Beziehungszusammenhängen verdeutlichen, bei denen eine voll institutionalisierte formalisierte Organisation vorhanden ist. So werden z. B. in staatlich organisierten Gesellschaften, durch die Verfassung fixiert, bestimmte Aktivitäten der interagierenden Gruppen ausgeschlossen bzw. eingeschränkt oder in gewisser Weise »vorgeschrieben«.

Dieser Grundgedanke würde freilich mechanistisch mißverstanden, wenn eine einseitige Bedingtheit durch »Organisation« in dem Sinne angenommen würde, daß die Struktur des Gesamtzusammenhangs das Handeln der Teile einbahnstraßenartig bedingt (Ursache → Wirkung). Für gesellschaftlich-politische Beziehungen (und nur sie sind Gegenstand der folgenden Erörterungen!) ist vielmehr die Annahme einer gegenseitigen Bedingtheit und einer gegenseitig einschränkenden Kontrolle bzw. Steuerung (Popper, 1973) sinnvoll. Die Beziehung zwischen sozialen Handlungseinheiten (Akteuren) und zwischen ihnen und ihrer Umwelt ist als strenge Interaktion zu begreifen, d. h. als reziprokes Handeln, das sich zwischen verschiedenen Handlungseinheiten eines Ganzen oder zwischen dieser organisierten Totalität, den einzelnen Handlungseinheiten und der Umwelt abspielt (Overtone und Reese, 1973, S. 79). Eine spannungsreiche Beziehung zwischen Selbstbestimmung (Autonomie) und wechselseitiger Abhängigkeit ist die adäquate Annahme.

Kenneth N. Waltz (1975) hat diese Konzeption auf die internationalen Beziehungen (genauer gesagt: auf die zwischenstaatlichen Beziehungen) angewandt, ausgehend von der Annahme, daß im Staatensystem die Staaten autonome Einheiten sind und zugleich in einer spezifischen Beziehung zueinander stehen:

»Da sich Staaten beschränken und einander begrenzen, können internationale Beziehungen als nicht voll ausgebaute Organisationen begriffen werden. Jeder Staat gelangt zu seinen Politiken und entscheidet über Aktionen gemäß seines internen Prozesses, aber seine Entscheidungen werden durch die bloße Existenz anderer Staaten und durch die Interaktionen mit ihnen gestaltet. [...]
[...] die Situation, in der sie agieren und interagieren, hält sie von einigen Aktionen ab, lenkt sie hin zu anderen Aktionen und beeinflußt das Ergebnis ihrer Interaktionen.«

Mithin sind Erklärungen zwischenstaatlicher Beziehungen, die sich nur auf die Eigenschaften der Staaten und auf innerstaatliche Impulse beziehen (wie z. B. auf die kapitalistische Wirtschaftsstruktur eines Staates bzw. einer Gesellschaft) reduktionistisch.* Statt dessen sind Wirkungsfaktoren (Ursachen) auf der Ebene der Einzelstaaten *und* auf der Ebene der Gesamtbeziehungen zu suchen (Waltz, 1975, S. 67); es handelt sich um eine wechselseitige Bedingtheit oder – um die Begrifflichkeit von Popper zu verwenden – um Wechselwirkung, gegenseitige Einschränkung und Kontrolle zwischen den Staaten und dem Staatensystem.

---

* Unter Reduktionismus versteht man eine Erklärungsweise, »die Prozesse auf einer Systemebene auf Gesetzmäßigkeiten im Verhalten der Subsysteme reduziert« (H. D. Rönsch, in: Lexikon der Soziologie, Opladen 1973, S. 552).

An dieser Stelle kann zunächst davon abgesehen werden, daß es in den internationalen Beziehungen neben den Staaten auch noch andere Akteure gibt, wodurch das Staatensystem modifiziert wird (dazu weiter unten). In jedem Fall müssen die Akteure (die Handlungseinheiten) identifiziert werden, um die Organisation oder Struktur zu bestimmen. Darüber hinaus ist nach dem jeweiligen Ordnungsprinzip und nach dem jeweiligen Arrangement zwischen den Handlungseinheiten (nach der Gruppierung) zu fragen (Waltz). Das Ordnungsprinzip kann – in Gegensatzpaaren ausgedrückt – in Zentralisierung oder Dezentralisierung, in Hierarchisierung (mit Subordination) oder Koordinierung bestehen. Und die Gruppierungen können – unter den Bedingungen der Ungleichheit und Unsicherheit – nach der Zahl der strukturbestimmenden Hauptmächte als unipolar, bipolar oder multipolar klassifiziert werden (zur Problematik dieser Klassifizierung vgl. u.a. Bühl, 1978, S. 64ff.).

Dabei ist die definitorische Unterscheidung zwischen Polarität und Polarisierung, die Kjell Goldmann und seine Mitarbeiter (1972) (1974) vorgenommen haben, sinnvoll:

Polarität gibt die Machtverteilung im Staatensystem an, genauer gesagt, die Anzahl der Großmächte, während Polarisierung die Richtung der Beziehungsströme kennzeichnet. Wenn man mittels einer Kombination von Indikatoren militärischer, ökonomischer, ideologischer und politischer Macht einen Machtindex errechnet (eine Aufgabe, die bekanntlich wegen der Gewichtungsproblematik keineswegs einfach und eindeutig zu lösen ist, vgl. Fucks, 1965; Deutsch, 1978), so kann man eine Rangliste der Staaten aufstellen. Der Abstand zwischen den einzelnen Staaten läßt sich dann dadurch ermitteln, daß man den numerischen Wert eines Staates durch denjenigen des folgenden Staates dividiert. Dort, wo der Abstand (d.h. der Quotient) am größten ist, verläuft die Trennungslinie zwischen den Großmächten und den anderen Staaten. *Polarisierung* bezieht sich auf das Prozeßmuster, das durch die mehr oder weniger starke Orientierung der mittleren und kleineren Staaten an den jeweiligen Machtpolen entsteht. D.h. durch die Zu- oder Abnahme positiver Beziehungen zwischen ihnen und den jeweiligen Machtzentren (»Polen«) entsteht eine Unipolarisierung, Bipolarisierung oder Multipolarisierung bzw. eine Depolarisierung, die übrigens in einzelnen Handlungsbereichen verschieden sein kann. Die Polarisierung entspricht keineswegs immer genau der jeweiligen polaren Machtstruktur, aber es besteht eine Beziehung zwischen beiden.

Das Handeln der einzelnen Einheiten (in unserem Fall der Staaten) und der Handlungsprozeß insgesamt wird durch die jeweilige Struktur bedingt et vice versa. Strukturen (Gruppierungen, Arrangements und deren Regeln), die die relative Macht der Hauptakteure widerspiegeln, setzen den Rahmen für den Interaktionsprozeß; sie beschränken das Handeln, ohne es völlig bestimmen zu können. Vielmehr wirkt der Interaktionsprozeß seinerseits auf die Strukturen modifizierend ein; d. h. es besteht auch zwischen Struktur und Prozeß ein wechselseitiger Einfluß (Scott, 1977, S. 433). Mit der Struktur-Prozeß-Unterscheidung wird also nicht ein starrer Gegensatz zwischen *statischer* Struktur und *dynamischem* Prozeß angenommen. Gesellschaftliche Strukturen sind stets dynamische Beziehungsmuster, die Gruppierungen beruhen auf sich wandelnden Machtverteilungen, die gesellschaftliche Beziehungen darstellen; sie sind »bewegliche Figurationen« interdependenter Menschen, Gesellschaftsgruppen, Staaten usw. – ein Begriff, der durch den Vergleich mit Gesellschaftstänzen veranschaulicht werden kann:

»[W]ie jede andere gesellschaftliche Figuration ist eine Tanzfiguration relativ unabhängig von den spezifischen Individuen, die sie hier und jetzt bilden, aber nicht von Individuen überhaupt. Es wäre unsinnig, zu sagen, daß Tänze Gedankengebilde sind, die man aufgrund von Beobachtungen an einzelnen, für sich betrachteten Individuen abstrahiert. Das gleiche gilt von allen anderen Figurationen« (Elias, ²1969, S. LXVIIf.).

Führt man den Vergleich weiter, so kann man sagen, daß insbesondere internationale Konfigurationen in verschiedenen Phasen mehr oder weniger scharf konturiert und in ihren Grundlinien ausgeprägt sind – bis hin zur fast völligen Verwischung der Konturen (vergleichbar den »Freistil-Tänzen« der Disco-Generation). Aber selbst ein wenig strukturiertes »Ganzes« kann »eine Art Wirkung oder Kontrolle über seine Elemente oder Teile ausüben« (Popper, 1973). Andererseits ist auch in einem präzis vorgeschriebenen klassischen Tanz ein Minimum von individueller Eigenart in der Ausführung vorhanden. »Internationale Beziehungen bestehen, wie der Tanz oder jedes andere Muster organisierter menschlicher Beziehungen, aus einer Reihe von Verhaltensmustern. Diejenigen, die an diesen Beziehungen teilnehmen, tun es ihrer individuellen Eigenart gemäß und versuchen gelegentlich, das generelle Muster zu ändern« (Barrington Moore, 1951, S. 352).

Der von Norbert Elias und anderen gewählte Vergleich ist auch deshalb nützlich, weil dadurch der Gefahr vorgebeugt wird, die Begriffe Organisation, Struktur, Konfiguration oder System zu verdinglichen oder in einen Modellplatonismus zu verfallen. Es

handelt sich im gesellschaftlichen Bereich allemal um Begriffe, die aus der Beobachtung der gesellschaftlich-politischen Wirklichkeit und zu ihrer Erfassung gebildet werden. Sie werden konstruiert, müssen aber die gesellschaftliche Realität widerspiegeln und abbilden. Sie dürfen daher nicht in falscher Analogie zu lebenden Organismen oder zu mechanischen Systemen verwendet werden. D.h. sie haben weder Eigenleben noch Eigengesetzlichkeit, weder »Bedürfnisse« noch teleologische »Lebensgesetze« (Haas, 1964 und 1975; Stephens, 1972). Gesellschaftliche und politische Organisation bedeutet keine Determinierung, sondern eine Begrenzung des Handelns; und das gilt auch für die internationalen Beziehungen (Price, 1978).
Nach der allgemeinen Erörterung der Organisationsproblematik ist es möglich und notwendig, die spezifischen Ordnungsmuster und Strukturen der internationalen Beziehungen genauer zu bestimmen, wobei (wie oben gezeigt wurde) nach den Akteuren, den Ordnungsprinzipien und den Gruppierungen zu fragen ist. Da sich, thesenhaft formuliert, die internationalen Beziehungen durch die Verbindung und Überlappung verschiedener Organisations- und Strukturprinzipien und durch eine Pluralität von Akteuren auszeichnen, soll zunächst idealtypisch das Grundmuster dargestellt und sollen dann seine Modifikationen diskutiert werden.

2. Die internationalen Beziehungen als dezentralisiertes Staatensystem

Der traditionelle und nach wie vor wichtigste Ansatz der Analyse der internationalen Beziehungen untersucht den Beziehungszusammenhang zwischen den Staaten, die – so lautet die theoretisch vereinfachende Annahme – als prinzipiell autonome und einheitliche Akteure angesehen werden können; d.h. die internationalen Beziehungen werden in ihrem Grundmuster als ein dezentralisiertes Staatensystem begriffen. Tatsächlich ist die neuzeitliche Geschichte charakterisiert durch den Siegeslauf des territorialen (National-)Staates als Organisationseinheit und internationaler Akteur. Nach dem Verfall des kaiserlichen und des päpstlichen Universalismus hatte sich dieses Prinzip – völkerrechtlich im Westfälischen Frieden von 1648 sanktioniert – zunächst in Europa durchgesetzt (vgl. Hintze, 1931); oder besser gesagt: es blieb zunächst auf Europa beschränkt. Indem die Mitglieder des europäischen Staatensystems nach Übersee ausgriffen, entstanden durch außereuropäische Eroberungen imperiale Gebilde, die zwar auf der nationalstaatlichen Basis der jeweiligen europäischen Großmächte aufruhten und ihre Herrschaftszentren in Europa hatten, aber bereits tendenziell die europäische Beschränkung der internationalen Politik aufbrachen. Und mit dem Verfall der imperialen Ordnungen, die in unserem Jahrhundert durch zwei Weltkriege beschleunigt wurden, setzte sich schließlich das nationalstaatliche Organisationsprinzip weltweit durch und führte zu einer extremen Fragmentierung des internationalen Systems in mehr als 150 höchst ungleiche Territorialstaaten, die infolge der technologischen Entwicklung zunehmend in reale Beziehungen und wechselseitige Abhängigkeiten geraten, für die aber formal die Rechtsgleichheit der Souveränität gilt. Da in den entwickelten Ländern nationalstaatliche Organisation und Industrialisierung eng miteinander verbunden waren, übernehmen die Entwicklungsländer mit der Zielsetzung der Industrialisierung auch das Ziel der Erstarkung des Nationalstaates als »die unverzichtbar gewordene Richtschnur« (Mansilla, 1978) ihrer Politik. In den Industrieländern ist ebenfalls neuerdings in Reaktion auf die internationalen Interdependenzen eine Tendenz zur Renationalisierung der Politik – ein Neuer Nationalismus (Link und Feld, 1978) – erkennbar geworden. Der Grundsatz der Souveränität, der nicht nur von den jungen Staaten als Schutzformel ihrer Unabhängigkeit betont wird, schließt aus, daß das Prinzip der Subordination die Beziehungen und das Zusammenwirken der Staaten im Weltsystem regelt. Vielmehr sind Koordination und Dezentralisation die durchgängigen Ordnungsprinzipien zwischen den Staaten. In diesem Sachverhalt liegt der prinzipielle Unterschied zwischen innerstaatlicher und internationaler Politik, zwischen innerstaatlicher und internationaler Rechtsordnung, der einer näheren Erläuterung bedarf.

In beiden Bereichen ist Politik – allgemein formuliert – dasjenige Handeln kollektiver Willensverbände, das auf die Organisation und Aktivierung des gebietsgesellschaftlichen Zusammenwirkens direkt oder indirekt gerichtet ist (Heller, ²1961) und in verbindlichen Entscheidungen über die Zuteilung von Werten seinen Ausdruck findet (Easton, 1965). Die typischen Muster innerstaatlicher und internationaler Politik sehen folgendermaßen aus:

Innerhalb der Staaten werden die Entscheidungen durch die Zentralgewalt getroffen; die Bürger akzeptieren diese Entscheidung (die in rechtsstaatlichen Systemen als Rechtsbefehl, i.e. als Gesetz, formuliert wird); sie sind dieser Entscheidung unterworfen, deren Durchsetzung gegenüber dem Rechtsbrecher durch die staatliche Monopolisierung der legalen und legitimen Zwangsgewalt gewährleistet wird. Voraussetzung für das Funktionieren der innerstaatlichen Organisation ist ein Minimum wertmäßiger Gemeinsamkeit (Basiskonsens), aufgrund dessen die staatliche Ordnung bei der überwiegenden Mehrheit der Bürger ihre Legitimität erhält (wenn sie fehlt, entsteht eine Bürgerkriegssituation).

In internationalen Systemen ist keine hinreichende Gemeinsamkeit als Voraussetzung für eine staatsähnliche Ordnung vorhanden. Daher kommen die verbindlichen Entscheidungen nicht durch einen gesetzgeberischen Akt einer Zentralgewalt, sondern durch die Koordination der Entscheidungen der einzelnen Staaten, »durch die Zustimmung der Staaten, d. h. durch Konsens« (Menzel, 1973; Verdross und Simma, 1976, S. 257ff.) zustande; es fehlt eine der innerstaatlichen Sanktionsgewalt vergleichbare Monopolisierung legaler Gewaltanwendung zur Durchsetzung der verbindlichen Entscheidungen gegen Rechtsbrecher. Während sich in einem funktionierenden Rechtsstaat dessen Mitglieder, die Staatsbürger, auf den Schutz durch die Staatsgewalt verlassen können, müssen im Staatensystem die Mitglieder, die einzelnen Staaten, selbst für ihre Sicherheit sorgen, wobei Sicherheit als »Bewahrung der staatlichen Identität«, d. h. als die »Sicherung der fortgesetzten inneren Selbstbestimmung, die Freiheit der gesellschaftlichen Eigenentwicklung eines Volkes« definiert werden kann (Löwenthal, 1971). Als umfassender Begriff ist er nicht nur auf die militärische Sicherheit bezogen, sondern schließt er – je nach Situation – auch andere Dimensionen, insbesondere die ökonomische Dimension, mit ein. Im Anschluß an die grundlegenden Erörterungen von John H. Herz (1974), Kenneth N. Waltz (1975), Richard A. Falk (1975) und Benjamin J. Cohen (1973) läßt sich das internationale System in seinen Grundzügen als ein dezentralisiertes anarchisches Selbsthilfesystem beschreiben, in dem die formal souveränen und rechtlich gleichen Staaten (»die höchsten, keiner weiteren Macht oder Autorität unterworfenen Einheiten«) selbst für ihre Sicherheit und Realisierungschancen sorgen müssen, und zwar unter den Bedingungen faktischer Ungleichheit; »infolge gegenseitigen Verdachtes über die Absichten des anderen« müssen sie um ihre Sicherheit fürchten und »sehen sich dazu gezwungen, immer mehr Macht zu akkumulieren, nur um der Macht der anderen begegnen zu können« (John Herz, 1974), d. h. sie befinden sich in einem »Macht- und Sicherheitsdilemma«. Die formale Gleichheit kollidiert mit den faktischen Ungleichheiten zwischen den Staaten, die asymmetrische Interdependenzen unter den Bedingungen prinzipieller Unsicherheit und Ungewißheit begründen. Da in dieser prekären »Ordnung« keine übergreifende Autorität Sicherheit zu garantieren vermag, ist Macht das regulierende Prinzip, das die Gruppierung der Staaten bestimmt. Ohne auf die Begriffsscholastik über den Machtbegriff näher einzugehen, wird Macht hier definiert als Verfügung über materielle und ideelle Ressourcen und deren Mobilisierungsfähigkeit zur Beeinflussung des Handelns anderer und zur Kontrolle der Interaktionsergebnisse (vgl. Keohane und Nye, 1976). Gemeinsamkeiten, die zur Kooperation führen können, und gegensätzliche Interessen oder widerstreitende Tendenzen, die sich zu Konflikten steigern können, sind herleitbar aus der konkreten Konstellation des Selbsthilfesystems, in dessen Rahmen die jeweiligen Interessen und Positionen definiert werden (vgl. dazu und zum folgenden Abschnitt die grundlegenden Studien von H. Bull, 1977, und M. Wight, 1978).

Die große Kluft zwischen formaler Gleichheit und realer Machtungleichheit bedarf der Überbrückung, und der Widerspruch zwischen Fragmentierung und Interdependenz bedarf der Vermittlung. Die Großmächte übernehmen eine de facto Ordnungsfunktion; sie sind die »Manager« des globalen politischen Systems (Modelski, 1972); sie setzen die Normen und Spielregeln und organisieren das internationale System als eine Herrschaftsordnung mit Einflußzonen und Allianzen. Unter den Bedingungen der Selbsthilfe unterliegen freilich auch sie dem Macht- und Sicherheitsdilemma, und das heißt, daß jede Großmacht bestrebt ist, durch interne Maßnahmen (Mobilisierung von Ressourcen, Rüstung u. dgl.) oder/und durch externe Maßnahmen (direkte oder indirekte Expansion, Bildung von Interessensphären oder Allianzen) genügend Macht zu akkumulieren, um der Macht der anderen Großmächte begegnen zu können – ohne indes über einen objektiven Maßstab zur Bestimmung von »genügend Macht« zu verfügen und Sicherheit auf Dauer erlangen zu können, weil die Konkurrenten entsprechend verfahren. Aus dieser Sozialkonstellation und nicht aus irgendeinem biologischen Trieb oder bösen Willen resultieren die Tendenzen zur Hegemonie (bis hin zur imperialen Herrschaft) und zur Gegenmachtbildung. Die Struktur der Hegemonie ist charakterisiert durch den bestimmenden Einfluß einer Vormacht, des Hegemonialstaates (Triepel, 1943). Die Struktur eines Gegengewichtssystems dadurch, daß sich die Staaten gegenseitig beschränken, so daß die ständigen wechselseitigen Schwankungen, durch Gegengewichte geregelt, in Grenzen gehalten werden (Gentz, 1806). Jedes Gleichgewichtssystem ist mehr oder weniger instabil; die ständigen wechselseitigen Schwankungen resultieren u.a. daraus, daß die Großmächte bestrebt sind, immer etwas stärker als ihre potentiellen Gegner zu sein bzw. zu werden (Spykman, 1942).

Daß Gegenmachtsysteme (meist Gleichgewichtssysteme genannt) – die auch als oligopolistische Konkurrenzsysteme begriffen werden können (Cohen, 1973) – aus den allgemeinen Bedingungen des Staatensystems als eines Selbsthilfesystems zu erklären sind, haben Waltz und Cohen überzeugend dargelegt (siehe zusammenfassend auch Kammler, 1978). Diese Konfiguration ist jedoch nur *ein* typisches Ergebnis der Staatenkonkurrenz; sie ist die Alternative zur Hegemonie, die in einigen Geschichtsepochen imperial realisiert worden ist und auch in dem modernen Staatensystem nicht nur als Zielsetzung, sondern als reale hegemoniale Führung nachweisbar ist.

Auf den inneren Zusammenhang zwischen beiden Konfigurationen hat bereits Fichte (1806) hingewiesen. Aus den Bedingungen der Staatenkonkurrenz und aus der »Sorge für die Selbsterhaltung« hat er für jeden kultivierten Staat die Notwendigkeit nach externer Erweiterung oder/und innerer Verstärkung hergeleitet, aus der sich die Tendenz zur Universalmonarchie (als gesteigerte Form der Hegemonie) *und* zum Gleichgewicht ergebe:

»Diese Tendenz zu einer christlich-europäischen Universalmonarchie hat sich denn auch nacheinander in mehreren Staaten, welche darauf Anspruch machen konnten, gezeigt, und ist, seit dem Fall des Papsttums, das eigentliche belebende Prinzip unserer Geschichte geworden. [...]
Gegen diesen Vergrößerungstrieb [der Begriff Trieb ist hier nicht biologisch gemeint, wie etwa bei Hans J. Morgenthau (1963), sondern im Sinne von Tendenz, d. Verf.], sind nun die minder mächtigen Staaten gezwungen, auf ihre Selbsterhaltung zu denken; deren Bedingungen zugleich die Erhaltung der übrigen Staaten wird [...]; mit Einem Worte, es entsteht für diese minder mächtigen Staaten die Aufgabe, das Gleichgewicht im Gebiete des Christentums zu erhalten. [...]
Dieses Gleichgewicht der Gewalt in der europäischen Völkerrepublik zu erhalten, strebt nun kein Staat anders, als aus Mangel eines Besseren, und weil er den Zweck der alleinigen Vergrößerung seiner selbst, und den ihm zugrundeliegenden Plan der Universalmonarchie, noch nicht zu fassen vermag. Wird er nun stärker werden, so wird er ihn ohne Zweifel fassen. Es strebt daher jeder Staat entweder nach der christlichen Universalmonarchie, oder wenigstens, nach dem Vermögen, danach streben zu können: nach Gleichgewicht, wenn ein anderer es stören will, und ganz in der Stille, nach dem Vermögen, es allenfalls selber zu stören. [...]«

Fichte hat in diesem Kontext auch erkannt, daß ein Gleichgewichts- bzw. Gegengewichtssystem von zwei grundsätzlich verschiedenen Positionen aus verfolgt und erreicht werden kann: entweder aus der Position desjenigen Staates, der im Aufstieg begriffen ist, gegenüber der bisherigen Vormacht gleichzieht und eine Parität erreicht, oder aus der Position eines Staates, der im

Abstieg begriffen ist, dessen Vormacht zerfällt und der daher nur noch für die Erhaltung der Parität gegenüber dem aufsteigenden Staat kämpft. Diese Einsicht ist hilfreich, um den ideologisch-propagandistischen Gebrauch des Gleichgewichtsgedankens zu verhindern und den analytischen Wert des Konzepts zu erhalten.

In der jüngsten Literatur hat Modelski (1976), offenbar ohne Kenntnis von Fichtes Überlegungen, einen ähnlichen Zusammenhang zwischen hegemonialer Führung durch eine Weltmacht und einem Gleichgewichtssystem in Form eines zyklischen Grundmodells aus dem Verlauf der neuzeitlichen Geschichte abgeleitet:

»Each cycle known so far comprises and may be said to originate in a period of minimal organization (sometimes verging on near anarchy) that ultimately transforms or dissolves into a global war. Global wars are ›conflicts that determine the constitution of the global political system‹ wide-ranging and far-reaching in their consequences they may last over a period of a generation and in the end, they give birth to a new world order. One world power emerges from that conflict in an advantageous position and organizes the world even as the struggle still goes on and formalizes its position in the global layer in the peace settlement. For the space of another generation that new power maintains basic order and is the mainspring of world institutions oftentimes taking transnational forms. But the time comes when the energy that built this order begins to run down, as all order runs down in the absence of sturdy mechanisms of self-replenishment. The prominent role of world power attracts competitors (other great powers) and its previously preeminent if largely customary (rather than legal) authority begins to wear out; the system moves into multipolarity. Rivalries among the major powers grow fiercer and assume the characteristics of oligopolistic competition. Gradually, as order dissolves the system moves toward the point it originally departed from, that of minimal order and a Babel of conflicting and mutually unintelligible voices.«

Danach gehört die Konfiguration des Gleichgewichts, oder besser: der Gegenmachtbildung, zu derjenigen Entwicklungsphase des Staatensystems, in der die führende Weltmacht absteigt und noch keine neue Weltmacht ihren Führungsanspruch durchgesetzt hat, also ein oligopolistischer Wettbewerb um die Vormacht zwischen annähernd gleich starken Konkurrenten existiert.

Für unsere Überlegungen ist die geschichtswissenschaftliche Frage, ob die historischen Daten tatsächlich ca. hundert Jahre umfassende Zyklen des Auf- und Abstiegs einer Weltmacht belegen, weniger bedeutsam. Ludwig Dehio ([3]1974) hat die historischen Realisationen der Alternative »Gleichgewicht oder Hegemonie« für das europäische Staatensystem differenzierter beschrieben. Vermeidet man sowohl eine unangebrachte Konkretheit als auch die mechanistischen Vorstellungen, die häufig mit dem Gleichgewichtsgedan-

ken verbunden werden (Heinemann, 1976), so bleibt als zentrale Einsicht, daß ein Wechsel zwischen Hegemonie- und Gegenmachtpolitik und den entsprechenden Konfigurationen zu beobachten ist. Beide Politiken bzw. Konfigurationen und ihr Wechsel sind aus der Grundkonstellation der modernen Staatenwelt als eines Selbsthilfesystems und aus den Gemeinsamkeiten und Gegensätzen, die sich bis zum offenen Konflikt steigern können, herleitbar.
Von der Erklärung der Entstehung der beiden Konfigurationen ist die Beurteilung ihrer Wirkungen zu unterscheiden. Da sowohl die Hegemonialpolitik als auch die Gleichgewichts- bzw. Gegenmachtpolitik Kriege nicht ausgeschlossen, sondern ausdrücklich als legitimes Mittel einbezogen, läßt sich generell über die friedens- oder kriegsfördernde Wirkung keine Aussage machen. Gleichwohl ist die Gleichgewichtspolitik von ihren Befürwortern wiederholt als spezifische Friedenspolitik bezeichnet worden, wie umgekehrt ihre Gegner die historischen Kriege auf die Gleichgewichtspolitik zurückführten und eine eindeutige Vormachtstellung als friedensfördernd betrachten. Angesichts dieser verwirrenden Sachlage ist es unbefriedigend, wenn man sich – wie Waltz – auf das an sich richtige Argument zurückzieht, daß eine wissenschaftlich aufgeklärte Gleichgewichtstheorie Strukturen internationaler Politik und nicht deren Wirkungen erklären wolle. So gibt es denn auch darüber hinausgehend – anknüpfend an David Singers allianzpolitische Datensammlungen (1966 und 1972) und an andere Datenprojekte – Versuche, Hypothesen über die friedenspolitischen Konsequenzen einer Allianz- und Gleichgewichtspolitik mit verfeinerten statistischen Methoden zu testen (u. a. Zinnes, 1967 und 1970; Healey und Stein, 1973; Rosecrance et al., 1973). Abgesehen von den grundsätzlichen erkenntnistheoretischen Einwänden gegen die Brauchbarkeit der angewandten Methoden (vgl. die treffende Kritik von Schroeder, 1977), ist festzuhalten, daß die Ergebnisse alles andere als eindeutig sind. Ihr Wert ist ferner dadurch beeinträchtigt, daß strikt abgegrenzte Gleichgewichtskonfigurationen bzw. Allianzkonstellationen miteinander verglichen und getestet werden oder gar nur die Konfiguration *einer* Dekade untersucht wird, nicht jedoch der dynamisch-prozeßhafte, alternierende Zusammenhang zwischen Vorherrschaft eines Staates, Abbau der Vorherrschaft, Gleichgewicht und Aufstieg einer neuen Führungsmacht Gegenstand der empirischen Untersuchungen ist. Dieser vernachlässigte Zusammenhang könnte am ehesten anhand eines jüngst entworfenen Modells manifester sozialer Konflikte analysiert werden, indem Hypothesen darüber entwickelt werden, welche Bedeutung und Konsequenz sich ändernde Unterschiede in den

Machtressourcen für die Wahrscheinlichkeit offener Konflikte haben (Korpie, 1974). Überträgt man sie auf den zwischenstaatlichen Bereich, so lauten sie wie folgt:

1. Bei extremen Unterschieden in den Machtressourcen zweier antagonistischer Staaten besteht eine geringe Wahrscheinlichkeit für einen offenen Konflikt (= Krieg) zwischen ihnen.
2. Wenn sich die Ressourcenverteilung in Richtung auf eine Angleichung verändert, wird sich die Wahrscheinlichkeit eines offenen Konfliktes erhöhen.
3. Die Wahrscheinlichkeit eines offenen Konflikts sinkt hingegen, wenn eine ungefähre Gleichheit (Parität) tatsächlich bzw. perzeptionell erreicht ist.
4. Die Wahrscheinlichkeit eines offenen Konflikts ist am größten kurz vor bzw. nach der Erreichung einer ungefähren Gleichheit, d.h. kurz bevor der bisher schwächere Staat den stärkeren machtmäßig eingeholt hat bzw. kurz nachdem der einst stärkere Staat unter den Gleichstand absinkt.

Das Modell geht wohlgemerkt von der Grundannahme rationalen Handelns sowie einer rationalen Kalkulation der Erfolgs- und Nutzenerwartungen aus; und zugrunde gelegt werden jeweils die Perzeptionen über die Machtverteilung. Ferner ist das Modell eindimensional, beschränkt sich auf das Verhältnis zweier Akteure und läßt mögliche intervenierende Variablen (wie Dritt- und Viertparteien usw.) zunächst unberücksichtigt. Schließlich bezieht sich das Modell in seiner ursprünglichen Fassung ausdrücklich auf gesellschaftliche Akteure. Insofern bedarf es gewiß einer Erweiterung und ist eine Übertragung auf internationale Akteure nicht unproblematisch. Es ist aber – im Unterschied zu anderen Modellen – dem dynamischen Wechsel zwischen Hegemonie und Gleichgewicht adäquat.

Wenn die genannten Hypothesen im internationalen Bereich einer empirischen Überprüfung, die eher mit den bewährten Methoden der Geschichtswissenschaft als mit den bisher wenig ergiebigen quantitativen statistischen Methoden vorzunehmen ist (so auch jetzt Kammler, 1978), standhielten, wäre die Gleichgewichtspolitik zwar ihres absoluten Friedensmythos in überzeugender Weise beraubt, aber in ihrer relativen Friedensrelevanz bestätigt. Als friedenspolitisch kritisch hätte dann diejenige Entwicklungsphase zu gelten, die *vor* der ungefähren Balancierung oder *nach* dem Verlust einer ungefähren Balance liegen. Eine kursorische Durchsicht der historischen Daten scheint für diese Annahme zu sprechen (z.B. erfolgte 1962 die Kuba-Aktion der Sowjetunion in jener kritischen Phase *vor* der Erreichung der strategischen Parität im

Sinne der beidseitigen Zweitschlagfähigkeit; vgl. Jensen, 1965; Slocombe, 1971, S. 29ff.).

Neuerdings haben die Untersuchungen von Kjell Goldmann (1973) über den Zusammenhang von strategischer Stabilität und Spannung (= Grad der Bedrohungsperzeptionen) in Europa die Annahme bestätigt:

Die *Übergangsphase* vom strategischen Monopol der USA (im Sinne der Unverwundbarkeit der amerikanischen nuklearen Schlagfähigkeit) zur gesicherten Zweitschlagfähigkeit beider Seiten war die kritische Phase, in der aufgrund der strategischen Instabilität und Ungewißheit die Spannungen (bzw. Bedrohungsperzeptionen) stiegen und die gravierendste Krise (1962) entstand; eine Konstellation des Machtgleichgewichts, die durch *gesicherte* wechselseitige Zweitschlagfähigkeit gekennzeichnet ist, begünstigt die Entspannung (vgl. auch Bergeron, 1971, der freilich von einem ungewöhnlichen Paritätsbegriff ausgeht).

Die These, daß der dynamische Zusammenhang zwischen den Konfigurationen Hegemonie und Gleichgewicht auch für die Analyse der internationalen Beziehungen der *Gegenwart* relevant ist, schließt gegenwartsbezogene Modifikationen der genannten Hypothesen nicht aus. Für beide Konfigurationen gilt, daß sie aus den Entwicklungen der prä-nuklearen Geschichte hergeleitet wurden, in denen zwei Rahmenbedingungen existierten:

1. Der Trend zur nationalstaatlichen Organisation der gesamten Erde war noch nicht zum Ende gekommen; und

2. die militärischen Potentiale, die den Status einer Großmacht verliehen, waren voll einsetzbar; der militärische Machtkampf zwischen den Großmachten, d. h. Krieg auf höchster Ebene, entschied über deren Auf- oder Abstieg und damit über die jeweilige Struktur des Staatensystems; er schuf Gewißheit über die reale Machtverteilung, die dann in einer neuen Ordnung ihren Ausdruck fand.

Beide Voraussetzungen sind heute nicht mehr oder nur noch bedingt vorhanden. Die Erde ist national- bzw. territorialstaatlich durchorganisiert. Das nukleare Potential, das die Großmachtstellung begründet, ist auf globaler Ebene nicht mehr direkt zur Erhaltung einer bestehenden Struktur oder zur Herstellung einer neuen Konfiguration einsetzbar, sondern nur zur Abschreckung, bei deren Versagen statt einer neuen Weltordnung das Chaos erzeugt würde.

Daraus resultiert dreierlei: (1) generell gewinnt die psychologisch-ideologische Dimension eine größere Bedeutung; (2) speziell wird das Problem des Machtgleichgewichts bzw. der Gegenmachtbildung zum Problem gegenseitiger Abschreckung (Goldmann, 1974; Abschreckung und Entspannung, 1977); (3) zugleich erfolgt eine Aufwertung der konventionellen Machtpotentiale, die nach wie vor auch direkt einsetzbar sind, bei denen aber eine breitere Streuung vorhanden ist, so daß sich der strukturbestimmende direkte Machtkampf von der höchsten Ebene auf mittlere und untere Ebenen verlagern kann. Regionalen Strukturen kommt also zunehmend eine globale Bedeutung zu.

Während die Neuerungen denjenigen Ansatz nicht sprengen, der das Staatensystem als ein Selbsthilfesystem autonomer Staaten bebegreift, führt eine grundsätzliche Kritik zu der Frage, ob dieser Ansatz nicht einer Modifikation, einer Ergänzung oder gar einer Ersetzung durch andere Ansätze bedarf, um neuartige Elemente der internationalen Beziehungen beschreiben und erklären zu können.

3. Die internationalen Beziehungen als institutionalisierte Staatengemeinschaft

Die tatsächlichen Verflechtungen, die in zunehmendem Maße zwischen den Staaten und Gesellschaften bestehen, haben die Autonomie der einzelnen Staaten eingeschränkt. Die intensiven weltweiten Austauschbeziehungen materieller und ideeller Art machen die Grenzen des Territorialstaates durchlässig (Herz, 1959). Die Staaten können wichtige Funktionen (militärische und ökonomische Sicherheit, Wohlstandssicherung und -mehrung, Verkehrssicherheit, Umweltschutz usw.) kaum noch in autonomer isolierter Entscheidung, sondern nur noch in Zusammenarbeit erfüllen. Dadurch wird der Wettbewerb zwischen den Staaten nicht aufgehoben, aber tendenziell durch kooperative Elemente ergänzt. Soweit nicht unvereinbare Gegensätze die Beziehungen bestimmen, bietet sich statt einer »competition-in-separate-action« eine »competition-through-cooperation« als sinnvoll an (Stanley Hoffmann, 1965), und zwar auch auf der Ebene militärischer Sicherheit (wie die kooperative Rüstungskontrollpolitik anschaulich belegt). Die kompetitive Kooperation bedarf der globalen Regelung. Aus dieser Notwendigkeit resultiert die Tendenz zur Institutionalisierung des Beziehungszusammenhanges, die in einer Vielzahl internationaler Organisationen in einzelnen funktionalen Problem- und Handlungsbereichen und auf gesamtpolitischer Ebene ihren Ausdruck gefunden hat (vgl. E. Senghaas-Knobloch, 1969).

Die Gründung internationaler Organisationen setzte in den Jahren

1821–1874 bezeichnenderweise auf funktionalen Sektoren grenzüberschreitender regionaler und globaler Kommunikation ein (Schiffahrt, Telegraphie, Postwesen); Marksteine der weiteren Entwicklung sind die Sonderorganisationen des Völkerbundes und der Vereinten Nationen; in jüngster Zeit dokumentiert die Gründung der Internationalen Energieagentur (1974/75), daß die ökonomische Sicherheit für die intergouvernementale Zusammenarbeit relevant ist (vgl. die Übersicht bei Luard, 1968, S. 230f.). Zur Zeit existieren mehr als 250 internationale Organisationen auf intergouvernementaler Ebene (zu den nicht-gouvernementalen internationalen Organisationen siehe unten Kapitel I. 5.).

Die Neigung nationaler Regierungen zur Mitarbeit in internationalen Organisationen wird bestimmt von der Einsicht und Notwendigkeit, bei der Erfüllung spezifischer Aufgaben von anderen abhängig zu sein, und von dem allgemeinen Bestreben, solche Abhängigkeiten so gering wie möglich zu halten (Ruggie, 1972). Während nämlich die *bilaterale* Zusammenarbeit für den schwächeren Staat (d. h. für den Staat, der wegen eines »Mangels« fremder Hilfe und Mitwirkung bedarf) oftmals zur Penetration (Rosenau, 1966) führt, ist die multilaterale Zusammenarbeit in internationalen Organisationen in der Regel mit einem geringeren Grad einseitiger Abhängigkeit verbunden – zumal innerhalb der internationalen Organisation Koalitionen der schwächeren Staaten ein Gegengewicht zu den starken Staaten schaffen können.

Was ergibt sich aus dem Sachverhalt, daß ein relativ dichtes Netz internationaler Organisationen die traditionelle Organisation des Staatensystems überlagert? Die sogenannten Funktionalisten haben die Schlußfolgerung gezogen, daß dadurch eine neue Struktur des »arbeitenden Friedens« entstehen könnte, der den Antagonismus souveräner Staaten überwinden würde (Mitrany, 1943). Diese Hoffnung hat sich ebenso wenig erfüllt wie die Annahme der sogenannten Neofunktionalisten (vgl. Schmitter, 1969), daß Kooperation im ökonomischen Bereich gewissermaßen automatisch in den hochpolitischen Bereich übergreift (spill over) (vgl. Haas, [2]1968). Die Zusammenarbeit in internationalen (und auch in supranationalen) Organisationen bleibt an die Zustimmung der einzelnen Staaten gebunden, die von der jeweiligen Definition der eigenen Interessenlage abhängt. Auch in den internationalen Organisationen spiegelt sich die reale Macht und Interessenlage – wenn auch gebrochen – wider. Das Organisationsprinzip des bestehenden Staatensystems wurde nicht beseitigt oder ersetzt, sondern lediglich ergänzt.

Dieser Sachverhalt tritt am deutlichsten in der Organisation der

Vereinten Nationen zutage. Weder ist der Sicherheitsrat eine Weltregierung, noch die Generalversammlung eine Weltlegislative; und es existiert keine internationale Polizei, die die Sicherheitsratsentscheidungen notfalls mit Gewalt durchsetzen könnte. Die UNO ist – trotz einiger Fortschritte, die gegenüber ihrer Vorgängerorganisation, dem Völkerbund, gemacht wurden – nicht mit dem internationalen System identisch geworden und hat die von den Befürwortern einer institutionalisierten Weltgemeinschaft gehegten Hoffnungen nicht erfüllt. Aber sie spiegelt auch nicht lediglich Aktivitäten und Beziehungen ihrer einzelnen Mitglieder wider (Young, 1976). Sie hat in beschränktem Maße Ansätze einer eigenständigen Akteursqualität entwickelt:

(1) bei der Trennung von Konfliktparteien durch UN-Friedenstruppen und bei der Vermittlung in Konflikten, in denen die Großmächte nicht direkt Konfliktparteien waren;

(2) im Entkolonialisierungsprozeß;

(3) bei der Einschränkung innerstaatlicher Souveränität (Menschenrechtsproblematik); und

(4) bei der Begründung neuer Normen.

Der letztgenannte Bereich der Rechtsschöpfung hat sich in den letzten Jahren ausgeweitet. Die Generalversammlung und/oder Sonderkonferenzen (wie z. B. UNCTAD) haben weltweite Probleme, wie Umweltschutz, See- und Meeresbodennutzung, Entwicklungshilfe und Neuordnung der Weltwirtschaft, aufgegriffen und rechtliche Regelungen erarbeitet (vgl. z. B. die Deklaration und das Aktionsprogramm über die Errichtung einer neuen Weltwirtschaftsordnung und die Charta der wirtschaftlichen Rechte und Pflichten der Staaten von 1974). Ihre Bewertung ist freilich kontrovers. Formal juristisch betrachtet, handelt es sich zweifellos um Resolutionen, die Empfehlungscharakter haben. Betont man diesen Aspekt, so läßt sich argumentieren, daß die UNO nicht effektives Völkerrecht oder gar Gemeinschaftsrecht, sondern eher »soft law« schafft. Dem kann man zwar entgegenhalten, daß in den Vereinten Nationen eine Entwicklung »von bloßem Empfehlungs- zum Entscheidungsrecht« (Tomuschat, 1976) erkennbar ist (die Planung für eine Meeresbodenbehörde wäre hier zu nennen) und daß de facto auch die nicht streng verbindlichen Resolutionen eine beachtliche indirekte Bindungs- und Legitimationswirkung für das politische Handeln haben. Aber sofern der Abschluß eines multilateralen Vertrages angestrebt wird, »müssen schon im Stadium der Erarbeitung eines Entwurfs die großen Meinungsblöcke auf einen gemeinsamen Nenner gebracht werden, soll die geplante Rechtsschöpfung nicht spätestens an der mangelnden Ratifikationsbereitschaft der

um ihre Interessen besorgten Staaten scheitern« (Tomuschat, 1976, S. 293). Das Prinzip der autonomen Entscheidung der Einzelstaaten und die machtpolitischen Gruppierungen (und nicht die von den Entwicklungsländern geforderte »demokratische Mehrheitsherrschaft«) sind also nach wie vor auch in der »institutionalisierten Staatengemeinschaft« UNO strukturbestimmend.
Die die Einzelstaaten übergreifende »Super-Struktur« der Vereinten Nationen stellt nur eine internationale »Quasi-Ordnung« bzw. mehrere Quasi-Ordnungen dar, die dann am effektivsten sind, wenn sie mit der realen Machtstruktur übereinstimmen:

»Im Rahmen dieser Quasi-Ordnungen erfüllt das Recht der unorganisierten, teilweise organisierten und konföderierten internationalen Gesellschaften seine eigenen Funktionen. Es ist seine Aufgabe, solche Quasi-Ordnungen in ähnlicher Weise zu legitimieren wie das Gesetz der Macht es in dem Staat tut.
In Handlungsfeldern der Gegenseitigkeit, die aus der Sicht der Machtpolitik peripher sind, ist dem internationalen Recht sogar gestattet, andere als rein ideologische Funktionen auszuüben. Das trifft auch für die Beziehungen zwischen denjenigen Mächten zu, deren machtmäßige Gleichheit die Hintergrunddrohungen der Machtpolitik neutralisiert.
Es ist in noch höherem Maße zutreffend für wenige Ausnahmesituationen, wenn z. B. eine internationale Organisation zur Hilfeleistung für Erdbebenopfer geschaffen wird [...]. In solchen flüchtigen Momenten ist es keine Illusion, daß ein internationales Koordinationsrecht tatsächlich wirksam wird und die ihm zugeschriebenen Funktionen erfüllt« (Schwarzenberger, 1976).

Nimmt man eine leichte Zuspitzung dieser Argumentation vor, so ergibt sich eine Differenzierung einerseits zwischen sicherheitspolitischen Bereichen bzw. Krisensituationen, in denen das unmittelbare Minimalziel physischen und politischen Überlebens im Vordergrund steht und in denen die Regeln des Selbsthilfesystems vorherrschen, und nicht unmittelbar sicherheitsbezogenen Bereichen und entspannten Situationen andererseits, in denen langfristige politische Maximalziele, wie individuelle Freiheit, allgemeine Wohlfahrt und Gerechtigkeit oft kooperativ verfolgt werden (Liska, 1960).
Auch im rechtlichen und politischen System der Vereinten Nationen hat sich diese Unterscheidung – jenseits aller anderslautenden Rhetorik – Ausdruck verschafft. Die Zwangsmaßnahmen zur Friedenssicherung blieben dem Sicherheitsrat vorbehalten; aber zugleich erhielten die Großmächte ein Vetorecht eingeräumt und alle Staaten durch Artikel 51 »das naturgegebene Recht zur individuellen und kollektiven Selbstverteidigung« für den Fall eines bewaff-

neten Angriffes zuerkannt. Dadurch wurde das Entscheidungszentrum der Weltorganisation gerade im sicherheitspolitischen Bereich lahmgelegt bzw. den machtpolitischen Interessen der konkurrierenden Großmächte unterworfen. Der ursprüngliche Gedanke der rechtlichen Institutionalisierung einer Kollektivhegemonie der Großmächte bzw. einer Weltregierung im Kriegsfall hätte, wenn er verwirklicht worden wäre, in der Tat die hergebrachte Struktur des Staatensystems grundsätzlich geändert; er hätte nämlich sowohl die Organisationsprinzipien der einzelstaatlichen Autonomie und der zwischenstaatlichen Koordination als auch das dezentralisierte Selbsthilfesystem mit seinen alternierenden gegenläufigen Tendenzen der Hegemonie- und Gegenmachtbildung ersetzt. Statt dessen ist in der Satzung der Vereinten Nationen die seit dem Westfälischen Frieden bestimmende Grundstruktur erhalten geblieben: Artikel 2, 1 besagt: »Die Organisation beruht auf dem Grundsatz der souveränen Gleichheit aller ihrer Mitglieder«, und in Artikel 2, 7 heißt es: »Aus dieser Charta kann eine Befugnis der Vereinten Nationen zum Eingreifen in Angelegenheiten, die ihrem Wesen nach zur inneren Zuständigkeit eines Staates gehören, oder eine Verpflichtung der Mitglieder, solche Angelegenheiten einer Regelung aufgrund dieser Charta zu unterwerfen, nicht abgeleitet werden«. Nationale Regierungen bzw. Parlamente bleiben die ausschließliche Quelle territorialer Autorität, und die Entscheidungen und Übereinkommen nationaler Regierungen stellen weiterhin die wichtigste Quelle internationaler Autorität dar (Falk, 1969). In der politischen Wirklichkeit wird die souveräne Gleichheit eher durch die tatsächliche machtpolitische Ungleichheit und durch die daraus resultierenden Mächtegruppierungen modifiziert als durch normative Einschränkungen der UN-Satzung.

Die neuen Elemente einer institutionalisierten Staatengemeinschaft stehen teils in einem Gegensatz zu der herkömmlichen Staatenordnung; teils können sie von Staatengruppierungen (nicht nur von den Großmächten, sondern auch von den Ländern der Dritten Welt) komplementär nutzbar gemacht werden. So dient die UNO als Forum, auf dem die Staaten ihre Differenzen »in proportionale Beziehungen [...] zur Tatsache der gemeinsam akzeptierten Existenz« (Czempiel, 1975, S. 102) setzen (Relationierungsfunktion); oder die Vereinten Nationen werden als Instrument genutzt, das die Legitimierung und Durchsetzung der Interessen einzelner Staaten oder der Staatenmehrheit erleichtert (Legitimierungsfunktion). In beiden typischen Fällen werden dadurch die Regeln der bisherigen Staatenkonkurrenz nicht außer Kraft gesetzt, sondern nur modifiziert. Bestenfalls, nämlich unter Bedingungen relativer glo-

baler strategischer Sicherheit und Stabilität, kann die UNO subsidiär diejenigen Gemeinschaftsaufgaben in Angriff nehmen, die das traditionell dezentralisierte Staatensystem nicht zu erfüllen vermag. Die durch die UNO modifizierte Organisation der Staatenwelt kann zur Zeit und wohl auch für die absehbare Zukunft nur als »Quasi-Regime« (Alker, 1977/78) gewertet werden.
Daß dieses Quasi-Regime zentrale Aufgaben – wie Frieden und Verteilungsgerechtigkeit – nur unzulänglich zu erfüllen vermag, ist evident. Immerhin ist der Beitrag der UNO zu einer gerechten Friedensordnung – vor allem die Erarbeitung eines Entwicklungsvölkerrechts – beachtlich (vgl. Ruge, 1976; Randelzhofer, 1979). Man kann bezweifeln, daß die UNO verglichen mit den entsprechenden Leistungen staatlicher Regime schlechter abschneidet und daß eine staatsanaloge Weiterentwicklung eine Verbesserung bedeuten würde. Oran R. Young (1978) hat in diesem Sinne argumentiert und z. B. darauf hingewiesen, daß Gewalt in vielen Staaten ein proportional höheres Niveau erreicht als in dem internationalen politischen System und daß der Bevölkerungsanteil, der in bestimmten Zeitabschnitten durch Bürgerkriege getötet wurde, höher liegt als in internationalen Kriegen derselben Periode. Wenn die gesellschaftlichen Voraussetzungen für eine staatliche Ordnung (nämlich insbesondere eine gemeinsame Wertbasis) nicht vorhanden sind und wenn die Rechtsordnung nicht den machtmäßigen Gegebenheiten entspricht, entstehen Aufruhr und Bürgerkrieg und nicht Frieden und Sicherheit innerhalb einer staatlichen Organisation. In Anbetracht der globalen Spaltungen und Gegensätze dürfte eine staatsähnliche integrative Weltordnung mithin eher konterproduktiv sein und keinen Fortschritt gegenüber der derzeitigen Quasi-Ordnung versprechen (vgl. von Simson, 1975).

4. Transnationale Beziehungen

Die Analysenansätze, die die internationalen Beziehungen vornehmlich als ein dezentralisiertes Selbsthilfesystem oder als eine quasi-institutionalisierte Staatengemeinschaft begreifen, operieren durchgängig mit der Grundannahme, daß die Handlungseinheiten der Gesamtbeziehungen Staaten sind. Sie lassen außer acht, daß auch nicht-staatliche Akteure – Gewerkschaften, Geschäftsleute und deren Organisationen, große Unternehmen mit Produktionsstätten und Filialen in verschiedenen Ländern (Multis), kulturelle und religiöse Organisationen – in den internationalen Beziehungen eine Rolle spielen. Die gesellschaftlichen Akteure genießen in

Staaten und Gesellschaften, in denen kein Staatsmonopol besteht, eine *relative* Autonomie gegenüber den staatlichen Stellen, wodurch sich ihnen auch nach außen ein Handlungsspielraum eröffnet. Sie können über Staatsgrenzen hinweg Handlungszusammenhänge (a) zwischen gesellschaftlichen Gruppen verschiedener Staaten und/oder (b) zwischen gesellschaftlichen Gruppen und ausländischen Regierungen schaffen. Diese Handlungszusammenhänge weichen von dem üblichen Muster der internationalen Beziehungen, das sich auf die Interaktionen von staatlichen Akteuren (Regierungen) konzentriert, ab. Sie stehen nur bis zu einem gewissen Grade unter der Kontrolle der staatlichen Akteure (Regierungen), sind aber offensichtlich konstitutive Bestandteile der Gesamtbeziehungen und sie werden im Unterschied zu den zwischenstaatlichen Beziehungen (die gemeinhin mit den internationalen Beziehungen gleichgesetzt werden) »transnationale Beziehungen« genannt.
Seit der zweiten Hälfte des 19. Jahrhunderts – parallel zur Entstehung internationaler Organisationen auf intergouvernementaler Ebene – sind für funktionale Teilbereiche auch nicht-gouvernementale internationale Organisationen (Non-Gouvernmental Organizations, NGOs) gebildet worden, z. B. die Sozialistische Internationale, der Internationale Gewerkschaftsbund, der Weltkirchenrat, die Internationale Handelskammer u. dgl. Die jährliche Zuwachsrate regionaler und universaler NGOs betrug in der Zeit nach dem Zweiten Weltkrieg ca. 6% und war überdurchschnittlich hoch in denjenigen funktionalen Bereichen, die auch für die nationalen Regierungen zunehmend als bedeutsam angesehen werden – nämlich in den Sektoren des Handels, der Industrie, der Finanzen und der Technologie. Insgesamt existieren zur Zeit über 2500 NGOs. In ihnen spiegeln sich die sich verdichtenden Transaktionen und Verflechtungen zwischen den Gesellschaften wider. Sie stellen die Institutionalisierung der transnationalen Beziehungen dar (Skjelsbaek, 1971). Allerdings scheint auch für die transnationalen Beziehungen zutreffend zu sein, daß die nicht-institutionalisierten transnationalen Beziehungen zwischen einzelnen gesellschaftlichen Akteuren bzw. zwischen ihnen und ausländischen Regierungen bedeutsamer sind als die institutionalisierten NGOs.
In nicht-kommunistischen Ländern sind gesellschaftliche Gruppen identifizierbar, die aus jeweils verschiedenen Gründen (ethnischer, ökonomischer, religiöser oder ideologischer Art) in besonderem Maße außenorientiert sind. Sie haben »Verbindungen zum internen politischen System und besondere Verbindungen zu dem internationalen oder ausländischen ›input‹« (K.W. Deutsch, 1966). Sie verbinden das internationale System mit dem jeweiligen staatlichen

System; sie sind der akteursmäßige Ausdruck des Sachverhaltes, daß die innerstaatlichen Probleme internationalisiert werden und die internationalen Zusammenhänge für die Innenpolitik relevant werden (Hanrieder, 1979). Diese Verbindungsgruppen (linkage groups) können als Hauptträger der transnationalen Beziehungen angesehen werden (vgl. z. B. Bunker, 1969, und Link, 1970 und 1978).

Die zentrale Funktion, die gesellschaftliche Akteure durch ihre transnationalen Beziehungen ausüben, besteht in der Vermittlung und Übertragung von Informationen und von Waren und Kapital über Staatsgrenzen hinweg; d. h. die realen Austauschprozesse zwischen Staaten und Gesellschaften werden in hohem Maße durch transnationale Beziehungen gestaltet (Transmissionsfunktion). Gesellschaftliche Gruppen fungieren des weiteren *in* ausländischen Gesellschaften und Staaten unterstützend, beratend oder initiierend im *internen* Willensbildungsprozeß und Handlungszusammenhang. Im *zwischengesellschaftlichen* bzw. *zwischenstaatlichen* Beziehungszusammenhang können durch die transnationalen Tätigkeiten gesellschaftlicher Gruppen (d. h. durch die Ausübung der genannten Funktionen) zwei in ihrer Richtung unterschiedliche Wirkungen entstehen, indem nämlich hinsichtlich des allgemeinen Meinungsklimas und hinsichtlich konkreter Politiken entweder eine Annäherung (Assoziationsfunktion) oder eine Distanzierung (Dissoziationsfunktion) zwischen den betreffenden Staaten bzw. Gesellschaften gefördert wird (Link, 1978).

In empirischen Untersuchungen ist gezeigt worden, daß dabei nach der Struktur der Gesamtbeziehungen, insbesondere nach symmetrischen und asymmetrischen Beziehungen, zu unterscheiden ist (Keohane und Nye). Sowohl die zwischenstaatliche Konfiguration als auch die interne politische Struktur der jeweils beteiligten Gesellschaften stellen wesentliche Bedingungsdimensionen für die Entfaltung der transnationalen Beziehungen dar und werden ihrerseits durch die transnationalen Beziehungen beeinflußt. Dieser wechselseitige Wirkungszusammenhang ist vor allem für die Tätigkeit der Multinationalen bzw. Transnationalen Unternehmen theoretisch begründet und empirisch nachgewiesen worden (siehe Moran, 1972; Wilkins, 1974; Feld, 1972; Huntington, 1973).

Wie das Verhältnis zwischen transnationalen und zwischenstaatlichen Beziehungen im *globalen* Zusammenhang zu werten ist, kann gegenwärtig noch nicht eindeutig gesagt werden, weil bisher gründliche *empirische* Analysen nur über dyadische Beziehungen (USA–Kanada; USA–Deutschland) vorgenommen wurden (Nye, 1974; Link, 1978).

Auf der Ebene *theoretischer* Argumentation stehen sich zwei entgegengesetzte Annahmen gegenüber:

Modelski (1976) hat die interessante These aufgestellt, daß transnationale Beziehungen besonders dann florieren, wenn eine zur Weltmacht aufgestiegene Großmacht eine neue Globalordnung geschaffen hat und bei minimaler direkter territorialer Herrschaft Kontrolle mittels funktionaler Beziehungsnetze ausübt. (Ähnlich betont Gilpin, 1975, die Rolle der »Multis« bei der Errichtung einer Hegemonie.) Die entgegengesetzte soziologistische These vertritt Bühl (1978), indem er in der Bevorzugung der funktionalen Organisation und der transnationalen Politik eine epochale Tendenz zu erkennen glaubt, die aus der *Erosion* der Hegemonialordnung einen mächtigen Entwicklungsimpuls erhalte.

Während der Bedeutungszuwachs transnationaler Beziehungen bei Modelski einer funktionierenden Hegemonialordnung zugerechnet wird, wird er bei Bühl mit dem hegemonialen Kontrollverlust und Machtverfall in eine innere Verbindung gebracht, d.h. eine »multiple und indirekte Führung in ökonomischer, technologisch-wissenschaftlicher und sozial-organisatorischer Hinsicht« tritt an die Stelle hegemonialer Führung. Beide Thesen müßten empirisch überprüft werden. Die bisherigen Untersuchungsergebnisse sprechen eher gegen die soziologistische These. Zumindest liefern sie keine hinreichende empirische Begründung für das Argument, daß die Grundstruktur der zwischenstaatlichen Beziehungen, das Ordnungsprinzip und die Gruppierungen des bisherigen Staatensystems, durch die transnationalen Beziehungen prinzipiell geändert wurde.Sie stützen auch nicht die Annahme, gesellschaftliche und staatliche Akteure hätten in der Weltpolitik eine gleichgroße Bedeutung. Ein qualitativer Unterschied ist grundsätzlich nach wie vor dadurch vorhanden und empirisch nachweisbar, daß nur die staatlichen Akteure in der Lage sind, für alle verbindliche Entscheidungen zu treffen. Die gesellschaftlichen Akteure sind keine Normgeber – weder national noch international –; sie haben nur eine relative Autonomie, und zwar nicht einmal global, sondern nur in nicht-totalitären Staaten! Diejenigen Zusammenhänge und Regelungen, die von nicht-staatlichen Akteuren zwischengesellschaftlich getroffen werden, sind jedoch im Prozeß der staatlichen und zwischenstaatlichen Entscheidungsfindung und bei der Umsetzung dieser verbindlichen Entscheidung von Gewicht, und zwar insbesondere dann, wenn staatliche und zwischenstaatliche Entscheidungen nur durch das freiwillige transnationale Tätigwerden der jeweiligen Gesellschaftsgruppen verwirklicht werden können (was bei Staaten ohne Staatsmonopol zumindest für den ökonomischen Bereich zutrifft). Die transnationalen Beziehungen tragen in diesem Sinne zur Entwicklung der Gesamtbeziehungen bei, d. h. sie bedingen die zwischenstaatlichen Beziehungen, die ihrerseits die transnationalen Beziehungen einschränken, steuern oder kontrollieren (Link, 1978). Die transnationalen Strukturelemente sind daher mit den Grundstrukturen des Staatensystem (an deren Stelle sie freilich nicht treten) in Verbindung zu bringen. Für diesen erweiterten Zusammenhang zwischenstaatlicher und transnationaler Beziehungen sollte der Oberbegriff internationale Beziehungen reserviert werden.

5. Zusammenfassung und Schlußfolgerungen

Der Gesamtzusammenhang der internationalen Beziehungen ist mithin charakterisiert (a) durch das Zusammenwirken verschiedenartiger Akteure und (b) durch die Verbindung verschiedener Struktur- und Organisationselemente. Man kann daher von einer gemischten Verfassung (mixed state) mit Akteurspluralität (mixed actors) sprechen (Stanley Hoffmann, 1965, und Oran R. Young, 1979[2]), sofern man der Qualitätsunterschiede zwischen verschiedenen Strukturelementen und Akteuren eingedenk bleibt (was bei dem ansonsten ähnlichen Konzept der »gemischten Weltordnung« von Bühl, 1978, nicht hinreichend geschieht). Die Staatengesellschaft, die in ihrer Grundstruktur ein dezentralisiertes Selbsthilfesystem autonomer Staaten ist, wird modifiziert (aber nicht ersetzt) durch eine quasi-institutionalisierte Staatengemeinschaft. Das derartig modifizierte Staatensystem wird durchzogen (aber ebenfalls nicht ersetzt) von einem Geflecht transnationaler Beziehungen, das durch die grenzüberschreitenden Interaktionen gesellschaftlicher Gruppen gebildet wird. Die zwischenstaatlichen und die transnationalen Beziehungen machen insgesamt die internationalen Beziehungen aus – ein Gesamtzusammenhang, der sich nur für dyadische Beziehungen (Hütter, 1976, S. 15), aber nicht bzw. nur in einem eher verwirrenden als klärenden Bild (Bühl, 1978, S. 387) für die globale Totalität der Beziehungen schematisch abbilden läßt.
Angesichts dieses Gesamtzusammenhanges lag der Gedanke nahe, ein Analysemodell zu entwickeln, das den zwischenstaatlichen und transnationalen Ansatz nicht nur verbindet, sondern integriert und in einem neuen Paradigma »aufhebt«. Ein entsprechender Entwurf, das sogenannte Spinnwebmodell, ist von Vertretern des Funktionalismus und der Systemtheorie gemacht worden. Sie verzichten auf die Annahme, daß der Staat die zentrale Organisationseinheit der

internationalen Beziehungen ist. Sie schlagen statt dessen vor, Systeme von Transaktionen zu konstruieren, die nach funktionalen Dimensionen differenziert werden und deren Systemgrenzen folglich funktional und nicht in Orientierung an staatlichen Grenzen bestimmt werden. Staaten bzw. Regierungen stellen in diesen Systemen und Subsystemen nur *einen* Akteurstyp unter vielen anderen gesellschaftlichen Akteuren nationaler und internationaler Art dar. Mehr noch: der Staat wird zu einem Subsystem, das mit dem Attribut »administrativ« oder »politisch« von anderen Subsystemen (z. B. dem ideologischen, dem ökonomischen, dem religiösen, dem touristischen Subsystem) abgehoben wird:

»Dabei kann nun auch der Begriff des Staates entfallen. Das internationale System, das sich bisher dargestellt hat als die Summe der Staaten und die Summe der Beziehungen zwischen diesen Staaten, wird jetzt praktisch zur Seite gelegt zugunsten eines anderen Begriffes, in dem der Staat lange nicht mehr die beherrschende Rolle spielt. Er wird nur noch genannt, wenn er als Einheit auftritt, auf die hin Beziehungen definiert werden. D.h., die Verwendung des Systembegriffs erlaubt es, vom Staat als der exklusiven Beziehungseinheit abzusehen. Man wird diese Einheit nur noch dann zu nennen haben, wenn sie in der Tat die Basis abgibt, aus der entweder Beziehungen emanieren, oder auf die Beziehungen treffen« (Czempiel, 1970, S. 99).

So können, bezogen auf das Weltsystem, eine Vielzahl von Subsystemen, Zusammenhangskreisen oder Beziehungsnetzen konstruiert werden, »die sich gegenseitig überschneiden, sich decken oder die sich vielleicht auch nur berühren« (Czempiel) und – bildlich gesprochen – übereinandergelegten Spinnengeweben gleichen (Burton, 1968 und 1972). Systemtheoretisch ausgedrückt, handelt es sich um ein »multistabiles Mehrebenen-System«, in dem sich »für verschiedene Funktionen, für verschiedene Ebenen und Regionen ganz unterschiedliche Bilder« ergeben (Bühl, 1978, S. 388). Es dürfte einsichtig sein, daß mit diesem Ansatz eine ungemein differenzierte Beschreibung der verschiedenartigsten Transaktionen (einschließlich der transnationalen!) möglich ist – je nach den Fragestellungen der Analyse und der Relevanz, die den jeweiligen Systemen und Subsystemen zugerechnet wird. Diesem forschungstechnischen Vorteil stehen allerdings gravierende Nachteile gegenüber, und zwar insbesondere dann, wenn man an dem *politischen* Aspekt der internationalen Beziehungen interessiert ist. Durch die Konzentration auf die Transaktionen der Gesellschaften wird mit der Problematik der *verbindlichen* Entscheidung die Politik ausgeblendet.

Ein funktional verengter Staatsbegriff ist jedoch äußerst problematisch. Denn der Staat der Gegenwart ist – als Idealtypus beschrieben – nicht nur ein »administratives« System oder Subsystem, sondern ein kollektiver Macht- und Willensverband, in dem die Regierung (im weitesten Sinn, d. h. als »government«, verstanden) autoritative Entscheidungen fällt und durchsetzt und der von der Regierung nach außen vertreten wird. Das gilt sowohl für den bürgerlich-nationalen Staat in seiner »sozialisierten« Fortentwicklung (Hintze) zum Wohlfahrtsstaat als auch im Prinzip für den kommunistischen und für den autoritären Staat. Die Staatsgründungen in den Entwicklungsländern orientieren sich ebenfalls an diesem Idealtypus. Dort sind die Staatsfunktionen sogar noch umfassender, weil die sozioökonomische Entwicklung von der Initiative, Planung und Integration der Staatsmacht abhängt (vgl. Richard Löwenthal, 1963). Ungeachtet unterschiedlicher, ja gegensätzlicher Legitimationsarten und ideologischer Ausprägungen ist der Staat der Gegenwart eine politische und sozio-kulturelle Wirkungseinheit, eine Macht- und Rechtsorganisation. Das zentrale Charakteristikum des Staates als Gesamtintegrator der Gesellschaft wird mit dem Begriff Administration nicht erfaßt. Auch die ideelle Bindekraft, die der Staat (auch der kommunistische Staat und der Staat der Entwicklungsländer) für seine Bürger nachweisbar besitzt und die für seine Organisation von höchster Bedeutung ist, kann schwerlich als Loyalität gegenüber einem »administrativen Subsystem« begriffen werden.

Die Einwände, die sich bei der genannten Verwendung des systemtheoretischen Spinnwebmodells oder des multistabilen Mehrebenensystems im Bereich der internationalen Beziehungen ergeben, sind (abgesehen von dem Loyalitätsaspekt) ähnlicher Art. Hier kommen (wie oben dargetan) die *verbindlichen* Entscheidungen durch die Koordination und Zustimmung der einzelnen Staaten (vertreten durch ihre jeweiligen Regierungen) zustande, und zwar auch dann, wenn die Staaten in ihrer internen Struktur weit von dem oben skizzierten Idealtyp entfernt sind. Die internationale Politik läßt sich nicht auf die Transaktionen zwischen Gesellschaften reduzieren, sondern sie besteht vornehmlich darin, internationale Autorität und einen sicheren Rahmen für gesellschaftliche Transaktionen zu schaffen. Die autoritativen Entscheidungen und verbindlichen Regelungen werden zwar in nicht-totalitären Staaten von den gesellschaftlichen Akteuren durch ihre transnationalen Aktivitäten bedingt (»konditioniert«). Sie werden aber nicht von ihnen, sondern von den staatlichen Akteuren mittels Koordination getroffen, wobei Unionen kontinentalen Ausmaßes als Großmächte eine Führungsrolle ausüben. Was sich im funktionalistischen

Spinnwebmodell zunächst als Vorteil darbieten mag, nämlich die Behandlung staatlicher und gesellschaftlicher Akteure als gleichwertige Handlungseinheiten, ist mithin eher ein Nachteil, weil der zentrale qualitative Unterschied verlorengeht.

Wenn die *politischen* Aspekte der internationalen Beziehungen im Mittelpunkt des analytischen Interesses und der Fragestellung stehen, ist also das funktionalistische Spinnwebmodell wenig hilfreich; es führt eher in die Irre. Das Problem, wie die zwischenstaatlichen und die transnationalen Beziehungen in einen neuen einheitlichen Forschungsansatz integriert werden könnten, ist noch nicht befriedigend gelöst. Solange es noch kein überzeugendes übergreifendes Paradigma gibt, scheint (statt eines radikalen Paradigmawechsels) folgende kombinierende Verfahrensweise, die an ähnliche Vorschläge von Keohane und Nye (1978) anknüpft, am sinnvollsten zu sein: nämlich die politische Gesamtstruktur (overall structure) in Konzentration auf die zwischenstaatlichen Beziehungen zu analysieren und im Verlauf der Analyse – je nach Problem und Handlungsbereich (issue area) – eine Differenzierung unter Einbeziehung der transnationalen Beziehungen vorzunehmen. Die vorrangige Berücksichtigung der zwischenstaatlichen Beziehungen und des Staatensystems ist auch schon alleine deshalb gerechtfertigt, weil die relative externe Handlungsautonomie gesellschaftlicher Akteure auf nicht-totalitäre Staaten beschränkt ist, also keineswegs ein universelles oder globales Strukturelement darstellt. Die vorgeschlagene Verfahrensweise trägt schließlich am ehesten dem obengenannten Befund Rechnung, daß die neuen Akteure und Strukturelemente (die Elemente einer quasi-institutionalisierten Staatengemeinschaft und der transnationalen Beziehungen) die staatenmäßige Grundstruktur der internationalen Beziehungen nicht beseitigt, sondern überlagert und in modifizierender Weise ergänzt haben.

II. Die Theorie des Konflikts in den internationalen Beziehungen

1. Konflikt als analytische Kategorie*

Aus den bisherigen Erörterungen dürfte ersichtlich geworden sein, daß sich die internationale Politik in einem dezentralisierten Wettbewerbssystem abspielt, in dem die Staaten bzw. ihre Regierungen zwar nicht die einzigen, aber die wichtigsten Akteure sind. Gemeinsamkeiten und Gegensätze sind sowohl strukturbedingt als auch strukturbildend. Auf der Prozeßebene finden sie ihren Ausdruck in Zusammenarbeit und Konfrontation; die jeweilige Aktualisierung wirkt wiederum auf die Struktur zurück.

Da die internationalen Interaktionen unter den nur leicht modifizierten Bedingungen der Selbsthilfe vonstatten gehen, sind Konflikte in der internationalen Politik gang und gäbe. Tatsächlich ist der konflikthafte Charakter der internationalen Politik jedermann geläufig. Einer Klärung bedarf aber die Frage, wie – über solch eine allgemeine Alltagserkenntnis hinausgehend – »Konflikt« systematisch einzuordnen und zu definieren ist, um einen für die Analyse der internationalen Beziehungen brauchbaren Begriff zu erhalten.

In der Literatur ist gerade hinsichtlich dieses Schlüsselbegriffs eine große, verwirrende Vielfalt feststellbar (s. u.a. Fink, 1968; North und Coser, 1968; Bühl, 1972). Die beste Anknüpfungsmöglichkeit für eine Klärung bieten die Erörterungen von Kenneth E. Boulding (1967). Er geht davon aus, daß Wettbewerb und Konflikt begrifflich voneinander zu unterscheiden sind – und zwar in dem Sinne, daß »Konflikt« ein Unterbegriff des breiteren Begriffs »Wettbewerb« ist. Die entscheidenden Sätze lauten (in deutscher Übersetzung):

»Wettbewerb im weitesten Sinne existiert dann, wenn die potentiellen Positionen zweier Handlungseinheiten (behavior units) miteinander unvereinbar sind [...]. Zwei Positionen sind miteinander unvereinbar, wenn die eine die andere ausschließt, d. h. wenn die Verwirklichung der einen die Verwirklichung der anderen unmöglich macht.«

»Konflikt wird definiert als eine Wettbewerbssituation, in der die Parteien sich der Unvereinbarkeit potentieller künftiger Positionen

---

* Dieses Kapitel ist eine leicht überarbeitete Fassung meines PVS-Aufsatzes (1979).

bewußt sind und in der jede Partei den (erkennbaren) Wunsch hat, eine Position einzunehmen, die mit den Wünschen der anderen unvereinbar ist.«

Bewußtsein und Realisierungswunsch (zielgerichteter Wille) sind also bei Boulding die beiden Kriterien, die »Konflikt« als Unterbegriff aus dem umfassenderen Wettbewerbsbegriff ausgrenzen. Genauer gesagt: Wenn zwei Parteien sich der Unvereinbarkeit ihrer Wettbewerbspositionen bewußt sind, ist ein potentieller Konflikt vorhanden; wenn *beide* Parteien den (erkennbaren) Wunsch haben, eine als unvereinbar angesehene Position einzunehmen, handelt es sich um einen aktuellen Konflikt. Da sich ein derartiger Wunsch im sozialen politischen Leben nur durch entsprechendes Handeln (einschließlich des verbalen Handeln) mitteilt, könnte das zweite Kriterium auch im Sinne von »handlungsbestimmend« übersetzt werden, so daß Konflikt bei Boulding als bewußte und handlungsbestimmende Wettbewerbssituation definiert wird.

Ernst-Otto Czempiel (1975) hat an diese Konfliktdefinition angeknüpft und sie erweitert, indem er Konflikt mit Wettbewerb gleichsetzt. Er meint, daß sich unter Bouldings Konfliktbegriff eine Fülle von Situationen subsumieren ließen, die traditionell nicht als Konflikt aufgefaßt werden. Und er folgert dann:

»Es dürfte nur sehr wenige soziale Beziehungen geben, die in diesem Sinne nicht als Wettbewerbssituation anzusprechen sind, wenn man unter Wettbewerb jeden Versuch versteht, eine eigene Haltung durchzusetzen. [...] Als Konflikt hätte dann zu gelten jede Differenz zwischen zwei oder mehreren Positionen, die entweder in einer Person oder zwischen mehreren oder zwischen Gruppen vorhanden sind. [...] *Jede soziale Beziehung gilt als ein Konfliktsystem.* [...] Es gibt praktisch keine konfliktfreie Beziehung, es gibt nur unterschiedliche Gegenstände, Intensitäten und Regelungs- bzw. Lösungsmodi von Positionsdifferenzen.«

Mit dieser Ausweitung des Konfliktbegriffs weicht Czempiel entscheidend von Bouldings Definiton ab, die mit Hilfe der beiden Kriterien des Bewußtseins von der Unvereinbarkeit der Positionen und des handlungsbestimmenden Realisierungswunsches Konflikt als Spezialfall des Wettbewerbs begreift. Darüber hinaus postuliert er, daß jede soziale Beziehung eine Wettbewerbssituation und damit eine Konfliktbeziehung sei, nämlich Positionsdifferenzen aufweise. Durch die definitorische Gleichung »soziale Beziehung = Positionsdifferenz = Konflikt« wird eine Allgegenwart des Konfliktes behauptet bzw. begrifflich geschaffen.

Ein solcher Ansatz steht in der Tradition der Konflikttheorie von Dahrendorf (1957, 1961, 1965) – und die Kritik, die gegen sie ins

Feld geführt worden ist, kann entsprechend auf Czempiels Ansatz übertragen werden. So hat Karlheinz Messelken (1968) scharfsinnig gezeigt, daß der Konfliktbegriff seine Fähigkeit, empirisch zu unterscheiden, verliert, wenn Dahrendorf den Konflikt per definitionem zum allgegenwärtigen Bestandteil menschlicher Gesellschaft erhebt. Und indem Dahrendorf »die Kategorie des Konflikts substantialisiert, zum Grundverhältnis des Sozialen proklamiert und ihr soziale Wirkkraft zuschreibt«, schließt er dauerhafte Interessenentsprechung oder Gemeinsamkeiten definitorisch aus. Er begibt sich damit in einen Widerspruch zur sozialen Wirklichkeit, der u. a. auch darin zu sehen ist, daß sich aus der Unterschiedlichkeit sozialer Positionen keineswegs stets ein sozialer Gegensatz entwickelt, sondern nur unter bestimmten Bedingungen. Da Czempiel – im Unterschied zu Dahrendorf – den Positionsbegriff nicht nur im Sinne der sozialen Position, sondern auch im inhaltlichen Sinne (Position als Haltung, Einstellung, Meinung u. dgl.) verwendet, wird dieser Widerspruch noch verschärft. Denn in der realen Lebenswelt sind durchaus gemeinsame Positionen festzustellen. Wenn dem nicht so wäre und in der Tat *jede* soziale Beziehung und *jede* Unterschiedlichkeit sozialer Positionen ein Konfliktverhältnis darstellte, dann wäre es im übrigen auch sprachlogisch sinnlos, von einer Konfliktlösung zu sprechen – es sei denn, Konfliktlösung würde nur durch die Auflösung der sozialen Beziehungen (was immer man sich darunter vorstellen mag) für möglich erachtet. Dahrendorf (1961) spricht daher auch konsequenterweise nur von Konfliktregelung und hält eine Konfliktlösung im Sinne der »Beseitigung von Gegensätzen von der Wurzel her« für prinzipiell unmöglich.

Die begrifflich-definitorische Ausweitung und Verabsolutierung des Konflikts führt also zu Widersprüchen und Inkonsistenzen. Die begriffliche Unterscheidung zwischen Wettbewerb und Konflikt scheint theoretisch und empirisch sinnvoll und notwendig zu sein, ohne daß damit der von Dahrendorf in überzeugender Weise ins Blickfeld gerückte Bezugspunkt des Wandels verlorengehen muß. Nicht die Aufhebung, sondern die schärfere Markierung der Grenzlinie zwischen Wettbewerb und Konflikt ist notwendig. Wenn dies richtig ist, dann stellt sich die Frage, ob die definitorische Abgrenzung zwischen Wettbewerb und Konflikt, wie sie Boulding vorgenommen hat, eine genügende Trennschärfe hat. Danach wären (um hier einmal Czempiels Begriff zu benutzen) die Positionsdifferenzen die Grundlage der Konflikte, d. h. wenn und nur insofern als sie bewußt und handlungsbestimmend werden, werden sie zu Konflikten. Diese beiden Kriterien reichen jedoch noch nicht aus, um die Unterklasse »Konflikte« von der Gesamtklasse der Wettbewerbssituationen abzugrenzen. Sie sind notwendige, aber nicht hinreichende Kriterien. Um dieses Argument zu begründen und zugleich das hinreichende Abgrenzungskriterium einzuführen, empfiehlt sich der Rückgriff auf die Konflikttheorie von Kurt Singer, die vor einigen Jahren von Kenneth Waltz (1971) wiederentdeckt wurde, ohne bisher in Deutschland die gebührende Aufmerksamkeit gefunden zu haben.

Kurt Singer (1949) hat versucht, eine allgemeine Konfliktlösungstheorie zu entwickeln – basierend auf einem Konfliktbegriff, der weit genug definiert sein sollte, um auf allen Organisationsebenen auftretende Konflikte zu erfassen, und zugleich prägnant genug sein sollte, um sinnvolle Aussagen zu machen. Er schlug daher folgende (sinngemäß übersetzte) Definition vor:

Konflikt ist ein *kritischer* Spannungszustand bzw. Spannungsprozeß, der durch das Auftreten miteinander unvereinbarer (oder unvereinbar erscheinender) Tendenzen in einer (die Akteure) umfassenden (Interaktions-)Einheit verursacht wird und dadurch deren Organisation und Struktur bedroht.

Abgesehen von dem letzten Folgesatz, ist diese Definition mit derjenigen von Boulding vereinbar. Auch Singer betont das Kriterium des Bewußtseins, wenn er schreibt, daß das Wissen um Alternativen (conscious awareness of alternatives) für eine Konfliktsituation konstitutiv sei. Und er hebt hervor, daß es sich bei der Unvereinbarkeit der Tendenzen um eine handlungsbestimmende Unvereinbarkeit handelt (hormic incompatibility). Aber – um das von Singer Gemeinte in die Terminologie von Boulding und Czempiel zu übersetzen – bewußte und handlungsbestimmende Positionsdifferenzen bzw. Wettbewerbspositionen begründen nur einen Spannungszustand, dessen Implikationen zu klein und zu unbedeutend sind, um sich als Konflikt zu qualifizieren. Sie sind am ehesten als manifester Wettbewerb zu bezeichnen, bei denen der Konflikt potentiell sein kann. Erst wenn die Spannungen in dem Sinne kritisch werden, daß sie – aktuell oder potentiell – den umfassenden Zusammenhang zwischen den Akteuren ernsthaft beeinflussen, sollte man von einem Konflikt sprechen. Singer berücksichtigt in seiner Konfliktdefinition also zusätzlich zu den Kriterien Bouldings die (potentiellen oder aktuellen) Wirkungen des Wettbewerbs auf den jeweiligen Beziehungszusammenhang (organismic whole, integrating unit, organisation, structure, configuration). Spannungen werden »kritisch«, wenn und indem sie sich auf die Struktur des Beziehungszusammenhangs auswirken, insbesondere wenn sie die Zerstörung oder Desorganisation des die streitenden Parteien übergreifenden Ganzen bewirken können. Darin liegt das hinreichende Kriterium, das zusammen mit den beiden notwendigen Kriterien Bouldings eine sinnvolle und empirisch brauchbare Abgrenzung zwischen Konflikt und Wettbewerb bzw. Wettkampf ermöglicht.

Es läßt sich also im Anschluß an Singers Definition sagen, daß Wettbewerbssituationen auch dann, wenn sie für das Handeln der Streitparteien relevant werden, noch nicht als Konflikte gelten. Sie werden zu Konflikten, wenn die Positionsdifferenzen bzw. die Unvereinbarkeit der Tendenzen eine kritische Spannung erzeugen, die potentiell oder aktuell auf die Organisation des Interaktionszusammenhanges einwirken, sie gefährden. Spannung herrscht auch in Wettbewerbssituationen, aber erst bei einer kritischen Spannung herrscht Konflikt.

Dieser Konfliktbegriff ermöglicht es, den Streit über den »subjektiven« oder »objektiven« Charakter des Konflikts zu klären. Da ein kritischer Spannungszustand bzw. -prozeß zur Voraussetzung hat, daß die tatsächliche oder vermeintliche Unvereinbarkeit der Tendenzen bewußt und handlungsbestimmend ist, ist ein subjektives Element für jeden Konflikt konstitutiv, d. h. Konflikte sind subjektiv wahrgenommene Beziehungen. Insofern und insoweit ist John Burton (1968; 1972) zuzustimmen, daß (internationale) Konflikte ihrem Wesen nach subjektiv sind. Diese Einsicht ist übrigens bezüglich der Konfliktaustragung wichtig: die Wahrnehmungen (Perzeptionen) der Situationen und der Kosten/Nutzen einer Übereinkunft können durch Diskussionen zwischen den Parteien – vermittelt durch Dritte, die Informationen eingeben – umgestaltet werden.

Die subjektive Seite ist jedoch nur *eine* Seite des Konflikts. Während Burton den objektiven Bezug ausblendet, wird in Singers Definition dieser Bezug ausdrücklich hergestellt. Die Akteure werden in einem Beziehungszusammenhang (»integrierende Einheit«) gesehen, der unabhängig von der Art der subjektiven Wahrnehmung existiert und auf den die kritische Spannung einwirkt. Gemeint ist hier das, was Harold und Margaret Sprout (1971) die operationale Umwelt nennen, die unabhängig von den subjektiven Perzeptionen (psychologische Umwelt) existiert. Der Sachverhalt, daß Tendenzen und Positionen zutreffend oder unzutreffend wahrgenommen werden können (Jervis, 1976), verweist auf diesen objektiven Bezug des Konflikts. Und die Destruktion oder Desorganisation der die Akteure integrierenden Einheit (jenes für Singers Konfliktbegriff entscheidende Kriterium) hat einen objektiven Charakter (z. B. ist die Auflösung einer Allianz »objektiv« feststellbar).

Mit anderen Worten: Konflikt zeichnet sich durch eine spezifische Verbindung von subjektiven und objektiven Elementen aus, wie sie in der an Singer angelehnten Definition zum Ausdruck kommt.

2. Konfliktlösung und Entspannung

Wie gezeigt wurde, kann Konflikt definiert werden als Prozeß, in dessen Verlauf unvereinbare (oder unvereinbar erscheinende) Tendenzen eine kritische Spannung erzeugen, indem diese Unvereinbarkeit (1) den Akteuren bewußt und (2) für ihr Handeln bestimmend wird *und* (3) die Organisation bzw. Struktur der die Akteure integrierenden Einheit potentiell oder aktuell gefährdet. Bezogen auf die internationale Politik kann dann die Konfliktlösung – grob klassifiziert – entweder bei der Organisation und Struktur der internationalen Beziehungen (d. h. dort, wo die Wirkungen der kritischen Spannungen potentiell oder aktuell auftreten) oder bei den Grundlagen der kritischen Spannungen (d. h. bei den unvereinbaren oder unvereinbar erscheinenden Tendenzen und Interessen) ansetzen.

Diese Konfliktdefinition legt es nahe, die erstgenannte Klasse der Konfliktlösungen vorrangig zu betrachten, denn Konflikt wird ja als Wirkungszusammenhang in einer »Organisation« (in einem strukturierten Beziehungszusammenhang) verstanden. Aus dieser Vorrangigkeit ergibt sich für die empirische Analyse der gegenwärtigen internationalen Politik der Vorteil, daß eine enge theoretische Verbindung zwischen Konflikt- und Entspannungsbegriff möglich wird.

Entspannung kann als Umkehrung des Konfliktprozesses definiert werden: Wenn die kritische Bedingung 3 beseitigt ist, dann ist der Konflikt auf das Stadium des Wettbewerbs zurückgeschraubt – aber die Grundlagen, nämlich die miteinander unvereinbaren oder unvereinbar erscheinenden Tendenzen, die bewußt und handlungsbestimmend sind (hormic incompatibility), sind nach wie vor vorhanden. Entspannungspolitik ist mithin zu begreifen als diejenige Politik, die die Gefahr der Desorganisation und Destruktion der integrierenden Einheit zu verringern und schließlich zu beseitigen trachtet und damit günstige Voraussetzungen für eine kompetitive Kooperation schafft. Die politische Rede, Entspannung bedeute den Ausschluß des Krieges und die friedliche Koexistenz bzw. den friedlichen Wettkampf der antagonistischen Systeme, entspricht dieser aus dem Konfliktbegriff abgeleiteten Definition von Entspannung.

Die Frage ist dann, wie die für die kritische Spannung bezeichnende Wirkung (nämlich die Gefährdung der Organisation) eingedämmt, verringert oder produktiv-innovativ verarbeitet und beseitigt werden kann, solange sich die genannten Ursachen nicht ändern bzw. nicht ändern lassen. Grundsätzlich lassen sich zwei Vorgehensweisen unterscheiden, deren Kombination praktisch möglich ist: Änderungen im Mittelbereich und/oder im Organisationsbereich.

Konflikte können – grob unterschieden – mit gewaltsamen oder nicht-gewaltsamen Mitteln ausgetragen werden. Als gewaltsame Mittel gelten direkte Gewaltanwendung, Androhung von Gewalt und Druck. Die nicht-gewaltsamen Mittel werden in der Regel mit Verhandlungen terminologisch gleichgesetzt, wobei unterschieden wird zwischen (1) Verhandlungen zwischen den Konfliktparteien, (2) Vermittlung durch dritte Parteien und (3) Gerichtsentscheiden (vgl. Holsti, 1967, S. 442 ff.; O. R. Young, 1967). Die Hypothese hinsichtlich des Zusammenhangs zwischen Mittelwahl und Entspannung lautet, daß die kritische Spannung reduziert werden kann, wenn der Widerstreit der unvereinbaren oder unvereinbar erscheinenden Tendenzen mit nicht-gewaltsamen Mitteln ausgetragen wird; nicht-gewaltsame Mittel verringern die Wahrscheinlichkeit, daß die Wirkung der Desorganisation eintritt. Gewaltkontrolle (arms control) und Rüstungsbeschränkung (SALT) bzw. Truppenverminderung (MBFR) sind entsprechende Verfahrensweisen. Damit verbunden ist zugleich der Versuch, Konflikte in Teilkonflikte zu zerlegen und isoliert voneinander anzugehen. Diese Verfahrensweise kann sich auf konflikt-theoretische Erkenntnisse von Sumner (1911), Simmel (1908) und Coser (1956) beziehen (vgl. Bühl, 1972), nach denen zwischen zwei Konflikttypen zu unterscheiden ist: Konflikte im Zielbereich und Konflikte, die als Mittel zur Erreichung eines bestimmten Zieles ausgetragen werden; nur bei dem letztgenannten Typ erscheinen alternative Verfahrensweisen möglich zu sein, d. h. diese Konflikte sind, wenn sie isoliert werden, substituierbar, ohne daß eine Partei unterworfen wird (vgl. Link, 1974).

Die zweite Vorgehensweise zur Eindämmung, Verringerung, produktiv-innovativen Verarbeitung oder Beseitigung der kritischen Spannung, nämlich Änderungen im Organisationsbereich der integrierenden Einheit, wird in der zeitgenössischen Literatur oft ausgeblendet. Auch hier kann der Rückgriff auf die Studien von Kurt Singer weiterhelfen. Ausgehend von einer allgemeinen Typologie des Konfliktlösungsverhaltens, hat Singer dargetan, daß es grundsätzlich vier Konfliktlösungen gibt (wobei Konfliktlösung zunächst meint, daß den Auswirkungen, die die unvereinbaren Tendenzen auf die integrierende Einheit haben, durch Änderungen in deren Organisation Rechnung getragen wird). Singer unterscheidet folgende vier Idealtypen einer derartigen Konfliktlösung und Konfliktregelung, nämlich regression, integration, resolute contention, withdrawal. Frei übersetzt heißt dies:

1. Verringerung des Organisationsgrades des Beziehungszusammenhanges, in dem die Akteure sich befinden (Regression);
2. Erhöhung des Organisationsgrades des Beziehungszusammenhanges (Integration);
3. Beseitigung der Organisation, um den Beziehungszusammenhang grundlegend neu zu gestalten (Revolution);
4. Ausscheiden aus der Organisation bzw. aus dem Beziehungszusammenhang (Isolation).

Regression und Integration sind Konfliktlösungsprozesse, die in entgegengesetzter Richtung verlaufen, aber an der bestehenden Beziehungsstruktur positiv orientiert bleiben: »they operate within a given structure which they tend so save, the one by eliminating or weakening a potentially destructive tension, the other by strengthening the fabric of the whole«.

Revolution (resolute contention) und Isolation (withdrawal) sind hingegen nicht an der Erhaltung und Anpassung der Strukturen, sondern an deren Beseitigung orientiert.

Mit Integration ist freilich nicht unbedingt oder ausschließlich das Fusionieren der Konfliktparteien zu einer neuen größeren Einheit gemeint. Diese Integration (im Sinne der neueren Integrationstheorie) wäre vielmehr ein Spezialfall des Typs 2, der als Endpunkt einer Politik gedacht werden kann, bei der der Organisationsgrad des Beziehungszusammenhanges einvernehmlich erhöht wird. Der Fall einer nicht-einvernehmlichen »Integration« wäre die Annexion, bei der eine Konfliktpartei oder Teile dieser Einheit von einer bzw. mehreren anderen Konfliktparteien vereinnahmt wird bzw. werden.

Im übrigen wird mit dieser Typologie keineswegs definitorisch vorentschieden, ob Integration oder Auseinanderrücken und Trennung erstrebenswert oder adäquat sind; d.h. es ist kein integrationspolitisches Vorurteil durch die Definition begründet und keine integrative Finalität unterstellt.

Ebenso wenig wird durch unsere Konfliktlösungstypologie im vornherein festgelegt, ob die Änderungen und der Wandel in der Organisation produktiv-positiv sind (wie Dahrendorf postuliert) oder zerstörerisch-negativ wirken. Ferner wird Konflikt nicht schlechterdings durch Wandel definiert. Die an Singer orientierten

Definitionen erlauben die Annahme, daß die kritischen Spannungen Wandel in der Struktur und Organisation der übergreifenden Einheit erzeugen kann – dann nämlich, wenn es zu Konfliktlösungen kommt. Wandel ist also ein Phänomen der Konflikt*lösung*, die typologisch unterschieden werden kann.

Konfliktlösungen und Wandel sind allerdings nicht mit der Erwartung verbunden, daß die widerstreitenden Tendenzen und die Auseinandersetzungen als solche Ordnung produzieren. Vielmehr sind es die fundamentalen Gemeinsamkeiten und Übereinstimmungen, die die sozialen und politischen Ordnungen begründen. Ausgehend von dieser Annahme, kann dann – wie Karlheinz Messelken (1968, S. 107) treffend formuliert hat – Gesellschaft (und ich füge hinzu: auch die Weltgesellschaft) »als ein System von Konflikten beschrieben werden, in dem die widerstreitenden Seiten zwar durch gegenläufige Interessen getrennt, durch fundamentale Interessen aber dennoch zusammengehalten sind. Aus diesen alle Glieder der Gesellschaft verbindenden fundamentalen Interessen [...] erwächst, so könnte angenommen werden, die Einsicht in die Notwendigkeit eines Systems von Spielregeln [...]. Im Begriff der Spielregeln, in dem sich die Einheit von Gemeinsamkeit und Streit reflektiert, käme dann schon terminologisch beides zu seinem Recht: Er verliehe dem Konflikt, ohne den die Spontaneität des Lebens erlösche und nichts mehr zu regeln wäre, ebenso Ausdruck wie der Ordnung, ohne die das Spiel in blutige, zerstörerische Gewaltsamkeit ausarten müßte.«

Die Art und Weise der Konfliktlösung und Konfliktregelung (die Wahl der Organisationstypen) lassen sich dann je nach dem Verhältnis und der relativen Bedeutsamkeit von gemeinsamen und widerstreitenden Interessen bzw. vereinbaren und unvereinbaren Tendenzen in der jeweiligen umfassenden Einheit bestimmen. Hypothetisch kann davon ausgegangen werden, daß eine nicht-adäquate Organisationsform ihrerseits kritische Spannungen verursacht – eine Hypothese, die gerade für die internationale Politik von größter Wichtigkeit ist (s. unten).

Singer hat selbst darauf hingewiesen, daß in der Wirklichkeit diese Typen nicht rein vorkommen (dieser Sachverhalt ist oben mit dem Terminus Idealtyp ausgedrückt worden) und daß die Wahl einer dieser vier Konfliktlösungsmöglichkeiten bzw. deren Kombination von der konkreten Konfliktsituation abhängt.

Für unseren Zusammenhang ist wichtig, daß durch Singers systematische Einbeziehung des Organisationsbereichs in die Konfliktlösungstheorie die einseitige Tendenz, das Konfliktlösungsproblem auf den Mittelbereich zu reduzieren, aufgehoben wird. Daß Singers

Typologie auch sinnvoll und empirisch fruchtbar auf die internationalen Beziehungen angewendet werden kann, hat im übrigen bereits Waltz gezeigt. Dadurch wird die systematische Einbeziehung der entscheidenden Doppelfrage möglich, (1) welche Wirkungen verschiedene organisatorische Bedingungen in der internationalen Politik auf den Konfliktverlauf und auf die Aussichten der Konfliktlösung haben, und (2) welche organisatorischen Ergebnisse verschiedene Konfliktlösungsstrategien haben (d. h. also wie die Organisation durch den Konflikt geprägt wird). »Organisation« bedeutet freilich – was erneut betont werden muß – nicht unbedingt Institutionalisierung der Beziehungen (wie bei Allianzen, internationalen Organisationen im strengen Wortsinn u. dgl.), sondern ein präinstitutionales Beziehungsmuster auf globaler oder regionaler Ebene; eine Konfiguration oder Struktur, die sich aus der Beziehung der Staaten zueinander ergibt und die das Handeln der Staaten limitiert und konditioniert, ebenso wie es umgekehrt von ihm geprägt wird.
Die bisherigen Erörterungen bezogen sich ausdrücklich zunächst nur auf diejenigen Klassen von Konfliktlösungen, bei denen die Beseitigung von Gegensätzen und gegenläufigen Tendenzen von der Wurzel her nicht in Angriff genommen wird; d. h. es wurde angenommen, daß die miteinander unvereinbaren oder unvereinbar erscheinenden Tendenzen und Interessen fortbestehen. Konfliktlösung kann jedoch auch bedeuten (s. oben), die Gegensätze von der Wurzel her zu beseitigen oder doch zu verringern, die Tendenzen weniger unvereinbar oder gar vereinbar zu machen. Dabei wäre es zwischen (1) der völligen Durchsetzung *einer* Tendenz bzw. *eines* Interesses und (2) einem Kompromiß, der asymmetrisch oder symmetrisch sein kann, zu unterscheiden. In der Literatur gibt es einige Ansätze (insbesondere im Kontext von Verhandlungstheorien) (Iklé, 1965; Schelling, 1960), die unter diesem Aspekt systematisiert und ausgebaut werden müßten.
Hinsichtlich der Mittel wäre die Differenzierung, die oben bei der ersten Klasse der Konfliktlösungen vorgenommen wurde, hier analog einzusetzen.
Obwohl es aus analytischen Gründen zweckmäßig ist, beide Klassen der Konfliktlösung zu unterscheiden, ist eine strikte Trennung zwischen ihnen nicht sinnvoll. Es ist im Gegenteil anzunehmen, daß eine Konfliktlösung durch Änderungen in der Organisation und Struktur des Beziehungszusammenhanges einen bestimmbaren Einfluß auf die Tendenz- und Interessenunvereinbarkeit hat et vice versa. Die Hypothese, daß eine Konfliktlösung gelingen kann, wenn eine Einkapslung des Streitproblems vorgenommen wird

(Etzioni, 1968, S. 586ff.), und die Hypothese, daß ein Streitproblem obsolet werden kann, wenn eine organisatorische Änderung des Beziehungszusammenhangs erfolgt, wären hier zu nennen (vgl. Coser, 1961).

Exkurs: Die Deeskalationsstrategie des Gradualismus

Eine Strategie, die die Verbindung zwischen Änderungen im Mittelbereich und Organisationsbereich herstellt, ist in der amerikanischen Sozialwissenschaft Anfang der sechziger Jahre (in konkretem Bezug auf den Ost-West-Konflikt) unter dem Begriff »Gradualismus« entwickelt worden. Sie geht von folgender psychologischer Einsicht aus:
Die Informationen über die Umwelt werden durch das Weltbild bzw. durch das Glaubens- und Wertesystem, das Individuen und Gruppen zur Orientierung ihres Denkens und Handelns besitzen, gefiltert und so bewertet bzw. interpretiert, daß sie in das vertraute Weltbild passen; daß die Widersprüche zu den früheren Wahrnehmungen (Perzeptionen) und Bewertungen gering bleiben. Dadurch kann ein Prozeß der Verzerrung der Wirklichkeit durch selektive Beachtung, einseitige Interpretation und Dissonanzreduktion in Gang kommen, und zwar insbesondere unter Streßbedingungen. »Je höher das Antriebsniveau eines Menschen steigt [...], desto starrer und unflexibler wird seine Art, die Dinge wahrzunehmen und zu deuten« (Osgood, 1960, S. 369). In einem lang andauernden Gegnerschaftsverhältnis bilden sich auf beiden Seiten wechselseitige Feindbilder heraus; eine »Zwei-Werte-Orientierung« schreibt spiegelbildlich (mirror image) die positive Wertung des eigenen Handelns und die Verteufelung der gegnerischen Handlungen vor (Bronfenbrenner, 1961; Stagner, 1965). Dieser »Psycho-Logik« (Osgood) gemäß, werden die jeweiligen Informationen interpretiert und eingeordnet. Um aus dem Teufelskreis einer sich ständig selbstverstärkenden Spannung herauszukommen, muß deshalb durch bewußte, aufeinander abgestimmte Schritte der Vertrauensbildung erst die Voraussetzung des Deeskalationsprozesses geschaffen werden. Diese Strategie der Graduated Reciprocation in Tension-Reduction (GRIT) haben Osgood (1960) und Etzioni (1965) genauer ausgearbeitet.
Der Deeskalationsprozeß wird in drei aufeinanderfolgende Phasen gegliedert: (1) einseitige symbolische Schritte, (2) erwiderte Konzessionen und (3) gleichzeitige abgestimmte Konzessionen. In Anbetracht der genannten psychologischen Mechanismen bedarf die

Einleitung dieses Prozesses einer bewußten Initiative von einer Konfliktpartei und einer besonders behutsamen Vorgehensweise, um eine realistische Chance für die Erwiderung der Entspannungsinitiative zu eröffnen. Osgood begründet im einzelnen, daß folgende fünf Prinzipien von dem Initiator zu beachten sind:

1. Seine einseitigen Handlungen müssen von einem Gegner als Verminderung seiner äußeren Bedrohung empfunden werden.
2. Seine einseitigen Handlungen müssen begleitet sein von ausdrücklichen Aufforderungen zur Erwiderung.
3. Einseitige Handlungen müssen unabhängig davon ausgeführt werden, ob der Gegner sich vorher verpflichtet, sie zu erwidern.
4. Einseitige Handlungen müssen unabhängig von ihrer Erwiderung durch den Gegner in Fortsetzung geplant und über lange Zeit hinweg fortgesetzt werden.
5. Einseitige Handlungen müssen bereits vor ihrer Ausführung angekündigt und den verbündeten, neutralen und gegnerischen Ländern als Teil einer zusammenhängenden Politik verständlich gemacht werden.

Eine so strukturierte unilaterale Initiative muß freilich zugleich gegen Mißbrauch und gegen mögliche Sicherheitsgefährdungen abgeschirmt werden, da sonst weder mit der gewünschten Erwiderung des Gegners noch mit der Unterstützung der eigenen Bevölkerung zu rechnen ist. Auf diesen Aspekt der »risikofreien Induktion« (Czempiel, 1972) beziehen sich vier weitere Prinzipien, die nach Osgood zur Erhaltung der Sicherheit im Initiierungsprozeß befolgt werden müssen:

1. Einseitige Handlungen müssen in ihrem potentiellen Risiko abgestuft sein, wenn sie erwidert und nicht durch einen Gegner ausgenutzt werden sollen.
2. Einseitige Handlungen müssen ihrer Natur nach verschiedenartig und (für einen Gegner) nicht voraussagbar sein, was den Ort ihrer Anwendung und den Zeitablauf in Serien betrifft.
3. Einseitige Handlungen dürfen niemals das »Kernland« gefährden oder die grundsätzliche Fähigkeit verringern, einen Vergeltungsschlag zu führen.
4. Einseitige Handlungen mit einem spannungsverringernden Charakter müssen von einer ausdrücklich entschlossenen Haltung auf allen Gebieten begleitet sein.

Diese in sich ausgewogene Strategie einer schrittweisen und risikofreien Deeskalation – bei Wahrung des nuklearen Gleichgewichts! – hat entschiedene Kritik (vgl. Senghaas, 1969), kritische Einwände (vgl. Groten, 1977), aber auch mannigfache Zustimmung erfahren (vgl. Czempiel, 1972). Daß ihre Praxisrelevanz zumindest bei der

Einleitung von Entspannungsprozessen im Ost-West-Konflikt unter Beweis gestellt wurde, dürfte inzwischen kaum noch zu bestreiten sein (vgl. unten).

3. Strukturelle Weltkonflikte und Frieden

Bei der allgemeinen Erörterung des Problemkomplexes Konflikt – Entspannung – Deeskalation – dürfte bereits der enge Zusammenhang zwischen strukturellen Weltkonflikten und Weltfrieden andeutungsweise sichtbar geworden sein; er muß abschließend lediglich noch explizit gemacht werden.

Generell kann mit »strukturell« gemeint sein, daß sich die kritische Spannung auf die Struktur des Beziehungszusammenhanges, in dem sich die Akteure befinden, bezieht und diese Struktur bedroht. In diesem Sinne ist jeder Konflikt als ein struktureller definiert. Es empfiehlt sich deshalb, eher von dem strukturellen Bezug zu sprechen. Davon abzuheben ist eine speziellere Bedeutung von »strukturell«: wenn die miteinander unvereinbaren oder unvereinbar erscheinenden Tendenzen, die einen kritischen Spannungszustand erzeugen und die Organisation des Beziehungszusammenhanges bedrohen, die Gestaltung dieser Organisation selbst zu ihrem eigentlichen Gegenstand haben; anders ausgedrückt, wenn der Widerstreit der Tendenzen um die Frage geht, wie diese Organisation aussehen soll oder wie der Beziehungszusammenhang zu strukturieren ist. Die Bezeichnung struktureller Konflikt ist sinnvollerweise auf diese Klasse zu beschränken.

Vertikale und horizontale Klassifikationen sind dann hinsichtlich des jeweiligen Beziehungszusammenhanges möglich:

Ist der Beziehungszusammenhang das internationale System oder (anders ausgedrückt) die Staatenwelt als Gesamtheit, so handelt es sich um einen Weltkonflikt; ist er die Region, so handelt es sich um einen regionalen Konflikt usw. Wird die Spannung für einen sektoralen bzw. funktionalen Beziehungszusammenhang kritisch, so kann man nach sicherheitspolitischen, ökonomischen, kulturellen und ideologischen Konfliktdimensionen differenzieren.

Von strukturellen Weltkonflikten kann folglich dann die Rede sein, wenn die Staaten (insbesondere die Großmächte oder bedeutsame Mächtegruppierungen) unvereinbare oder unvereinbar erscheinende Tendenzen hinsichtlich der Organisation (Struktur) des internationalen Systems verfolgen, d. h. sich einander ausschließende Änderungen oder eine Erhaltung der bestehenden internationalen Ordnung anstreben. Danach ist nicht schon der Strukturdissens als solcher, sondern die Frage, wie strukturelle Änderungen angestrebt und welche Konfliktlösungen eingeleitet werden, gleichbedeutend mit der Friedensfrage.

Dieser innere Zusammenhang zwischen strukturellen Weltkonflikten und Weltfrieden wird in der Umgangssprache intuitiv erfaßt, indem Frieden mit der extremen Form der Konfliktaustragung, genannt Krieg, in eine Gegensatzbeziehung gesetzt wird. D.h. Frieden wird in der Regel als Nichtkrieg, als Abwesenheit von Krieg und kollektiver Gewaltanwendung definiert, wobei Gerechtigkeit als positives Bestimmungsmoment mitgedacht wird. Über den Inhalt einer gerechten Friedensordnung gehen allerdings die Meinungen sehr auseinander. Ein Minimalkonsens dürfte höchstens dahingehend bestehen, daß gerechter Frieden eine politische Ordnung meint, die die Existenz und Realisierungschancen der Individuen, Gruppen und Nationen in kompetitiver Kooperation und gewaltfreiem Konfliktaustrag gewährleistet.

Dieser Friedensbegriff geht also nicht davon aus, daß – wie Johan Galtung (1971) annimmt – Konflikt das Gegenteil von Frieden sei. Die Orientierung erfolgt nicht an der radikalalternativen Utopie, daß insgesamt und in allen Fällen Konflikte vermieden werden müßten, wenn Frieden herrschen sollte. Die Rahmenbedingung ist vielmehr der gewaltfreie Wettbewerb und Konfliktaustrag. Wendet man zu ihrer näheren Bestimmung den oben entwickelten Konfliktbegriff an, so handelt es sich um das Problem der Konfliktlösung.

Soweit Konflikte in ihrem Kern gelöst werden können, ist der Kompromiß die friedensadäquate Lösung (vgl. Czempiel, 1972, S. 111ff.). Denn die völlige Durchsetzung *einer* Tendenz bzw. *eines* Interesses dürfte die Realisierungschancen der anderen Konfliktpartei(en) negativ beeinflussen und daher kaum einvernehmlich und ohne Gewaltanwendung zu bewerkstelligen sein. Kompromisse und Kompromißmechanismen sind demnach eine notwendige Bedingung des Friedens. Das heißt praktisch, daß ein ungefähres machtpolitisches Gleichgewicht zwischen den Kontrahenten vorhanden sein muß; denn nur dann kann keine Seite erwarten, ihre Ziele einseitig und gänzlich durchsetzen zu können.

Da aber realistischerweise nicht gefordert wird, daß *alle* Konflikte im Kern gelöst werden können, ist diese Bedingung nicht hinreichend. Vielmehr wird diejenige Konfliktlösung zentral, die – wie erinnerlich – im Bereich der Organisation und Struktur des jeweiligen Beziehungszusammenhanges angesiedelt ist, d. h. in unserem Zusammenhang in der Organisation des internationalen Systems. Da die definitorische Annahme lautete, daß Konflikte sich generell dadurch auszeichnen, daß Spannungen potentiell oder aktuell auf die betreffende Organisation (Struktur) einwirken (und damit Veränderungen notwendig machen), und da strukturelle Weltkonflikte speziell die widerstreitenden Vorstellungen über die Organisationsänderungen zu ihrem eigentlichen Gegenstand haben, muß eine Friedensordnung Änderungen nicht nur zulassen, sondern ermöglichen; d. h. eine statisch-konstante Ordnung ist mit dem Friedenskonzept nicht vereinbar. (Eine unveränderbare und mit zentraler Zwangsgewalt ausgestattete Weltdiktatur ist weder realistisch noch mit der inhaltlichen Bestimmung des Friedens vereinbar; vgl. R. E. Osgood und R. W. Tucker, 1967.) Eine Friedensordnung muß also flexibel genug sein, um den Änderungen, die zur Lösung der kritischen Spannungen erforderlich werden, Rechnung tragen zu können; d. h. Erneuerungen, Anpassungen und Änderungen müssen als Möglichkeit der Ordnung inhärent sein, in sie eingebaut sein. Bezogen auf das internationale System ließe sich mithin folgende Hypothese formulieren:

Die hinreichende Bedingung des Friedens ist dann gegeben, wenn die internationale Ordnung so strukturiert ist, daß Konflikte durch strukturelle Veränderungen ohne die gewaltsame Beseitigung dieser Ordnung, d. h. durch friedlichen Wandel, gelöst bzw. reguliert werden. Friedlicher Wandel wird mithin zum zentralen Bestimmungselement des Friedens. Und da Frieden dann letztlich durch die Struktur der politischen Ordnung des internationalen Systems gewährleistet würde, könnte man eine Ordnung des friedlichen Wandels als strukturellen Frieden bezeichnen. In diesem Begriff reflektiert sich der reale Zusammenhang einerseits zwischen widerstreitenden Interessen und unvereinbaren Tendenzen (die im Konflikt ihren gesteigerten Ausdruck finden) und andererseits dem gemeinsamen fundamentalen Interesse an der Existenzerhaltung, das angesichts des globalen Selbstzerstörungspotentials erstmals in der Geschichte zu einem realen allgemeinen Interesse aller geworden ist. Struktureller Frieden als eine Ordnung des friedlichen Wandels wird zudem nicht als ein Endzustand begriffen, sondern als Orientierungswert – wohlwissend, daß die Unzulänglichkeit und Unvollkommenheit allen menschlichen Tuns und aller menschlichen Ordnung nur eine Annäherung möglich machen.

Strukturelle Weltkonflikte und struktureller Frieden werden in der Theorie durch die Kategorien des Konfliktaustrags und der Konfliktlösung miteinander vermittelt. Die historischen und gegenwärtigen Erscheinungsformen der internationalen Politik und des Staatensystems sind als je spezifische Konfliktlösungs- und Konfliktregulierungsversuche zu beschreiben und zu analysieren.

4. Strukturelle Weltkonflikte und Konfliktregulierung im zwanzigsten Jahrhundert

Legt man die hier entwickelte Konfliktdefinition zugrunde, so sind zwei strukturelle Weltkonflikte feststellbar, die sich in unserem Jahrhundert entwickelt haben und noch heute vorhanden sind: der sogenannte Ost-West-Konflikt und der sogenannte Nord-Süd-Konflikt. Da der Ost-West-Konflikt eine überragende Bedeutung hatte bzw. noch hat, ist es (in Anbetracht der seitenmäßigen Beschränkung eines Taschenbuches) vertretbar, die empirische Analyse auf diesen Konflikt und seine jeweiligen Konkretisierungen zu konzentrieren; der Nord-Süd-Konflikt wird in einer gesonderten Studie behandelt werden.

Das zentrale Analyseinteresse richtet sich auf die Konfliktlösungs- und Konfliktregulierungsversuche, deren Typisierung oben vorgenommen wurde, d. h. die Organisation des Gesamtzusammenhangs der internationalen Beziehungen steht im Mittelpunkt des Interesses. Um die vier Konfliktlösungstypen auf die Analyse der strukturellen Weltkonflikte unserer Epoche anwendbar zu machen, können vorab einige Hypothesen als analytische Grobraster formuliert werden:

(1) Ein Ausscheiden aus dem internationalen Beziehungszusammenhang und die völlige Isolation (Typ 4) dürfte – wenn überhaupt – nur noch für kleine unbedeutende Staaten und/oder nur für einen relativ kurzen Zeitraum als partielle Möglichkeit in Frage kommen. Die realen weltweiten Verflechtungen der Gegenwart machen eine Isolation als globales Strukturierungsprinzip unwahrscheinlich, zumal die sozialen und politischen Kosten zu hoch sind.

(2) Die kämpferische Konfliktaustragung, d.h. Zerstörung der bestehenden internationalen Ordnung durch antagonistische Großmächte (Weltrevolution und Weltkrieg) mit dem Ziel, anschließend eine völlig neue Organisation zu schaffen (Typ 3), ist in unserer Epoche als bewußte und gewollte globale Konfliktlösung wegen der Gefahr der nuklearen Selbstzerstörung unwahrscheinlich. Das heißt nicht, daß sie auch als *nicht*beabsichtigte »Lösung« unwahrscheinlich wäre. Vielmehr erlaubt die Einsetzbarkeit konventioneller und taktisch-nuklearer Waffen in regionalen und lokalen Konflikten (und die zunehmende Proliferation nuklearer Waffen), daß unterhalb der globalen Ebene der Krieg zu Strukturänderungen genutzt wird; die Eskalation und das Übergreifen lokaler oder regionaler Kriege auf die globale Ebene ist nicht auszuschließen. Da auf der Weltebene eine Strukturentscheidung nicht mehr durch einen Akt – nämlich durch den Sieg eines Staates bzw. einer

Staatenallianz in einem Krieg – denkbar ist, gewinnen inkrementale (schrittweise) Veränderungen zunehmendes Gewicht. Und darin liegt die globale Bedeutung regionaler und lokaler Kriege bzw. kriegerischer Konfliktlösungen.

(3) Wenn eine Vielzahl unvereinbarer oder unvereinbar erscheinender Tendenzen, große Asymmetrien und geringe Gemeinsamkeiten zwischen den Hauptmächten der Weltpolitik vorhanden sind, ist die Tendenz einer regressiven Konfliktlösung (Typ 1) wahrscheinlich. Verringerung der Beziehungen, Abgrenzung und Stabilisierung von Interessensphären (regionale Hegemonien oder regionale nicht-hegemoniale Intergrationsgemeinschaften mit erhöhtem Organisationsgrad der Beziehungen zwischen ihren Mitgliedern) sind deren Ausdruck. Die realen Verflechtungen und Interdependenzen setzen freilich der *globalen* Regression enge Grenzen, weil dadurch die Chancen zur kooperativen Bewältigung übergreifender Gemeinschaftsaufgaben eingeschränkt werden. Denn die transnationalen Beziehungen, mit deren Hilfe die Organisation der realen Austauschprozesse (Übermittlung von Informationen, Waren und Kapital) erfolgt, werden durch die Regression erschwert oder gar unterbunden.

(4) Integration im Sinne der Erhöhung des Organisationsgrades des Beziehungszusammenhangs (Typ 2) setzt ein erhebliches Maß an Übereinstimmung in den Wertüberzeugungen und in der Definition der Gemeinschaftsaufgaben voraus. Es ist der Versuch, Wettbewerb und Konfliktaustrag als kompetitive Kooperation zu institutionalisieren. Die von Johan Galtung (1970) für die »friedliche Kooperation« entwickelten Bedingungen (Symmetrie, Homologie, Interdependenz, Bildung supranationaler Institutionen und Dispersion) können als Indikatoren für die Adäquanz einer integrativen Konfliktlösung dienen; d.h. je stärker die Wirklichkeit sich ihnen annähert, desto eher sind die Voraussetzungen für eine integrative Konfliktlösungsorganisation gegeben. Da dadurch die Gesellschaften in einen engen Kontakt gebracht und die materiellen und ideellen Austauschprozesse bewußt gefördert werden, kommt den transnationalen Beziehungen bei diesem Konfliktlösungstyp eine erhöhte Bedeutung zu. Solange die Staaten als autoritative Entscheidungszentren erhalten bleiben, ist jedoch die Organisation der *politischen* Koordination das wichtigste Problem; Autonomie und Dezentralisation setzen der Integration global enge Grenzen (die auf regionaler Ebene unter den Bedingungen relativer Homogenität weiter gezogen sind).

Die völlige Integration (Typ 2 in seiner extremen Ausprägung) käme auf globaler Ebene der Errichtung einer effektiven Weltregierung als einer zentralen und obersten Autorität gleich – sei es in Form der Hegemonie oder gar der Universalherrschaft *einer* Weltmacht, sei es in Form einer Kollektivhegemonie. Eine derartige »Lösung« würde mit dem bisherigen System autonomer Staaten auch das Macht- und Sicherheitsdilemma beseitigen, mithin eine radikale Strukturänderung bedeuten. Angesichts der tatsächlichen materiellen und ideellen Heterogenitäten und Gegensätzlichkeiten, die gerade auch zwischen den Großmächten bestehen, war bzw. ist diese völlige Integration in unserer Epoche unwahrscheinlich (ganz davon abgesehen, daß sie wenig wünschenswert wäre). Vielmehr ist anzunehmen, daß die in der bisherigen Geschichte erkennbare Gesetzmäßigkeit (im Sinne von Tendenz) gültig bleibt:

Wenn ein Staat oder eine Staatengruppierung die Errichtung einer Welthegemonie oder Weltherrschaft anstrebt, bilden konkurrierende Staaten Gegenmacht, um dies zu verhindern – sei es durch interne Machtsteigerungen (z.B. Rüstung), sei es durch externe Machterweiterung (z.B. Allianzbildung, Schaffung hegemonialer Einflußzonen, Stützpunkte-Politik usw.) oder durch eine Kombination beider Maßnahmen. Es kann mithin folgende Doppelhypothese formuliert werden: Wenn eine *forcierte* Integration versucht wird, besteht die Wahrscheinlichkeit, daß der Verdacht einer globalen Hegemonial- oder Weltherrschaftspolitik erweckt und damit ungewollt eine Gegentendenz in Richtung Regression erzeugt wird. Auch wenn *einvernehmlich* eine integrative Konfliktlösung angestrebt wird, sind die Grenzen zu beachten; eine ambitiöse Politik, die einen (gemessen an den tatsächlichen Gemeinsamkeiten) zu hohen Organisationsgrad anvisiert, dürfte unerfüllbare Erwartungen erwecken und in ähnlicher Weise den Umschlag in regressives Verhalten wahrscheinlich machen.

Idealtypen sind definitionsgemäß in der Realität nicht existent; vielmehr sind dort Mischformen zu erwarten und tatsächlich feststellbar. In Anbetracht des Nebeneinanders von Gemeinsamkeiten und Gegensätzen, von vereinbaren und unvereinbaren (oder unvereinbar erscheinenden) Tendenzen in der Weltpolitik unserer Epoche, wäre eine Mischung von Elementen der Integration einerseits und der Regression andererseits ein mögliches und naheliegendes Konfliktlösungsmuster (vgl. die ähnlichen Überlegungen von G. Zellentin, 1976). Die theoretische und praktische Schwierigkeit besteht darin, das organisatorische Mischungsverhältnis zu finden, das dem realen Entwicklungsstand der Weltgesellschaft und der globalen Machtverteilung adäquat ist. Nicht nur zu starke Regression, sondern auch zu intensive Integration kann (wie oben angedeutet) konterproduktiv sein, nämlich Konflikte verschärfen oder

gar zusätzlich Konflikte erzeugen und dann destruktiv wirken oder in Regression umschlagen.
Dieses Problem hat Harold D. Lasswell (1946) bereits zu Beginn der Nachkriegsepoche klar formuliert:

»Wenn der angestrebte Grad der Organisation [im Sinne von globaler Steuerung und Autorität] dem Anwachsen derjenigen Elemente der Weltgesellschaft, die diese Organisation nachhaltig unterstützen, vorauseilt, wird mit Sicherheit der Zusammenbruch folgen. [...] Wenn hingegen die globale Organisation hinter dem zurückbleibt, was mit politischem Geschick zu einer bestimmten Zeit erreicht werden kann, wird die Menschheit unter dem Schatten nuklearen Desasters bleiben« (S. 889).

Vor diesem Problemhintergrund kann die Entwicklung des Ost-West-Konflikts, die in den folgenden Kapiteln analysiert wird, als Zick-Zack-Kurs zwischen zu hoher oder zu niedriger weltpolitischer Organisation, zwischen Erhöhung und Verminderung des Organisationsgrades der internationalen Beziehungen, verstanden werden.

III. Der Ost-West-Konflikt

1. Interpretationsansätze

Die landläufigen Einschätzungen und wissenschaftlichen Beurteilungen des Ost-West-Konfliktes und des Kalten Krieges sind äußerst kontrovers. Eine Analyse, die als Bezugsrahmen die Organisation der internationalen Beziehungen wählt, dürfte am ehesten in der Lage sein, die widersprüchlichen Deutungsversuche zu überwinden, d. h. deren Teileinsichten sinnvoll zu verbinden. Gründliche diplomatiegeschichtliche Studien (vgl. vor allem Martin F. Herz, 1966; W. H. McNeill, 1953; und neuerdings Yergin, 1977) und umfassende Aktenpublikationen (u. a. Papers of the Foreign Relations of the United States) ermöglichen eine solche Interpretation.

In der bisherigen Diskussion sind die reduktionistischen Tendenzen besonders stark gewesen. Als reduktionistisch sind diejenigen Erklärungen zu bezeichnen, die den *welt*politischen Konflikt, der sich auf *internationaler* Ebene im Kalten Krieg ausdrückte, auf Eigenschaften einzelner Staaten bzw. Gesellschaften oder einer Gruppe von Staaten zurückführen. Diese Verfahrensweise ist den beiden ansonsten diametral entgegengesetzten Hauptrichtungen (die selbstverständlich in sich jeweils mannigfache Varianten aufweisen* gemeinsam:

(1) Die liberale und gemäßigt konservative Richtung einer »orthodoxen« Interpretation macht für das Scheitern der Kooperationsbemühungen und für den Kalten Krieg letztlich das Wesen des sowjetischen Regimes verantwortlich. Obwohl die These von der ausschließlichen »Schuld« der Sowjetunion (die anfangs von den westlichen Regierungen vertreten wurde) oft modifiziert wird, gelten die sozialistisch-kommunistische Gesellschafts- und Herrschaftsstruktur und Ideologie als die eigentlichen Determinanten des Kalten Krieges. In diesem Sinne argumentiert z. B. Arthur Schlesinger (1967; wiederabgedr. in: Gardner u. a., 1970), ein

* Neuerdings wird der Reduktionismus sogar soweit getrieben, daß der »Kalte Krieg als Innenpolitik« (Bonwetsch, 1980) interpretiert wird; danach sind die Ursprünge des Kalten Krieges in einer »inwendig« gerichteten Rechtfertigungspolitik – sowohl in den USA als auch in der UdSSR – zu suchen, als eine »bewußt übertriebene Feindbildinstrumentalisierung« zur innenpolitischen Konsensbeschaffung für die jeweilige Regierung.

Hauptrepräsentant des liberalen Establishments in den USA, daß selbst eine höchst rationale amerikanische Politik den Kalten Krieg nicht hätte abwenden können: »Der Kalte Krieg hätte nur verhindert werden können, wenn die Sowjetunion weder von der Unfehlbarkeit der kommunistischen Lehre noch von der Unvermeidbarkeit einer kommunistischen Welt überzeugt gewesen wäre.« Die kommunistische Ideologie machte den Kalten Krieg zu einer tragischen Notwendigkeit.

Nach Auffassung von Hans J. Morgenthau (in: Gardner u.a., 1970), der als führender Vertreter der »realistischen« Schule gelten kann, war, für sich betrachtet, der Konflikt primär ein unvereinbarer Gegensatz zwischen zwei Ordnungskonzepten, zwischen der sowjetischen Einflußsphärenpolitik und dem amerikanischen Universalismus; er war insofern früheren Konflikten ähnlich. Die neue Dimension, die diesen Konflikt von früheren Konflikten unterschied und durch die er in den Kalten Krieg transformiert wurde, war »der kommunistische Charakter des Sowjetstaates und seiner Außenpolitik«, die Verbindung der Grundsätze des Kommunismus mit dem traditionellen zaristischen Expansionismus.

(2) Die revisionistische Gegenrichtung (die ursprünglich von Radikal-Liberalen, dann aber vor allem von Neo-Marxisten repräsentiert wird) sieht umgekehrt in der inhärent expansiven Politik der kapitalistischen Vereinigten Staaten von Amerika die Ursache des Kalten Krieges. Nach der Durchdringung des nordamerikanischen Kontinents benötigte die expansive amerikanische Wirtschaft neue Betätigungsfelder; Ausdruck dieser inneren Notwendigkeit war die Politik der offenen Tür, die sich gegen die Bildung von staatlich sanktionierten Präferenz- und Einflußzonen richtete und daher mit der sowjetischen Politik kollidieren mußte (W. A. Williams, [2]1962 und seine »Wisconsin«-Schule; vgl. dazu Link, 1971; H. J. Schröder, 1976, und die gründliche Kritik von R. J. Maddox, 1973).

Die neo-marxistische Variante dieser These lautet: die kapitalistische Produktions- und Distributionsweise sei »aufgrund ihrer Eigengesetzlichkeit unvereinbar mit der Existenz anderer autonomer Zentren von Produktion und Distribution« und daher auf Expansion »genuin angewiesen« (Krippendorff, 1970, S. 461 f.). Für Neo-Marxisten ist der Ost-West-Konflikt ein Aspekt des »internationalen Klassenkampfes«, d.h. er wird zurückgeführt auf die »Auseinandersetzungen und Zusammenarbeit zwischen den sozialen Klassen, Klassenfraktionen, Schichten und Gruppen in den sozialantagonistischen Gesellschaften« (Arons und Jahn, 1973, S. 90).

In dem Argumentationszusammenhang beider Richtungen (vgl. dazu genauer Gaddis, 1972) wird hin und wieder modifizierend auch auf individuell-personelle Eigenschaften zurückgegriffen, indem einerseits die Charaktereigenschaften Stalins oder andererseits die Mentalität Trumans als zusätzliche Erklärungsmomente herangezogen werden. Als letztlich bestimmend gilt jedoch die den jeweiligen Gesellschaften bzw. Staaten immanente Expansionsnotwendigkeit; die kapitalistische bzw. sozialistisch-kommunistische Wirtschafts- und Gesellschaftsstruktur determiniert eindeutig den Weltkonflikt. In ihren zugespitzten Versionen entsprechen sich spiegelbildlich die antikapitalistischen und die antikommunistischen Deutungen; sie sind reduktionistisch und deterministisch zugleich.

Beide Hauptrichtungen haben darüber hinaus auch geschichtstheoretische bzw. -philosophische Begründungen erfahren, die den Determinismus verstärken.

Bei *neo-marxistischen* Autoren ist der Antagonismus zwischen Kapitalismus und Sozialismus ein unvermeidbares Phänomen des geschichtlichen Entwicklungsprozesses, der zur Durchsetzung des Sozialismus im Weltmaßstab führt; der unversöhnliche Kampf zwischen beiden Gesellschaftssystemen und ihren staatlichen Repräsentanten ist eine notwendige historische Durchgangsphase (ähnlich wie der Feudalismus von der bürgerlich-kapitalistischen Epoche in einer Übergangszeit mit internationalen Konflikten abgelöst wurde, gilt der Sozialismus als eine geschichtliche Notwendigkeit – nur mit dem Unterschied, daß diesmal mit dem weltweiten Sieg des Sozialismus die reale Emanzipation der Völker von internationaler Dominanz und Herrschaft erfolgen wird). In dieser geschichtstheoretischen Perspektive ist der Ost-West-Konflikt eine Erscheinungsform des »jahrhundertealten« Nord-Süd-Konflikts, aus dem er insoweit hervorgegangen sei, »als die Gründung der Sowjetunion im Jahre 1917 als eine (erstmalig) auf staatlicher Ebene organisierte Gegenstrategie zur Befreiung von der Dominanz der kapitalistischen Industriegesellschaften begriffen« wird (Gantzel, 1972c, S. 105). Trotz der Einbeziehung staatlicher Akteure bleibt der Kampf der *Klassen* die entscheidende Interaktionsebene. Und da der internationale Klassenkampf als antagonistisch-unversöhnlicher Konflikt verstanden wird, sind Kompromisse im Kernbereich nicht zu rechtfertigen; zeitweilige Arrangements sind nur Stationen in einem geschichtlich notwendigen Konfliktprozeß, der erst mit dem Sieg des durch die kommunistischen Parteien organisierten Proletariats, der mit der Beseitigung der internationalen Ausbeutung inhaltlich gleichgesetzt wird, zu seinem Ziel und Ende gelangt. In der offiziellen sozialistischen Lehre (sowohl in der politischen Publizistik als auch im sozialistischen Völkerrecht) entspricht dieser Konzeption die Theorie von der friedlichen Koexistenz als eines Prinzips der Übergangsphase (vgl. u.a. Jegorow, 1972; Oibopuu, 1971; Royen, 1979).

Die *liberal-konservative* Geschichtsphilosophie ist hinsichtlich des Ziels der Geschichte offener, verfährt aber bei der Einordnung des Ost-West-Konflikts in die geschichtliche Entwicklung nicht weniger deterministisch. Die liberal-konservative geschichtstheoretische Gesamtinterpretation des Kalten Kriegs ist am eindrucksvollsten von Ernst Nolte vorgenommen worden; sie soll daher an diesem Beispiel verdeutlicht werden.

Nolte (1974) hat in weit ausholender Reflexion die wichtigsten ideologisch-geistigen Bewegungen und Gegenbewegungen und deren geschichtliche Grundverhältnisse herausgearbeitet und als zentrales Entwicklungsergebnis neuzeitlicher Geschichte das »europäische liberale System« identifiziert. Er versteht darunter »die Polygonalität der Gesellschaft, die das Neue, Unerwartete und Ungeplante ins Dasein treten läßt, weil es sich in den Winkeln und Windschatten des vielfältigen, von keinem übermächtigen Zentrum bestimmten Ganzen zu entwickeln vermag« (S. 86). Es ist eine flexible, kompetitive, gruppenpluralistische, offene Gesellschaft, die auf internationaler Ebene ihre Entsprechung in der Konkurrenz säkularisierter, aber eng miteinander verbundener Staaten findet (S. 102). Es ist eine Gesellschaft, die »durch eine Breite gekennzeichnet ist, die das ›ja, ja – nein, nein‹ unnötig und sowohl die freie Entfaltung der extremen Linken, wie unter Umständen die Gegenbewegung von links nach rechts möglich macht« (S. 103). Die Sowjetunion ist aus diesem System herausgetreten, indem sie die linke Gegenrichtung staatlich institutionalisiert hat, nämlich als Staat der extremen Linken Offenheit und Vielfalt in ihrer Organisation zerstörte. Auch die USA waren ursprünglich als Staat der Linken konzipiert, blieben aber »reich und vielfältig genug«, um sich in ihrer Pluralität als Sproß und Bestandteil des europäischen Systems auszuweisen (S. 130). Gerade die Pluralität dieses Systems ist auch der wesentliche Grund dafür, daß es zwar spezifische Antworten auf interne und externe historische Herausforderungen entwickelt, aber nie selbst die spezifische Antwort sein kann. So konnte es auch nicht die Antwort auf den »Staat der extremen Linken« sein. Vielmehr war der Faschismus die notwendige Antwort auf die bolschewistische Revolution; und diese spezifische Antwort »mußte [!] dieser zugleich entgegengesetzter und ähnlicher sein, als das europäische System zu sein vermochte [...], und wenn sie etwa nicht entstanden wäre (was ausgeschlossen ist), so hätte sie im Denken konstruiert werden können«.

Die Entscheidung zwischen beiden Revolutionen mußte dasjenige System bringen, »das älter war als beide und die Grundlage für beide in sich enthielt« (S. 138), d.h. die USA waren für die Rolle, die sie tatsächlich bei der Niederkämpfung des Faschismus spielten, prädestiniert. Freilich brachte die nationalsozialistische Expansion mit der antifaschistischen Kriegskoalition ein Verhältnis zwischen beiden Systemen zustande, das – nach Nolte – weder bloß Notallianz noch ein unzweideutiges ideologisches Bündnis darstellte, sondern in dem traditionell-ideologische, neoideologische und machtpolitische Aspekte untrennbar miteinander verbunden waren. Dieses diffizile Verhältnis blieb indes Episode. Daß die Zusammenarbeit nach der Ausschaltung des gemeinsamen Gegners scheiterte, erklärt Nolte mit Hilfe des Axioms, daß »innenpolitische Stabilität [...] die Grundvoraussetzung jeder ausgeprägten Zusammenarbeit zwischen Staaten« sei (S. 179). Diese Bedingung war in beiden Staaten nicht gegeben, und da »jedes Unternehmen innenpolitischer Selbstbehauptung zugleich außenpolitische Implikationen von negativer Art haben« *mußte*, wird das Scheitern der Zusammenarbeit als unvermeidbar angesehen:

»Kulturell einander fremd, ideologisch trotz gewisser Affinitäten einander feindlich, zur Ausnützung gemeinsamer ökonomischer Interessen aus politischen Gründen nicht imstande – wie hätten die USA und die Sowjetunion freundschaftlich miteinander verbunden bleiben können, nachdem mit Hitler und dem deutschen Nationalsozialismus der Grund ihrer Zusammenarbeit fortgefallen war?« (S. 181).

Mit dieser rhetorischen Frage wird nicht die ökonomische, sondern die ideologische Systemdifferenz zur entscheidenden Erklärungskomponente für die Entstehung des Kalten Krieges. D.h. sowohl die Politik der Sowjetunion als auch die der Vereinigten Staaten wird letztlich aus dem unvereinbaren Gegensatz zwischen dem Grundcharakter des kommunistischen Systems, das die Respektierung eines differenten Majoritätswillens ausschließt, und dem Wesen des europäischen liberalen Systems, das durch Pluralität charakterisiert ist, hergeleitet. Der Konflikt zwischen den Kommunisten und den USA war »unvermeidbar«. Daß er nicht sofort, sondern erst nach einer Zeit des Übergangs ausbrach, war bedingt einerseits durch das sowjetische Interesse an der Aufrechterhaltung des »antifaschistischen Scheins« und andererseits durch die systemadäquate Existenz unterschiedlicher politischer Richtungen in den USA, unter denen ebenfalls einige die Inhalte antifaschistischer Politik weiterverfolgten.

Auf diese Weise sind Ost-West-Konflikt und Kalter Krieg ideologisch und systemisch vorausbestimmt; historische Möglichkeit und Unvermeidbarkeit folgen aus dem Wesen eines ideologisch-geistigen »Systems«; was eigentlich ein analytisches Konstrukt ist, wird verdinglicht; das europäische liberale System hat bestimmte Eigenschaften, handelt, entwickelt Antworten usw. An die Stelle des sozio-ökonomischen Determinismus der Neo-Marxisten ist hier eine Art ideologisch-geistiger Determinismus getreten, der – trotz seines größeren empirischen Gehaltes – ebenso problematisch ist wie jener.

Jedweder Determinismus beseitigt die Wahl und Entscheidungsmöglichkeit der individuellen und kollektiven Akteure. Er entspricht einem mechanistischen Gesetzesdenken, das sowohl in den Geistes- und Sozialwissenschaften als auch in den Naturwissenschaften fehl am Platze ist und inzwischen als überholt gelten kann. Nicht eindeutige Determiniertheit, sondern gegenseitige und wechselseitige Beschränkung und »nachgebende« Steuerung sind kennzeichnend für das Verhältnis zwischen einerseits politischen und sozialen Systemen, die als solche von Menschen geschaffen sind und geändert werden, und andererseits den einzelnen handelnden Menschen bzw. Kollektiven (vgl. Popper, 1973). Bezogen auf den Ost-West-Konflikt hat R. H. S. Crossman in diesem Sinne bereits in der Hochphase des Kalten Krieges vor einem deterministischen Denken gewarnt:

»Den Redewendungen ›inhärenter Widerspruch‹ und ›unvermeidbarer Konflikt‹ kommt keine wissenschaftliche Gültigkeit zu. Insoweit wie sie nicht schlicht unwahr sind, drücken sie lediglich eine pessimistische Überzeugung aus, nämlich daß menschliche Wesen stets darin scheitern, vernünftige Methoden für die Lösung gefährlicher Situationen zu finden« (Crossman, 1951, S. 10).

Erst recht ist für die gegenwärtigen Versuche, eine Entspannung und Konfliktregulierung zu erzielen, eine wie immer geartete geschichtsphilosophische Begründung der Unvermeidbarkeit internationaler Konfrontation verhängnisvoll. Ausgehend von einer ähnlichen Einsicht hat Daniel Yergin (1977; dt. 1979) die bisherigen Interpretationen des Kalten Krieges kritisiert und statt dessen ein individual- und gruppenpsychologisches Erklärungsmodell gewählt: Die Perzeptionen und die Weltsicht (axiomatic outlook) der jeweiligen Akteure und Akteursgruppen, der Diplomaten und Spitzenpolitiker, werden in den Mittelpunkt der Betrachtung gerückt:

»Bisher tendierte man zu sehr zu der Annahme, das gesamte Geschehen sei vorherbestimmt und determiniert gewesen. Aber die Art und Weise, wie weltpolitisch handelnde Spitzenpolitiker ihre Interessen wahrnahmen [perzipierten] und aufgrund dieser Wahrnehmungen [Perzeptionen] handelten, war von sehr großer Bedeutung. [...] Die Auffassungen und Einschätzungen, die amerikanische Spitzenpolitiker von Ereignissen und Möglichkeiten hatten, hatten einen bestimmenden Einfluß auf ihre Aktionen und Reaktionen in der Dialektik der Konfrontation« (1977, S. 8; Übersetzung von mir, W. L.; die autorisierte deutsche Übersetzung, 1979, S. 15 ist mißverständlich).

Unter Zugrundelegung dieses theoretischen Konzepts hat Yergin ein höchst aufschlußreiches diplomatie-geschichtliches Gemälde gezeichnet. Es sei dahingestellt, ob die Zuordnung zu zwei alternativen Denkgruppen (Riga-Gruppe versus Jalta-Gruppe) schlüssig ist und überzeugt. Der grundsätzliche Einwand besteht darin, daß insgesamt die Gefahr eines psychologischen Reduktionismus entsteht. Durch die Analyse der Perzeptionen werden zwar die jeweiligen amerikanischen Aktionen und Reaktionen verständlich, aber nicht das Ergebnis dieser Politik, das Scheitern der projektierten internationalen Friedensordnung. Das heißt, die strukturellen Beschränkungen, die in der »operationalen Umwelt« (Sprout und Sprout, 1971) lagen, die unabhängig von den jeweiligen Perzeptionen bei der Verwirklichung einer bestimmten Politik wirksam wurden und das Ergebnis mitbestimmten, werden nicht hinreichend berücksichtigt.

Um weder einem Reduktionismus noch einem Determinismus bei der Analyse des Ost-West-Konflikts zu erliegen, gilt es mithin, folgendes zu beachten:

Da der sogenannte Ost-West-Konflikt nach allgemeiner Auffassung ein internationales Phänomen ist, ist konsequenterweise die Ebene der internationalen Gesamtbeziehungen – deren Organisation und Struktur – zentral und muß vorrangig dort nach den Erklärungen gesucht werden. Daß keine Reduktion auf die innerstaatliche oder innergesellschaftliche Ebene bzw. auf die individual- bzw. gruppenpsychologische Ebene vorgenommen wird, bedeutet freilich nicht, daß die Wirkungsfaktoren dieser Ebenen unberücksichtigt bleiben. Und es bedeutet erst recht nicht, daß statt einer Determinierung des internationalen Konfliktes durch innergesellschaftliche oder individual-psychologische Faktoren nun umgekehrt eine einseitige Determiniertheit gesellschaftlichen oder staatlichen Handelns durch internationale Faktoren angenommen wird. Vielmehr ist auch hier die Annahme einer wechselseitigen, nachgebenden Steuerung und eines wechselseitigen Wirkungszusammenhanges zwischen internationalen und nationalen bzw. gesellschaftlichen Strukturen und Akteuren sinnvoll (s. oben). Auf

diese Weise können die Teilergebnisse der Forschung genutzt werden.
Indem der Ost-West-Konflikt als ein struktureller Weltkonflikt begriffen wird, kommt es – nach der in den Kapiteln I und II entwickelten Organisations- und Konflikttheorie – darauf an, zwischen Wettbewerb und Konflikt zu unterscheiden und zu fragen: Welche Beschränkungen politischen Handelns sich aus der weltpolitischen Gesamtstruktur ergaben und welche auf die Struktur des Beziehungszusammenhanges gerichteten unvereinbaren oder unvereinbar erscheinenden Tendenzen den Akteuren bewußt und für ihr Handeln bestimmend wurden (Wettbewerb) und eine kritische Spannung erzeugten, die die Organisation des internationalen Beziehungszusammenhanges gefährdete (Konflikt); welche Konfliktlösungen bzw. -regulierungen im Organisationsbereich versucht wurden.

2. Die Genese des Ost-West-Konflikts

Die von zahlreichen Autoren vertretene Auffassung, daß der Ost-West-Konflikt als ideologischer und partiell organisierter Gegensatz – als Ausdruck antagonistischer Interessen oder widerstreitender innergesellschaftlicher *und* internationaler Ordnungsvorstellungen – älter ist als der Kalte Krieg, ist zweifellos richtig. Mehr noch: die entgegengesetzten Ordnungstendenzen sind auch älter als der Ost-West-Konflikt, als der Konflikt zwischen der Sowjetunion und den westlichen demokratischen Staaten. Die miteinander unvereinbaren Tendenzen, die zunächst nur innergesellschaftlich, nicht international eine kritische Spannung erzeugten (aber von Anfang an für die internationale Organisation Relevanz hatten!), traten anfangs überhaupt nicht als geographisch verorteter Gegensatz im Staatensystem hervor, sondern waren in ihrem Charakter transnational. Die Konzeption einer genossenschaftlichen Organisation internationaler Beziehungen als einer »sozialen Weltgemeinschaft« (vgl. Hans-Christoph Schröder, 1968, S. 77) stand gegen die traditionelle Staatenordnung, die auf der formalen Autonomie der Staaten und der tatsächlichen Herrschaft der Großmächte basierte.
Die ideologische bzw. theoretische Begründung der Gegentendenz wurde von Marx und Engels in der Phase britischer Weltherrschaft (pax britannica) entworfen; geschichtsträchtig wurde die Gegentendenz, als sich sozialistische Massenparteien diese Konzeption für ihre transnationale Zusammenarbeit zu eigen machten. Die

Entwicklung beschleunigte sich in der weltpolitischen Phase des allmählichen Abstiegs britischer Führungsmacht und zunehmender oligopolistischer imperialistischer Konkurrenz zwischen den Großmächten. D.h. in der Phase, in der der Versuch eines weltpolitischen Neuarrangements im Staatensystem – insbesondere durch Deutschlands »Griff nach der Weltmacht« (Fritz Fischer, 1967) – forciert wurde und schließlich in den ersten Weltkrieg mündete, wurde das grundsätzliche Gegenkonzept in den realen *transnationalen* Beziehungen der sozialistischen Parteien manifest. Die in der Sozialistischen Internationale zusammengeschlossenen Parteien vertraten das Konzept einer Neuordnung der Welt nach genossenschaftlichen Prinzipien im kämpferischen Gegensatz zu dem traditionellen Wettbewerbssystem der Staaten, das als Imperialismus und Kolonialismus der Großmächte definiert wurde: »Hat das Proletariat die politische Macht erobert, dann fallen mit so vielen überkommenen Überlieferungen auch die überkommenen staatlichen Schranken« (Kautsky, 1908, S. 36).
Freilich wird man für die Vorkriegszeit schwerlich behaupten können, daß diese Gegentendenz mit ihrem weltpolitischen Inhalt (im Unterschied zu dem innergesellschaftlichen Gehalt) für die sozialistischen Parteien oder gar für die internationale Politik insgesamt handlungsbestimmend gewesen wäre. Es sei denn, man wollte den internationalen Kongressen und Resolutionen mehr Bedeutung beimessen, als ihnen angesichts der inneren Zerrissenheit gerade in internationalen Fragen (Kolonialismus, Imperialismus) zukam (vgl. die Auseinandersetzungen auf dem Stuttgarter Internationalen Sozialisten-Kongreß von 1907 und den vehementen Streit zwischen Lenin [1917] und Kautsky [1914] in der Imperialismusfrage; siehe dazu neuerdings Kraus, 1978). Daß der Internationalismus das praktische politische Handeln der sozialdemokratischen Parteien nicht bestimmte, zeigte sich spätestens bei Kriegsausbruch, als die transnationalen Beziehungen zerbrachen und sich die nationalstaatliche Orientierung als stärker erwies. Erst mit der Eroberung der Staatsgewalt in Rußland durch die Bolschewiki wurde (und das ist der richtige Kern der oben zitierten These) jene spezifische internationale Konfliktkonfiguration geschaffen, die fortan die traditionelle oligopolistische Konkurrenz der Großmächte, die gleichzeitig im ersten Weltkrieg ihre Zuspitzung erfahren hatte, überlagerte und schließlich zu einem Aspekt der Großmächtekonkurrenz wurde. Erst durch die Verbindung der sozialistischen Vorstellungen (in ihrer bolschewistischen Ausprägung) mit der russischen Staatsmacht *und* durch die Anbindung der transnationalen Beziehungen der kommunistischen Parteien an das

bolschewistische Rußland mittels der Komintern wurde der Gegensatz über die weltpolitische Neuordnung (der mit dem Gegensatz über die innenpolitische Ordnung unlösbar verbunden war) international handlungsbestimmend. Es entstand (zunächst nur partiell und in relativ kurzen Zeitabschnitten) jene kritische Spannung, die die tatsächliche Organisation der internationalen Beziehungen gefährdete, d. h. erst dadurch entstand aus dem Wettbewerb ein Konflikt. Er kann deshalb als Ost-West-Konflikt bezeichnet werden, weil die Antagonisten der geographischen Dimension gemäß lokalisiert waren bzw. sind. Allerdings blieb der Konfliktcharakter im internationalen Bereich solange noch relativ schwach ausgeprägt, wie das sowjetische Rußland machtpolitisch schwach war. Denn nicht die transnationale, sondern die staatliche Komponente war fortan bestimmend für den Konfliktverlauf.
Dieser Sachverhalt war Ausdruck und Folge der Tatsache, daß die angestrebte Weltrevolution – die kämpferische Zerstörung der bestehenden Weltordnung und deren Ersetzung durch eine sozialistisch-kommunistische Organisation – entgegen der marxistisch-leninistischen Prognose *nicht* stattfand, und daß erst durch das Scheitern der *revolutionären* Umgestaltung der Weltordnung der Konflikt Dauer erhielt. Das hatte zwei Implikationen:
(1) Der Konflikt wurde in Theorie und Praxis umgeformt zu einem zwischenstaatlichen Konflikt, für dessen Austrag die Regeln des Staatensystems prägend wurden;
(2) Konfliktlösungen mußten gesucht werden, die die Spaltung des internationalen Systems zum Ausgangspunkt und Gegenstand hatten.
Um die grundsätzliche Umformung der Konfliktkonstellation zu verstehen, ist ein kurzer *theorie- und ideologiegeschichtlicher Rückblick* notwendig.

In der originären Theorie von Marx und Engels galt die These von der Gleichzeitigkeit und Unmittelbarkeit der Entwicklung zum Weltmarkt unter den Bedingungen *kapitalistischer* Produktions- und Distributionsweise, und darin wurde die *Voraussetzung* für die weltweite kommunistische Revolution gesehen. D.h. die *bürgerliche* Industrie und der *bürgerliche* Handel schafften – so lautete die Annahme – den Weltmarkt und entwickelten die modernen Produktivkräfte, die *dann* durch die gleichzeitig stattfindende Revolution des Proletariats »gemeistert« und »der gemeinsamen Kontrolle der am meisten fortgeschrittenen Völker unterworfen« werden sollten. Die als miteinander unvereinbar angesehenen Tendenzen enthielten also (in dem originären Konzept des Marxismus) unterschiedliche Konzepte über die Organisation der internationalen Beziehungen, die als Einheit (»Weltmarkt«) begriffen wurden. Wie diese Organisation – die »gemeinsame Kontrolle« – aussehen könnte, blieb zunächst offen und wurde später

als freie Assoziation andeutungsweise beschrieben. Eindeutig war nur, daß das nationalstaatliche Gruppierungsprinzip der Weltpolitik und die nationalstaatlichen Schranken schon *vor* der Weltrevolution kein Problem mehr waren (und erst recht nicht *nach* der Weltrevolution). Marx sah die ökonomische und damit die historische Entwicklung insgesamt unter dem Aspekt der Vergrößerung der Kluft zwischen Kapital und Arbeit bzw. Bourgeoisie und Proletariat und unter dem Aspekt der (die Nationen übergreifenden und entwertenden) Ausweitung dieses Verhältnisses zu einem weltweiten Problem, dem Kampf zwischen dem international-solidarischen Proletariat und der international-solidarischen Ausbeuterklasse. Weltrevolution hieß demnach gleichzeitige Umwandlung des kapitalistischen Weltmarktes in ein sozialistisches Weltsystem; eine globale Teilung für längere Zeit wurde nicht angenommen (Marx, Frühschriften, 1845/48, S. 361ff.). Daß die als unvereinbar angesehenen Interessen zwischen Weltproletariat und Weltbourgeoisie in einem zwischenstaatlichen Antagonismus verfestigt würden, widersprach der These, daß bereits durch den kapitalistischen Weltmarkt die nationalstaatliche Organisation bedeutungslos geworden sei und daß die Revolution in den fortgeschrittenen Weltgegenden gleichzeitig erfolge. Da aber realiter nicht die Weltrevolution, sondern lediglich »zunächst« die Revolution in *einem* Lande (und zudem keineswegs in einem ökonomisch hoch entwickelten Lande) zum Ziele gelangte, verband sich das Problem der globalen ökonomischen Organisation untrennbar mit dem Problem der universalen staatlich-politischen Organisation.
Die Vermittlung zwischen den zentralen Kategorien »Weltmarkt«, »Revolution«, »Klasse« und den Kategorien der politischen globalen Organisation (des Staatensystems) war schon Marx nicht gelungen (vgl. Soell, 1972) und gelang auch jetzt nur ansatzweise in der Leninschen Theorie von der Ungleichzeitigkeit der Entwicklung, die in der Redewendung vom Kampf der Klassen und Nationen ihre vulgarisierte Kurzformel fand. Entscheidend war, daß Staaten (und zwar Staaten mit entgegengesetzten internen Ordnungen) als strukturierende Organisationseinheiten der Weltpolitik ernstgenommen werden mußten und daß an die Stelle der Konzeption von der Einheit des internationalen Systems die These von zwei antagonistischen Weltsystemen trat. Die beiden Systeme wurden als Sozial- *und* Staatensysteme gegeneinandergestellt: ein »Konglomerat aus Klassen, Staaten, Bevölkerungsteilen, revolutionären Bewegungen« (Schmiederer, 1973), das schwer fixierbar war und ist.

In der *praktischen Politik* hatte – nach dem Ausscheiden des revolutionären Rußlands aus dem Beziehungszusammenhang des Weltkriegs (Separatfrieden von Brest-Litowsk) – zunächst die weltrevolutionäre Konzeption das internationale Handeln der sowjetischen Führung geprägt; sie war aber schon unter Lenin (im Zusammenhang mit der Neuen Ökonomischen Politik) den realen machtpolitischen Gegebenheiten angepaßt worden. Stalins Entscheidung für den »Aufbau des Sozialismus in einem Lande« (gegen den trotzkistischen Kurs der permanenten Revolution) kennzeichnete außenpolitisch die Prioritätensetzung zugunsten einer russischen Machtpolitik nach den Regeln des traditionellen Staatensystems, die freilich durch die transnationalen Aktivitäten der Komintern flankierend unterstützt wurde, wodurch die sowjetische Außenpolitik eine »undurchsichtige Doppelbödigkeit« (Stökl) erhielt. In der stalinistischen Ideologie verschmolz das »oberste Interesse des Kommunismus« »mit dem Ziel der Machtbehauptung und Machtsteigerung des sowjetischen Regimes in Rußland« (Ruffmann, [7]1977, S. 212), und zwar in dem Sinne, daß revolutionärer Internationalismus mit der vorbehaltlosen Parteinahme für die Sowjetunion gleichgesetzt bzw. ihr untergeordnet wurde, »weil die UdSSR die Basis der revolutionären Bewegung der ganzen Welt ist« (Stalin, 1927). Aufgrund dieser Konstruktion war es dann auch möglich, die Wiederherstellung und schließlich die Expansion des russischen Imperiums als revolutionäre Weltpolitik ideologisch zu rechtfertigen. Stalins Koexistenzpolitik war jedoch zugleich das Eingeständnis, daß die Struktur des internationalen Systems der sowjetrussischen Politik Beschränkungen auferlegte, die die revolutionäre Umgestaltung der internationalen Ordnung für geraume Zeit ausschlossen. Der Staat Sowjetunion war zu schwach, um einseitig das internationale System zu revolutionieren, und er befand sich wie alle anderen Staaten in einem Macht- und Sicherheitsdilemma, das gerade deshalb als besonders bedrohlich empfunden wurde, weil die extremen politischen und ökonomischen Asymmetrien kurzfristig nicht abgebaut werden konnten. Das traditionelle Gleichgewichtsmodell wurde daher für die staatliche Außenpolitik der Sowjetunion maßgebend (siehe Stalins Ausführungen von 1925, zit. bei Ruffmann, [7]1977, S. 186). Stalins Gleichgewichtsbehauptung war zwar unrealistisch, wenn man die krassen Machtunterschiede zwischen der Sowjetunion und den demokratischen kapitalistischen Staaten betrachtete; aber wenn man die transnationalen Beziehungen der Komintern hinzunahm, gewann dies Bild einen etwas realistischeren Charakter. Die Aktivitäten der Komintern waren nämlich nur formal von der regierungsamtlichen Außenpolitik der Sowjetunion abgetrennt. Tatsächlich ließ die totalitäre Einheit von Staat und Partei keinen Raum für eine auch nur relative Autonomie im Außenhandel; die kommunistischen Parteien in den demokratischen Ländern hatten im Kontext dieser Gesellschafts- und Regierungssysteme eine gewisse Handlungsfreiheit, aber die Richtlinien wurden von der Komintern bestimmt, die mehr ein sowjetrussischer als ein transnationaler Akteur war. Die Beherrschung der Komintern durch die KPdSU und die Unterordnung ihrer para-transnationalen Politik unter die machtpolitischen

Interessen der Sowjetunion erlaubten es der sowjetischen Führung, verbal an einer weltrevolutionären Konfliktlösungsstrategie festzuhalten und de facto eine integrative zwischenstaatliche Politik auf der Basis der dualistischen Weltstruktur zu betreiben; nur hin und wieder wurden weltrevolutionäre Komponenten in die praktische Außenpolitik eingewoben. In der praktischen Politik siegte meist Machiavelli über Marx; die macht- und sicherheitspolitischen Überlegungen gaben den Ausschlag (B. Moore, 1951).

Der kämpferischen Konfliktlösungsstrategie der Sowjets in der Revolutionsphase (mit der ausdrücklichen Rechtfertigung weltweiter Intervention zugunsten der Revolution) entsprach spiegelbildlich die Politik der militärischen Intervention Großbritanniens, Frankreichs, Japans und der USA, die im Sommer 1918 zur Erhaltung der internationalen Struktur einsetzte. Sie wurde zwar – wie die Geschichtsforschung klar dokumentiert hat – zunächst vorrangig im Kontext des »alten« Konflikts, d.h. im Rahmen der Weltkriegskonstellation zur Verhinderung einer gemeinsamen deutsch-russischen Frontbildung und zur Abblockung eines einseitigen japanischen Einflusses vorgenommen; und erst recht lag dem Interventionskrieg Polens im Jahre 1920 primär der machtpolitische Impuls staatlicher Expansion zugrunde. Jedoch hatten die Interventionskriege *auch* einen antibolschewistischen Charakter; die Großmächte stärkten im Bürgerkrieg die konterrevolutionären Kräfte, ohne indes deren Niederlage verhindern zu können. Insoweit wie diese Intervention das Ziel verfolgte, die bolschewistische Herrschaft zu beseitigen bzw. ihre Festigung zu verhindern, war sie der Versuch, das bestehende Staatensystem und den kapitalistischen Weltmarkt unter Wiedereingliederung eines nicht-bolschewistischen Rußlands zu erhalten. Das ökonomische Pendant war Herbert Hoovers Food Relief Program, das zunächst für Rußland projektiert und dann als »Proto-Marshall-Plan« (Levin, 1968) in den osteuropäischen Staaten zur Eindämmung der bolschewistischen Revolution eingesetzt wurde.

Die genannten Ansätze einer militärischen Lösung wurden aber – nach dem Sieg über Deutschland – von den Alliierten nie zu einer konsequenten Militäraktion verdichtet; der französische Gedanke eines groß angelegten antibolschewistischen Kreuzzuges scheiterte ebenso an dem Widerstand Englands und vor allem der USA wie die Bestrebungen des besiegten Deutschlands, durch eine gemeinsame antibolschewistische Frontbildung eine Verständigung mit den Siegern herbeizuführen. Aber es ist nachweisbar, daß bereits auf der Versailler Friedenskonferenz die Frage eine erhebliche (freilich nicht eine allein vorherrschende) Rolle spielte, wie der

Kommunismus eingedämmt bzw. angesichts der bolschewistischen Revolution in Rußland die Neuorganisation des internationalen Systems erreicht werden könnte (siehe Arno Mayer, 1967 und modifizierend John M. Thompson, 1967). Prototypisch bildete sich schon in dieser Phase das Muster heraus, das fortan für die internationalen Beziehungen bezeichnend war: der ideologische und ordnungspolitische Gegensatz fand in dem bolschewistischen Rußland und in den liberal-kapitalistischen demokratischen USA seine staatlichen Hauptkontrahenten, nämlich in dem Gegeneinander der weltrevolutionären Konzeption Lenins und der reformistischen Konzeption Wilsons, in den konträren Vorstellungen eines sozialistischen und eines liberal-demokratischen Internationalismus. Dabei richtete sich die Politik Wilsons nicht nur gegen den revolutionären »Anti-Imperialismus« Lenins, sondern gleichzeitig gegen den »traditionellen Imperialismus« der westeuropäischen Großmächte und Deutschlands; es war die »Vision einer globalen Ordnung jenseits von Machtpolitik«, die durch offenen Welthandel und durch die Kooperation der Staaten auf der Basis des Völkerrechts, durch demokratische Herrschafts- und Lebensformen und durch internationale kapitalistische Handelsbeziehungen charakterisiert sein sollte (Levin, 1968, S. 3; Arno J. Mayer, 1959, Epilogue: Wilson vs. Lenin). Die »westlich-demokratische Gegenbewegung«, die durch die USA Wilsons repräsentiert wurde, hat die »klassische Machtstaatenpolitik von innen her und zugleich ideologisch zu überwinden versucht« (Bracher, 1963, S. 122). Aber die enge Verbindung zwischen Demokratie und Nationalstaat ließ nur sehr begrenzt eine Relativierung des staatlichen Ordnungsprinzips in der internationalen Politik zu. Die Ablösung des nationalstaatlichen Ordnungsprinzips durch das klassenpolitische Prinzip, die vom Marxismus propagiert wurde, fand erst in dem rassenbiologischen Ordnungsprinzip des Nationalsozialismus seine konträre Entsprechung.

3. Konfliktregulierung in den 20er Jahren: die Verbindung zwischen partieller Isolation und Integration

Die Wiedereingliederung eines nicht-bolschewistischen Rußlands in das bestehende Staatensystem bzw. in eine von Wilson projektierte neue Weltordnung war weder mit militärischen Mitteln (Interventionskriege) noch mit wirtschaftlich-humanitären Maßnahmen (Hoover-Programm) erreicht worden; und die neue Weltordnung wurde nur rudimentär und machtpolitisch deformiert realisiert. Nach diesem Fehlschlag wurde zunächst eine Politik der Isolierung des bolschewistischen Rußlands sowohl von den westeuropäischen Staaten als auch von den USA eingeleitet: die Errichtung eines cordon sanitaire ost- und mitteleuropäischer Staaten sollte das Übergreifen der bolschewistischen Revolution nach Westeuropa verhindern und zugleich eine gemeinsame Frontbildung zwischen dem bolschewistischen Rußland und dem besiegten Deutschland erschweren.

Diese Eindämmungspolitik war ein Bestandteil des weltpolitischen Gesamtkonzepts, das in der Versailler Ordnung seinen Ausdruck gefunden hatte, aber nie volle Realität geworden war. Denn das Konzept der kollektiven Sicherheit, das dem Volkerbund zugrunde lag, konnte sich nur insoweit realisieren, wie das französische Sicherheitsbedürfnis – das nach dem Nichtinkrafttreten des amerikanischen und britischen Garantieantrags zusätzlich gesteigert wurde – und die britische Gleichgewichtspolitik mit den traditionellen Mitteln der Machtpolitik gewahrt wurden. Die machtpolitischen Realitäten korrespondierten nicht mit den rechtlichen Regelungen des Völkerbundes, die den potentiell stärksten kontinentaleuropäischen Staat diskriminierten und durch den Nichtbeitritt der USA und den Ausschluß des sowjetischen Rußlands zudem einer universalen Geltung entbehrten (Walters, 1952; D. C. Watt, 1975).

Um so mehr wurde als positive Zielsetzung die Stabilisierung und Wiedereingliederung eines demokratischen und liberal-kapitalistischen Deutschland in eine westliche »community of ideals, interests and purposes« (Secretary of State Hughes) zumindest aus der Sicht der aufsteigenden Weltmacht USA zu einer zentralen Aufgabe, ohne die eine weltpolitische Stabilität undenkbar erschien. Deutschland erhielt die Funktion, als »Bollwerk« gegen den Kommunismus zu dienen. Die Politik der diplomatischen Nichtanerkennung des bolschewistischen Regimes sollte den Weg für eine spätere Reintegration eines demokratischen Rußland offenhalten und zugleich diesen Weg für die oppositionellen Kräfte in Rußland attraktiv machen. Die geographische und politisch-diplomatische Isolierungspolitik hatte also einen Mittelcharakter in der amerikanischen Politik. Die Isolierung war von der Sowjetunion keineswegs selbst gewählt, sondern durch fremde Entscheidung zustande gekommen (was gegenüber den anderslautenden Behauptungen moderner Dissoziationstheoretiker nicht eindeutig genug hervorgehoben werden kann). Allerdings war sie auch niemals total und wurde zunehmend mit integrativen Mitteln verbunden. Eine Reihe europäischer Staaten – an ihrer Spitze Großbritannien, Deutschland, Norwegen und Österreich – wichen zunächst auf handelspo-

litischem Gebiet von der strikten Isolierungspolitik ab. 1922 brach Deutschland auch politisch offiziell aus der westlichen Einheitsfront aus; und daraufhin wurde die Sowjetunion von den restlichen Staaten nach und nach de facto und de jure anerkannt. 1924 war das »Jahr der Anerkennung«; Großbritannien, Italien, Norwegen, Österreich, Griechenland, Schweden, Dänemark, China und Frankreich anerkannten die Sowjetunion. Die USA hielten hingegen bis 1933 offiziell an der Isolierungspolitik fest. Im Spiel der Mächte waren Großbritannien und Frankreich noch unabhängige Großmächte, die auch in ihrer Politik gegenüber der Sowjetunion eigenständig operierten.
Die sowjetischen Führer hatten bereits unmittelbar nach der Oktoberrevolution und kontinuierlich in den folgenden Jahren gerade auf das ökonomische Interesse der USA an dem russischen Markt spekuliert und durch indirekte und direkte ökonomische Verhandlungsangebote (unter Einbeziehung der Regelung der Schulden aus zaristischer Zeit) eine politische Normalisierung zu erreichen versucht, ohne den gewünschten Erfolg zu erzielen. Die wiederholten sowjetischen Hinweise auf die glänzenden Aussichten, die ein kapital- und industriemäßiges Engagement der USA in der Sowjetunion für das Wohlergehen beider Länder und für die Ausweitung der Weltwirtschaft eröffneten, fanden insbesondere bei exportorientierten amerikanischen Wirtschaftskreisen verständlicherweise ein gewisses positives Echo. Aber dadurch wurde bei der amerikanischen Regierung nicht die Bereitschaft gefördert, die Sowjetunion anzuerkennen. Denn erstens vertraten andere Wirtschaftsgruppen und insbesondere die amerikanischen Gewerkschaften (AFL) nachdrücklich eine kompromißlose Politik, und zweitens ließ sich angesichts der amerikanisch-russischen Interessenkollisionen in Asien eine Neuregelung im pazifischen Raum unter Ausschluß Rußlands besser im amerikanischen Interesse vornehmen (Washingtoner Konferenz von 1921/22). Gleichwohl regten sich auch in der amerikanischen Regierung Kräfte, die je unwahrscheinlicher ein baldiger Zusammenbruch des bolschewistischen Regimes wurde und je kräftiger sich der Wettlauf der Westeuropäer um handelspolitische Vorteile in der Sowjetunion entwickelte, desto mehr dazu neigten, unterhalb der Anerkennungsschwelle eine ökonomische Zusammenarbeit ins Auge zu fassen. Sie rechtfertigten eine derartige Politik mit einem Argument, das fortan in allen Entspannungsphasen con variatione auftauchte:

»Aller Wahrscheinlichkeit nach wird die Umwandlung [des Sowjetregimes] in eine mehr oder weniger repräsentative Regierung mit einer mehr oder weniger normalen Wirtschaftspolitik leichter dadurch zu erreichen sein, daß man mit ihm Geschäfte zu treiben beginnt, als durch eine Politik des Fernhaltens« (Memorandum des Leiters der Rußland-Abt. im Commerce Department, E. D. Durand, 2. 2. 1922).

Deutscherseits wurde in dem Bestreben, die im Berliner Vertrag (1926) gipfelnde Ostpolitik mit der Westpolitik in Übereinklang zu bringen, ähnlich argumentiert; es komme darauf an, die Sowjetrussen in die Friedenspolitik einzubeziehen, »sie zu mäßigen und sie dazu zu bringen, sich den zivilisierten Staaten, wenigstens einigermaßen, anzupassen« (Gespräch von Staatssekretär von Schubert mit dem amerikanischen Botschafter am 7. 4. 1926, ADAP, Serie B, Band II, 1, S. 283). Die Erhöhung des Beziehungs- und Organisationsgrades (integrative Konfliktlösung) schien einer internationalen Friedenspolitik adäquat zu sein, wie sie in der Ära des Locarno-Vertrags und des Kellogg-Pakts betrieben wurde.
Im amerikanischen State Department war die Weichenstellung allerdings in anderer Richtung vorgenommen worden, und zwar in der ersten Hälfte der 20er Jahre unter der Ägide von Secretary of State Hughes. Auch Hughes befürwortete zwar die Einsetzung wirtschaftlicher Mittel, um eine Änderung des Sowjetregimes herbeizuführen. Aber dazu schien ihm nicht die Politik der wirtschaftlichen Einwirkung geeignet zu sein, sondern die der wirtschaftlichen Isolierung. Er wollte einen ökonomischen cordon sanitaire um Rußland ziehen und das bolschewistische System durch die Verweigerung der Zusammenarbeit und der dringend benötigten Kredite zum Zusammenbruch bringen; erst dann wurde eine integrative Politik als sinnvoll angesehen. Hughes hielt es für erforderlich, daß die westlichen Regierungen zusammenarbeiteten, »die Sowjetregierung zu belehren durch Fernhalten«. Diese Politik blieb auch nach dem personellen Wechsel im amerikanischen Außenamt 1925 maßgebend. Mit Recht konnte der einflußreiche Gouverneur der Bank von England, Montague Norman, davon ausgehen, daß das offizielle Amerika seine Politik der »finanziellen Aushungerung« teile, um mit dem zugegebenermaßen »sehr drastischen und brutalen Mittel« die Sowjetregierung zu zwingen, »Vernunft anzunehmen und die Möglichkeit zu schaffen, die Tore des großen russischen Reiches wieder zu öffnen und zu gesunden wirtschaftlichen – wenn auch nicht politischen – Verhältnissen zurückzukehren« (Gespräch mit dem deutschen Botschafter Dufour am 6. 4. 1926, ADAP, Serie B, Band II, 2, S. 318f.).
Die langfristige internationale Perspektive war entscheidend. Der Antagonismus zwischen den USA und der Sowjetunion resultierte nicht primär aus der Tatsache, daß einzelne Probleme, wie z. B. die

Rückzahlung der amerikanischen Anleihen, ungelöst waren; hatte sich doch die Sowjetregierung durchaus bereit erklärt, darüber zu verhandeln. Vielmehr stand im Mittelpunkt das prinzipielle Problem der Eindämmung weltrevolutionärer Einflüsse, die von dem sozialistischen Experiment und der Komintern ausgingen und in den Augen der amerikanischen Führungselite das kapitalistische System weltweit gefährdeten. Die weltrevolutionäre Komponente, die in der Komintern ihren Ausdruck fand, entwertete die auf ökonomische Zusammenarbeit gerichtete Diplomatie der Sowjetunion:

»Es ist die Überzeugung der Regierung der Vereinigten Staaten, daß Beziehungen, wie sie zwischen befreundeten Nationen üblich sind, mit einem solchen regierungsähnlichen Gebilde nicht hergestellt werden können, das die Agentur einer Gruppe ist, die es als ihre Mission betrachtet, die bestehende politische, wirtschaftliche und soziale Ordnung überall in der Welt über den Haufen zu werfen und die demgemäß ihr Verhalten gegenüber anderen Nationen einrichtet« (FR, 1928, III, S. 822).

Die strikte Isolierungspolitik der USA sollte diesen weltweiten Erfolg der Sowjetunion verhindern helfen, selbst wenn dadurch partielle und kurzfristige Wirtschaftsvorteile nicht wahrgenommen werden konnten. Die USA waren zum finanziellen Zentrum der Welt geworden; eine amerikanische Anleihesperre würde – so hoffte das State Department – der »sogenannten Sowjetregierung«, den »derzeitigen Machthabern in Rußland« (FR, 1928, III, S. 824) die Unterstützung durch die immer mehr verarmende Bevölkerung entziehen. Eine westliche Einheitsfront kam jedoch nicht zustande. Der ökonomische cordon sanitaire war längst auch von der amerikanischen Industrie durchbrochen worden. Die transnationalen Beziehungen der Geschäftswelt ließen sich unter den Bedingungen eines liberal-demokratischen Regimes nicht vollständig kontrollieren. Zudem stand das unabweisbare Interesse an der Exportexpansion in zunehmendem Widerspruch zur Nichtanerkennungs- und Isolierungspolitik. Dieser Widerspruch war unüberbrückbar; er konnte lediglich abgeschwächt werden, indem der amerikanischen Industrie erlaubt wurde, mit der Sowjetunion in private Handels- und Wirtschaftsbeziehungen zu treten (wobei allerdings die einzelnen Firmen das volle Risiko tragen mußten). Während die am Export in die Sowjetunion interessierten Konzerne in Anlehnung an die offizielle sowjetrussische Argumentation für eine Änderung der harten offiziellen Politik Washingtons plädierten, um dadurch die Voraussetzung für einen weiteren Ausbau des amerikanisch-russischen Handelsverkehrs zu schaffen, verwies das State Department darauf, daß trotz des Fehlens diplomatischer Beziehungen der amerikanische Export in die Sowjetunion in den Jahren 1924–1927 insgesamt größer war als derjenige Deutschlands oder Großbritanniens. Die amerikanische Regierung akzeptierte im Interesse der eigenen Exportpolitik, daß die amerikanischen Firmen unbeschadet des offiziellen Anleiheembargos die Beziehungen zur Sowjetunion stärkten und damit indirekt zum Scheitern der offiziellen Isolierungspolitik beitrugen.

Aus all dem ergibt sich, daß der Hauptantagonist der Sowjetunion nicht primär ökonomisch als vielmehr politisch handelte. Die Befürchtung, daß sich eine »Zweckgemeinschaft« (»a union of purpose«) zwischen dem besiegten Deutschland und der isolierten Sowjetunion entwickeln könnte, war nicht zuletzt mitbestimmend dafür, daß die USA – obwohl sie dem Völkerbund nicht beigetreten waren, um ihre internationale Handlungsfreiheit zu erhalten und um keine politische Verantwortung für die neue internationale Ordnung zu übernehmen – in dem kritischsten Spannungsbereich der internationalen Politik, nämlich in der Reparationsfrage, die Führung ergriffen und damit vorübergehend das internationale System stabilisierten und Deutschland in diesem System wirtschaftlich und politisch integrierten (vgl. Link, 1970).

Der Dawes-Plan brachte den economic peace als eine pax americana, durch die der Versailler Frieden revidiert und die internationalen Beziehungen stabilisiert wurden. Die Locarno-Verträge und Deutschlands Eintritt in den Völkerbund (1925/26) waren der sichtbarste Ausdruck der neuen internationalen Ordnung, die durch den Kellogg-Pakt (1928), dem auch die Sowjetunion beitrat, einen universalistischen Charakter erhielt.

Auch insoweit wie wirtschaftliche Gesichtspunkte eine Rolle spielten, bestimmte – jenseits ökonomischer Partialinteressen – eine globale Perspektive die amerikanische Rußlandpolitik.

Diejenigen amerikanischen Führungspersönlichkeiten, die – wie Parker Gilbert, der »König des Dawes-Plans« – in der zweiten Hälfte der 20er Jahre an einer endgültigen Regelung der deutschen Reparationen und der interalliierten Schuldenrückzahlungen im Interesse einer funktionierenden Weltwirtschaft arbeiteten, sahen das internationale Hauptproblem darin, »wie man Rußland wieder in die weltwirtschaftliche Kommunität Europas und der Welt zurückbringen könne«; ein schneller Wiederaufbau Rußlands oder Schuldenstreichungen seien die Alternativen. Bezeichnenderweise zielte demgemäß der Plan, die Bank für Internationale Zusammenarbeit zu gründen, auch auf eine internationale Lösung der Rußlandfrage: Reparationen und Schuldenzahlungen sollten mit der

Erschließung des russischen Marktes verbunden werden, nämlich durch die Bereitstellung von Krediten an Rußland. Alle diese Pläne scheiterten, unter anderem auch deshalb, weil das sowjetische Rußland bilaterale oder trilaterale Zusammenarbeit bevorzugte und jedwede Form einer westlichen Einheitsfrontbildung verhindern wollte. Was die bilaterale Zusammenarbeit anbelangte, so machten die wirtschaftlichen Aspekte der von Deutschland vorexerzierten Koexistenzpolitik die Neuorientierung der amerikanischen Rußlandpolitik sowohl für die am russischen Geschäft interessierte Exportindustrie als auch für die neue Demokratische Administration wünschenswert und attraktiv.

Wichtiger waren indes die neuen weltpolitischen Entwicklungen und Überlegungen: die offene imperialistische Politik Japans und der Übergang Deutschlands zu einem aggressiven, die internationale Ordnung gefährdenden Nationalismus zu Beginn der 30er Jahre ließen eine Neuorientierung des amerikanischen Verhältnisses zur Sowjetunion ratsam erscheinen und nährten gleichzeitig die Hoffnung, daß die Sowjetregierung angesichts dieser doppelten Bedrohung zu einer entgegenkommenden Regelung der mit der Anerkennung verbundenen Fragen bereit sein werde. Die sowjetrussische Regierung hatte in früheren Kontaktversuchen kontinuierlich ebenfalls den Faktor Japan ins Gespräch gebracht, entweder indem sie auf die japanische Gefahr hinwies oder indem sie das Gespenst einer russisch-japanischen Verständigung an die Wand malte.

Nach Japans Überfall auf die Mandschurei und der energischen Reaktion von Außenminister Stimson (Stimson-Hoover-Doktrin, 1931) hatte dieses Argument an Aktualität gewonnen. Die Sowjetunion erhoffte sich von einer Anerkennung durch die USA eine Eindämmung der japanischen Aggression und suchte in Europa eine Absicherung durch eine Annäherung an Frankreich, d. h. an die stärkste kontinentale Macht, die ihrerseits angesicht der nationalistischen Tendenzen in Deutschland ihre politische Distanz gegenüber der Sowjetunion abzubauen bereit war. So konnte die Sowjetunion eine Neuorientierung ihrer europäischen Außenpolitik vornehmen, die 1931/32 zu einem System bilateraler Nichtangriffsverträge mit Finnland, Lettland, Estland, Polen und Frankreich führte und unter dem Schlagwort der »kollektiven Sicherheit« den Weg zum Beitritt der Sowjetunion zum Völkerbund (1934) und zum sowjetischen Beistandspakt mit Frankreich und der Tschechoslowakei (1935) öffnete. Ungeachtet der sozio-ökonomischen und ideologischen Gegensätze näherten sich die weltpolitischen Interessenpositionen der ehemals revisionistischen Sowjetunion und des Hauptrepräsentanten der Versailler Ordnung:

Frankreich (und seine mittel- und osteuropäischen Verbündeten) waren aus Furcht vor einem nationalistischen bzw. nationalsozialistischen Deutschland bereit, die Sowjetunion in das bestehende internationale System ohne eine Regimeänderung zu integrieren, und aus demselben Grunde kam die Sowjetunion zu der Überzeugung, daß »die Sicherheit des Sowjetstaates von der Stabilität des überkommenen internationalen Systems abhängig geworden« war (Alexander Fischer, 1979). Die sowjetische Politik der Zusammenarbeit mit den westlichen Demokratien im Rahmen der bestehenden internationalen Ordnung führte auch zu einer entsprechenden Ausrichtung der transnationalen Aktivitäten der Komintern: auf dem VII. Weltkongreß (1935) wurden die kommunistischen Parteien in den demokratischen Ländern auf eine Volksfrontpolitik festgelegt, durch die die internationale Zusammenarbeit auf der nationalen Ebene wirkungsvoll abgesichert werden sollte – eine Strategie, die in der Volksfront-Regierung Frankreichs (1936–1938) einen bemerkenswerten, wenn auch nur kurzen Erfolg zeitigte (vgl. Braunthal, [3]1978).
In den USA war es die Demokratische Regierung des New Deal, die die Kurskorrektur in Richtung auf eine integrative Politik gegenüber der Sowjetunion vornahm; sie zog die Konsequenz aus der veränderten internationalen Konstellation und vollendete das, was bereits die Republikanische Administration eingeleitet hatte. Die amerikanische Politik des friedlichen Wandels war mit dem japanischen Überfall auf die Mandschurei, dem Scheitern der Genfer Abrüstungskonferenz und der unilateralen Aufrüstung Deutschlands an ihre Grenzen gestoßen. Schon die Stimson-Hoover-Doktrin, in der die Nichtanerkennung gewaltsamer Revisionen zum Grundsatz amerikanischer Politik erhoben worden war, hatte die Weichen umgestellt. Mit ihr hatten sich die USA »an die antirevisionistische Denkrichtung gebunden« (Moffat, Department of State). In dem gemeinsamen Interesse an der Eindämmung militärischer Aggressionen, d. h. an der Erhaltung der bestehenden Friedensmaschinerie (»the preservation of the world's peace machinery«), trafen sich die weltpolitischen Tendenzen der ansonsten stark divergierenden Staaten des Westens und der Sowjetunion. Und damit war das Muster der späteren anti-faschistischen Kriegskoalition vorgezeichnet, obwohl gleichzeitig weiterhin Ansatzpunkte für die Verständigungen zwischen den westlichen Demokratien und dem nationalsozialistischen Deutschland einerseits und für eine Fortsetzung der »staatspolitisch« motivierten deutsch-russischen Zusammenarbeit andererseits erhalten blieben bzw. 1939 im Hitler-Stalin-Pakt aktualisiert wurden (Niclauß, 1966).

Im Jahre 1933 waren die von Deutschland und Japan herbeigeführten Änderungen in den internationalen Beziehungen und die entsprechenden Reaktionen der Sowjetunion (Politik der kollektiven Sicherheit) ausschlaggebend dafür, daß schließlich auch die Vereinigten Staaten auf eine Politik der Einbeziehung Rußlands in die Weltpolitik einschwenkten, auch ohne daß zuvor eine Änderung des politischen und ökonomischen Systems in der Sowjetunion erforderlich war:

»In den Überlegungen Roosevelts und Hulls entwickelte sich der Gedanke, daß Japan und Deutschland zu einer besonneneren Politik gebracht werden könnten, wenn der Bruch zwischen den Vereinigten Staaten und der Sowjetunion geheilt würde« (Feis, 1966, S. 311).

Nachdem Japan aus der »community of ideals, interest, and purposes« ausgebrochen war und Deutschland sich anschickte, nach vorübergehender Reintegration in die bestehende Weltordnung den gleichen Weg zu gehen, sollte wenigstens versucht werden, das kooperationswillige Rußland – ungeachtet seiner inneren Struktur – heranzuziehen. Die Politik der Isolierung wurde partiell ersetzt durch eine Politik der Zusammenarbeit, die wechselseitige Einwirkungen nicht ausschloß, aber regulierte, damit die weiterhin bestehenden gegensätzlichen Tendenzen nicht zu einer kritischen Spannung eskalierten (vgl. das Roosevelt-Litwinow-Abkommen, Bishop, 1965).

4. Die Revolution der internationalen Ordnung durch die Achsenmächte und die antagonistische Ost-West-Kooperation im Zweiten Weltkrieg

Die Aufnahme der diplomatischen Beziehungen zwischen den USA und der Sowjetunion (1933), der Beitritt der Sowjetunion zum Völkerbund (1934) und die Beistandspakte der Sowjetunion mit Frankreich und der Tschechoslowakei (1935) waren die sichtbarsten Zeichen für die weltpolitische Entscheidung der Hauptkontrahenten im Ost-West-Konflikt, eine integrative Konfliktregulierung im Rahmen des bestehenden Staatensystems zu versuchen. Dieser Politik entsprach auf der anderen Seite der Austritt Japans und Deutschlands aus dem Völkerbund im Jahre 1933 (und schließlich – 1937 – auch Italiens) und die Gruppierung dieser Staaten zum sogenannten Antikominternpakt (1936/37), der ungeachtet seiner antikommunistischen Phraseologie einen stark antibritischen Charakter hatte. D.h. in den Beziehungen zwischen den

Antagonisten des Ost-West-Konflikts wurde die integrative Strategie im Sinne der Erhöhung des Organisationsgrades weltpolitisch strukturrelevant (aber – wie noch zu zeigen sein wird – zunächst noch nicht strukturbestimmend), als von den späteren Achsenmächten Japan, Deutschland und Italien die revolutionäre Gefährdung der internationalen Ordnung ausging, als sich – mit anderen Worten – ein neues internationales Konfliktmuster entwickelte.

In diesem Konflikt ging es ebenfalls im Kern um die Struktur und Organisation der internationalen Beziehungen; ein neuer struktureller Weltkonflikt überlagerte und verdrängte schließlich den Ost-West-Konflikt. Japan strebte eine »Große Ostasiatische Wohlstandssphäre« an und das faschistische Italien die Errichtung eines Mittelmeer-Imperiums – in beiden Fällen lebten alte, traditionelle imperialistische Konzepte in neuer Form wieder auf. Auch im nationalsozialistischen Imperialismus waren traditionelle deutsche Expansions- und Hegemonialziele wie in einem Brennspiegel vereinigt (Hillgruber, 1969). Es war ein mit »vorkapitalistischen« Elementen durchsetzter »moderner Imperialismus« (Joseph A. Schumpeter, 1953). Aber nicht nur die »systematisierte Addition« aller bis dahin mehr oder weniger diffus vorhandenen Expansionsziele war neuartig. Entscheidend für das qualitativ Neue war deren Einordnung in ein rassistisches Programm, das den geschichtlichen Prozeß gewaltsam in einen »biologisch fixierten Endzustand« (Hildebrand), in eine pax Germanica (Jacobsen) zwingen wollte. In ähnlicher Weise wie in der kommunistischen Ideologie der Staat als internationale Organisationseinheit durch die Klasse ersetzt wurde, wurde im Nationalsozialismus die Rasse das zentrale weltgeschichtliche Strukturprinzip. Nicht nur innerstaatlich und innergesellschaftlich, sondern international lag in diesem rassistischen Anspruch das eigentlich revolutionäre Moment der nationalsozialistischen Politik. Die Zerstörung und radikale Neugestaltung der innergesellschaftlichen Ordnung »waren die Voraussetzungen für jene kriegerische Expansion bzw. gingen mit deren Vorbereitung und Verwirklichung einher, die [...] zum Ziel rassisch geprägter Eroberung und Herrschaft im globalen Ausmaß führen sollte« (Hildebrand, 1974, S. 650). Hitler selbst hat diese rassistische Revolution der nationalstaatlichen Struktur des internationalen Systems klar formuliert, indem er – nach dem Zeugnis Rauschnings – ausführte:

»Die Nationen sind die manifesten Formen unserer Geschichte. Also muß ich diese Nationen in eine höhere Ordnung umschmelzen, wenn ich den Wust einer absurden geschichtlichen Vergangenheit abstreifen will. Und dafür ist mir der Rassenbegriff gut. Er löst das Alte auf und gibt die

Möglichkeit neuer Bindungen. Mit dem Begriff der Nation hat Frankreich seine große Revolution über seine Grenzen geführt. Mit dem Begriff der Rasse wird der Nationalsozialismus seine Revolution bis zur Neuordnung der Welt durchführen. Wie schon der Begriff der Nation etwas Revolutionäres war gegenüber diesen dynastisch-historischen Feudalstaaten, wie er einen biologischen Begriff, das Volk, einführte, so ist unsere Revolution ein weiterer Schritt oder vielmehr der endgültige Schritt zur Überwindung des Historismus und zur Anerkennung rein biologischer Werte« (zit. bei Faul, 1954, S. 362).

Im rassistischen Programm des Nationalsozialismus war jedoch nur scheinbar ein Transnationalismus enthalten. Während für den internationalen Klassenkampf der Kommunisten immerhin reale soziale Gruppierungen in den Staaten und Gesellschaften identifiziert werden konnten, deren grenzüberschreitende Zusammenarbeit durch die Komintern organisiert wurde, boten außerhalb des »Großdeutschen Reiches« nur die jeweiligen volksdeutschen bzw. auslandsdeutschen und deutschstämmigen Gruppierungen Anknüpfungsmöglichkeiten für transnationale Beziehungen der Nationalsozialisten, die das NS-Außenamt zur Unterstützung der Außenpolitik des Dritten Reiches zu aktivieren versuchte (vgl. Jacobsen, 1968; Freye, 1967). Das rassistische Programm war mit dem großdeutschen Machtstaat, dem »Germanischen Reich Deutscher Nation«, unlösbar verbunden. Und die realen Gegner nationalsozialistischer Herrschaftsentfaltung waren ebenfalls nicht gesellschaftliche Gruppierungen, sondern Staaten.
Ähnlich wie bei der Genese des Ost-West-Konfliktes die USA schon frühzeitig zum Hauptantagonisten des sowjetischen Rußlands geworden waren, gipfelte auch die nationalsozialistische Weltrevolution programmatisch (und schließlich auch tatsächlich) in der Konfrontation mit den USA. Wie Andreas Hillgruber (1965) und Klaus Hildebrand (1971) gezeigt haben, orientierte sich Hitler, trotz aller pragmatischen Anpassungen und Variationen, an einem »Stufen-Plan«, der bereits in den »Schlüsseldokumenten« der 20er Jahre – in »Mein Kampf« und in Hitlers »Zweitem Buch« (1928) – entwickelt worden war:
»über die Wiedergewinnung der Großmacht-Stellung in Mitteleuropa, über die Beherrschung eines Kontinentalimperiums vom Atlantik bis zum Ural, über die Errichtung einer durch ozeanische Stützpunkte und überseeische Kolonien arrondierten ›Weltmachtstellung‹ und über den Kampf von Kontinent zu Kontinent gegen die USA gleichsam um die Weltvormacht endlich zur Weltherrschaft aufzusteigen« (Hildebrand, 1976, S. 183).
Was in den ersten Stufen noch im Rahmen und mit den machtpoli-

tischen Mitteln des hergebrachten Staatensystems erkämpft werden sollte, erhielt seine visionäre Vollendung in dem nationalsozialistischen »letzten Gefecht«, im Endkampf um die Welthegemonie zwischen einem von der germanischen Rasse beherrschten Europa (»mit seinen afrikanischen Ergänzungen«) und Nordamerika. Die nationalsozialistische Weltherrschaft würde alle nationalstaatlichen Begrenzungen transzendieren und in einer internationalen Elite germanischer Rassemenschen ihren »stahlharten Kern« haben. »Jede machtpolitische Dynamik wäre dann an ihr Ende gekommen, denn fortan würde es zwar noch eine eroberte, aber nicht mehr länger zu erobernde Welt geben. Die Rassenherrschaft des deutschen Volkes aber sollte diesen Zustand als dauerhaft garantieren: göttergleich würde der neue Mensch die Weltherrschaft des germanischen Blutes vor allen Veränderungen bewahren. Die Weltgeschichte hätte somit ihr rassisch entworfenes Ende erreicht, die Dynamik des historischen Prozesses sollte zur biologisch fixierten Statik einer Utopie gerinnen« (Hildebrand, 1971, S. 27f.). Hitlers rassenbiologisch begründeter »Über-Machiavellismus« (Faul, 1954) war die innerste Antriebskraft der nationalsozialistischen Revolution des internationalen Systems.

Mit dem traditionell staatlichen Organisationsprinzip der internationalen Beziehungen war das rassistische Organisationsprinzip des Nationalsozialismus ebenso unvereinbar wie das klassenmäßige Organisationsprinzip des Kommunismus. Zwar war es (auch darin durchaus ähnlich dem Prinzip des Klassenkampfes) in der praktischen Außenpolitik nie in völliger Reinheit oder ohne Widerspruch handlungsbestimmend (der Widerspruch zwischen dem germanischen Herrschaftsanspruch und dem Bündnis mit dem asiatischen Japan war offenkundig!). Aber gerade die Verbindung zwischen rassistischen und traditionellen machtpolitischen Elementen, die in der nationalsozialistischen Weltmachtpolitik gefunden wurde, machte seine Sprengkraft für das internationale System aus, ohne daß die konkurrierenden Staaten sich dieses Zusammenhanges zunächst bewußt geworden wären.

Solange die Orientierung an der ersten Stufe, Wiedergewinnung einer Großmachtstellung für Deutschland, die außenpolitische Praxis Hitlers bestimmte und die rasseideologische Konzeption (von außenpolitischen Propagandaaktivitäten abgesehen) »nur« innenpolitisch ihre realen Konsequenzen zeigte, konnte – bei isolierter Betrachtung und unter Anlegung konventioneller machtpolitischer Maßstäbe – eine geregelte Revision der internationalen Ordnung aus der Sicht der konkurrierenden Großmächte als sinnvolle Politik erwogen werden. Diese Einschätzung lag insbesondere der briti-

schen Politik zugrunde, die eine integrative Konfliktlösung gegenüber dem nationalsozialistischen Deutschland anstrebte. Sie entwickelte sich im Kontrast zu der Isolierungspolitik Frankreichs, die auf eine Blockpolitik gegen das den Status quo störende nationalsozialistische Deutschland abzielte und versuchte, auch England für seine Allianzpolitik mit der Sowjetunion zu gewinnen, wobei freilich auch aus französischer Sicht die machtpolitische Fundierung des französisch-sowjetischen Beistandspaktes durch eine Militärkonvention strittig blieb. Statt einer Isolierungspolitik setzte Großbritannien auf den Versuch, mit den Methoden einer friedlichen Änderung des Status quo ein »general agreement« mit Deutschland zustande zu bringen, um es so in das europäische Mächtesystem zu reintegrieren und eine kriegerische Eskalation zu vermeiden. Diese Politik des Peaceful Change und des Appeasement, die erst aufgrund ihres Scheiterns ihre negative Konnotation erhielt, wurde mit großer Flexibilität und Beharrlichkeit (aber ohne adäquate Machtressourcen zur Verfügung zu haben) verfolgt:
durch bilaterale Verhandlungen (die im deutsch-englischen Flottenabkommen von 1935 ihr spektakulärstes Ergebnis fanden) und durch multilaterale Versuche der Konferenzdiplomatie (gipfelnd im Münchner Abkommen von 1938); teils in Bezugnahme auf die in Artikel 19 der Völkerbundsatzung enthaltene Revisionsmöglichkeit und unter Einbeziehung der Sowjetunion (auch für ein allgemeines Abkommen mit Deutschland erwog man britischerseits den Rekurs auf Artikel 19); teils außerhalb des Völkerbunds und unter Ausschaltung der Sowjetunion. Aber in jedem Falle handelte es sich um die Verbindung zwischen Widerstand gegen Gewaltanwendung und Ausgleichsbemühung; sie sollte Großbritannien seinen traditionellen Handlungsspielraum (policy of non-commitment) erhalten und einen das Empire gefährdenden Krieg vermeiden helfen. Diese am Gleichgewichtskonzept orientierte Doppelpolitik (dual policy) der Eindämmung aggressiver Politik und des kompromißbereiten Neuarrangements wurde sowohl gegenüber Deutschland als auch gegenüber Japan verfolgt; es war der Versuch der alten Weltmacht Großbritanniens, »das traditionelle Staatensystem gegenüber der revolutionären Ideologie des bolschewistischen Rußland und gegenüber dem überlegenen Potential des bürgerlichkapitalistischen Amerika funktionsfähig und herrschaftstüchtig zu erhalten« (Niedhart, 1972, S. 277).
Aber Großbritannien war eine absteigende Weltmacht. Geht man von einem Vergleich der tatsächlichen Machtpotentiale aus, so hätte es nahe gelegen, daß die USA eine Führungsrolle bei der Herstellung einer einheitlichen Politik gegenüber den Achsen-

mächten übernommen hätten. Indes herrschte bei den USA – in noch stärkerem Maße als bei Großbritannien – die Konzeption vor, die Handlungsfreiheit zu erhalten und keine festen politischen bzw. allianzartigen Verpflichtungen einzugehen. Da die territoriale Sicherheit der USA durch die Achsenmächte zunächst nicht unmittelbar bedroht war, wurde der deutsche Expansionismus primär als eine ökonomische und ideologische Bedrohung empfunden: »der Einbruch in das amerikanische Informal Empire in Lateinamerika« (Schröder, 1970), die Errichtung einer ökonomischen Großraumwirtschaft in Südosteuropa durch das Dritte Reich und die ideologische Offensive des NS-Regimes in Nord- und Südamerika machten aus amerikanischer Sicht keine militärische, sondern eine ökonomische Eindämmungspolitik erforderlich, die mit dem Bestreben, einen politischen Modus vivendi mit dem nationalsozialistischen Deutschland zu finden, verbunden wurde. Ähnlich widerstritt die japanische Großraumpolitik in Asien dem amerikanischen Globalismus, insbesondere dem Konzept des »unteilbaren Weltmarkts« (Junker, 1975).

Die Weltwirtschaftskrise hatte das internationale System ökonomisch und politisch verstärkt fragmentiert; deshalb konzentrierte sich der amerikanische Außenminister Hull auf die Wiederherstellung eines sich selbst regulierenden Wirtschafts- und Handelssystems. Multilaterale Handelsbeziehungen auf der Basis der unbedingten wechselseitigen Meistbegünstigung und der Nichtdiskriminierung wurden zugleich ausdrücklich als beste Mittel zur Eindämmung der unilateralen nationalistischen Expansionspolitik des Dritten Reiches angesehen – ausgehend von der für eine bürgerliche Erwerbsgesellschaft typischen Maxime »that the economic approach should be the spear point of the approach to peace« (Hull, Memoirs, I, S. 525). Dementsprechend wurde vom amerikanischen Präsidenten als Maximum einer Institutionalisierung der internationalen Zusammenarbeit anfangs (1933) die Umwandlung des Völkerbundes in einen »Economic Council« und später (1937/38) eine Konferenz neutraler Staaten einschließlich der USA zur Fixierung eines grundsätzlich normativen Konsenses gegenüber den aggressiven Staaten angeregt; in der »Quarantäne-Rede« (5. 10. 1937) ventilierte er öffentlich die Idee der Isolierung und Regression gegenüber den Achsenmächten; und seit 1936 wurde in internen amerikanischen Überlegungen der UdSSR als einem möglichen Partner im Krisen- oder Kriegsfall zunehmendes Gewicht beigemessen (Knipping, 1974). Aber nur in der westlichen Hemisphäre, wo die wirtschaftlichen und ideologischen Offensiven des Dritten Reiches die Interessen der USA am empfindlichsten trafen, führte die deutsche Aggressivität dazu, daß die amerikanische Regierung ab 1935/36 die Monroe-Doktrin schrittweise in eine Verteidigungsallianz umwandelte (Offner, 1969, S. 167ff.). Ein substantielles europäisches Friedensprogramm besaß der amerikanische Präsident nicht, noch hätte er es – angesichts der innenpolitischen Widerstände – aktiv verfolgen können. Der Abschluß des amerikanisch-britischen Handelsvertrages im November 1938 nahm zwar die Weichenstellung für eine spätere Zusammenarbeit mit Großbritannien vor, änderte aber zunächst nichts an dem Versuch Großbritanniens, ohne die USA ein Arrangement mit dem nationalsozialistischen Deutschland zuwege zu bringen – ein Arrangement, dem der Gedanke eines gegen die USA gerichteten europäischen Wirtschaftsblocks zugrunde lag. Die britische Ablehnung eines effektiven Zusammenwirkens mit den USA, um Deutschland in eine revidierte internationale Ordnung einzufinden, hielt bis 1939 an:

»Ein wesentlicher Faktor in den britischen Bemühungen um eine ökonomische Fundierung der in München scheinbar sichtbar gewordenen Interessenkongruenz zwischen den ›großen Vier‹ war zweifellos das Bestreben, trotz des anglo-amerikanischen Wirtschaftsvertrages vom 17. November 1938 doch zu Washington eine gewisse Distanz zu wahren und sich nicht in einem amerikanischen Sog vom europäischen Kontinent wegziehen zu lassen« (Wendt, 1971, S. 529).

Die britische Strategie, das europäische Konzept unabhängig von den USA wiederherzustellen, scheiterte, weil Großbritannien seine ehemalige Machtposition längst verloren hatte. Ungeachtet aller internen Schwierigkeiten war das ökonomische Potential der USA weitaus größer, aber die amerikanische Regierung wollte und konnte ihre ökonomische Stärke nicht in politische Aktionen transformieren. Erst als die von Großbritannien betriebene integrative Politik durch Hitlers Kriegsaktionen endgültig gescheitert war, waren in England und in den USA die Voraussetzungen für eine Neuorientierung und für eine Zusammenarbeit der westlichen Demokratien gegeben.

Der Ost-West-Konflikt hat bei den Versuchen einer integrativen Konfliktlösung gegenüber den Achsenmächten und bei der Entscheidung für die kriegerische Konfliktlösung eine unterschiedliche Rolle gespielt und ist schließlich erst nach dem Überfall Hitlers auf die Sowjetunion durch die antagonistische Kooperation zwischen den westlichen Demokratien und dem sozialistischen Rußland zeitweise verdrängt worden. Die historische Forschung hat diesen widersprüchlichen Prozeß eingehend analysiert (siehe insbesondere Niedhart). Die Normalisierung der diplomatischen Beziehungen und die sowjetische Politik der kollektiven Sicherheit konnten nicht darüber hinwegtäuschen, daß weiterhin ein tiefgehender systemischer Gegensatz zwischen der bolschewistischen Sowjetunion und den bürgerlich-demokratischen Staaten existierte. Die Verschärfung des innenpolitischen Terrors (Moskauer Schauprozesse) und die Nichterfüllung der im Roosevelt-Litwinow-Abkommen gegebenen Zusagen (Schuldenrückzahlung; Einstellung der Einwirkungen der Komintern u. dgl.) intensivierten das Mißtrauen gegenüber den eigentlichen Zielen der Sowjetunion. Auch die Rolle der Sowjetunion und der Komintern im spanischen Bürgerkrieg schuf erhebliche Spannungen, vor allem im sowjetisch-britischen Verhältnis.

Für eine engere Zusammenarbeit fehlten sowohl die ideologischen Voraussetzungen als auch die machtpolitischen Anreize. Militärisch betrachtet, wurde das Gewicht der Sowjetunion gering eingeschätzt. Nachdem ab 1937 über die Hälfte der sowjetischen militärischen Führung den stalinistischen Säuberungen zum Opfer fiel, verstärkten sich die Zweifel an der Schlagkraft der Roten Armee. Für die westlichen Nachbarstaaten (Polen, Rumänien) war indes selbst eine geschwächte Rote Armee eine reale Gefahr; sie waren daher nicht bereit, der Sowjetunion ein Durchmarschrecht zu gewähren. So wirkten die antikommunistische Grundeinstellung der Führungseliten (insbesondere in Großbritannien), die vermutete Ineffizienz des sowjetischen Militärpotentials und das Veto der mittel- und osteuropäischen Staaten in dieselbe Richtung, nämlich gegen die Bildung einer Militärallianz mit der Sowjetunion, die von Frankreich zeitweise betrieben wurde und für die sich erst 1939 eine reale Chance ergab. Bis dahin verfolgte Großbritannien, in dessen Schlepptau Frankreich zunehmend geriet, gegenüber Deutschland eine Politik der Reintegration, während die Sowjetunion eine Politik der Isolierung Deutschlands betrieb. Ja, selbst nach dem deutschen Einmarsch in die Resttschechoslowakei und der anschließenden britischen Garantieerklärung für Polen, Rumänien und Griechenland hielt die britische Regierung noch an ihrem integrativen Konzept fest; die Verhandlungen mit der Sowjetunion um die Errichtung einer »Friedensfront«, die jetzt geführt wurden, waren als politisches Druckmittel gedacht, um Deutschland doch noch zu einem umfassenden Abkommen zu bringen. Ein Krieg wurde als Existenzbedrohung für das britische Weltreich angesehen und sollte deshalb unbedingt vermieden werden. Auch die britische Rußland-Politik orientierte sich an diesem obersten Ziel; sie war immer nur »Funktion der Erfolge und Fehlschläge der britischen Ausgleichsbestrebungen« (Niedhart, 1971, S. 55). »Der antibolschewistische Affekt, der das Rußland-Bild der Regierung prägte, wurde nie zum zentralen Bezugspunkt oder zum strukturellen Bestandteil britischer Außenpolitik. Nicht ein zum Bollwerk *aus*gebautes, sondern das in ein europäisches Settlement *ein*gefügte Deutschland würde einer europäischen Friedensordnung dienlich sein« (Niedhart, 1972, S. 431). Es waren also letztlich nicht die aus dem Ost-West-Konflikt stammenden Gegensätze, sondern die Unterschiede in der Konfliktlösungsstrategie gegenüber dem revisionistischen Deutschland, die eine Zusammenarbeit zwischen Großbritannien und der Sowjetunion ausschlossen. Und als schließlich Großbritannien auf die Allianzpolitik mit der Sowjetunion einschwenkte, war es die Sowjetunion, die am 23. August 1939 durch den Hitler-Stalin-Pakt und durch das geheime Zusatzprotokoll über die Teilung Polens eine gemeinsame Front gegen das nationalsozialistische Deutschland verhinderte und Hitler die Entfesselung des Zweiten Weltkriegs erleichterte. Die Möglichkeit einer derartigen Verständigung war von sowjetischer Seite stets in Erwägung gezogen worden; sie basierte auf jener »staatspolitischen« Konzeption, die den ideologischen Gegensatz aus dem machtpolitischen Kalkül auszuklammern trachtete (B. Moore, 1951, S. 362ff.; Niclauß, S. 199). Trotz aller tiefgreifenden Unterschiede wurzelten sowohl die britischen als auch die sowjetischen Bemühungen, mit dem nationalsozialistischen Deutschland bzw. den Achsenmächten zu einem Ausgleich zu kommen, in dem vitalen Interesse beider Staaten an der Erhaltung oder gar Erhöhung der eigenen Sicherheit. Der Hitler-Stalin-Pakt war die sowjetische Variante einer Appeasement-Politik.

Während des europäischen Krieges (1939–1941) hielt Stalin unbeirrt an dieser Politik fest; er unterstützte Hitlers Blitzkrieg einerseits durch die Lieferung wichtiger wirtschaftlicher Hilfsgüter, andererseits durch die Einschaltung der Komintern zur Schwächung des Widerstandes der westlichen Länder gegen die deutsche Aggression; und er betrieb einvernehmlich mit dem Dritten Reich seine eigene Expansionspolitik in Polen, den baltischen Staaten und Rumänien bis hin zum militärischen Angriff auf Finnland am 30. 11. 1939. Stalin hoffte bis zum deutschen Angriff auf die Sowjetunion, daß sich das nationalsozialistische Deutschland und die demokratischen »kapitalistischen« Staaten gegenseitig zerfleischten.

Die Politik der westlichen Demokratien war trotz aller Proteste gegen die Stalinsche Expansionspolitik und gegen die sowjetische Unterstützung der deutschen Kriegsführung darauf bedacht, die UdSSR nicht in ein festes Kriegsbündnis mit dem Dritten Reich zu treiben. Die USA dehnten erst nach dem russischen Überfall auf Finnland das »moralische Embargo«, das zuvor schon gegen Deutschland und Japan verhängt worden war, auch auf die UdSSR aus, d. h. die amerikanische Waffenindustrie wurde aufgefordert, sofort freiwillig auf alle Exporte in die Sowjetunion zu verzichten und die sowjetischen Aeronautiker aus den amerikanischen Firmen auszuschließen; die amerikanischen Öltechniker wurden aus Rußland zurückgerufen; eine Schiffchartersperre wurde verhängt und dergleichen. Diese Regressionspolitik wurde jedoch bereits im Sommer 1940 wieder revidiert und das »moralische Embargo« schließlich am 21. 4. 1941 auch offiziell aufgehoben, obwohl nachweislich die amerikanischen Exporte in die UdSSR teils nach Deutschland reexportiert wurden, teils die an Deutschland gelieferten sowjetischen Waren ersetzten. Durch eine kompromißbereite, rücksichtsvolle Rußland-Politik sollte die Möglichkeit einer künftigen Allianz offengehalten werden. Der Dreimächtepakt zwischen Deutschland, Japan und Italien (27. 9. 1940) und die Geheiminformation über Hitlers Weisung zur Vorbereitung des Angriffes auf die Sowjetunion (18. 12. 1940) bestärkten die amerikanische Regierung in der Einschätzung, die UdSSR werde bald als Gegenmacht gegen die Expansionspolitik des Dritten Reiches und Japans fungieren. Als Stalin statt dessen im Frühjahr 1941 seine Appeasement-Politik gegenüber dem Dritten Reich und Japan (sowjetisch-japanischer Neutralitätsvertrag vom 13. 4. 1941) intensivierte, kam es erneut zu einer Verschlechterung der amerikanisch-sowjetischen Beziehungen (z. B. Lizenzverweigerung für Rußlandexporte). Aber prinzipiell hielt die amerikanische Regierung an der Politik fest, die Chancen für ein späteres Zusammengehen mit der Sowjetunion nicht zu verschütten; das Pacht- und Leihgesetz vom 11. März 1941 wurde absichtlich so formuliert, daß auch die Sowjetunion im Falle des Koalitionswechsels einbezogen werden konnte. Ähnlich wie bei der britischen Politik gilt mithin auch für die amerikanische Politik, daß nicht die ideologisch-systemischen Gegensätze des Ost-West-Konflikts, sondern »strategisch-sicherheitspolitische Motive« bestimmend waren; die offizielle amerikanische Rußland-Politik stand seit 1932/33 (auch während des Hitler-Stalin-Pakts!) »wesentlich in Abhängigkeit von der amerikanischen Deutschland- und Japan-Politik« (Knipping, 1974, S. 235). Je stärker die Bedrohung der amerikanischen Sicherheit wurde, desto konsequenter gehorchte die amerikanische Politik dem Imperativ der Gegenmachtbildung – ungeachtet der antikommunistischen Stimmung, mit der die amerikanische Öffentlichkeit auf die Appeasement- und Expansionspolitik Stalins reagierte.

Nachdem auch die sowjetische Variante der Appeasement-Politik durch den Überfall des Dritten Reiches auf die UdSSR (22. 6. 1941) gescheitert war, schlug die antikommunistische Stimmung keineswegs sofort um; z. B. riet Senator Harry Truman: »If we see that Germany is winning we ought to help Russia and if Russia is winning we ought to help Germany and that way let them kill as many as possible, although I don't want to see Hitler victorious under any circumstances. Neither of them think anything of their pledged word« (New York Times, 24. 6. 1941, S. 7).

Aber die amerikanische Regierung handelte nach der klaren Maxime der Sicherheits- und Gegenmachtpolitik: Die UdSSR erhielt sofort massive Materialunterstützung und wurde im November 1941 (wie von Anfang an geplant) in das Leih- und Pachtprogramm einbezogen (Dawson, 1959). Die aggressiven Weltherrschaftstendenzen des nationalsozialistischen Deutschlands waren unvereinbar mit den amerikanischen Interessen und mit jedweder Friedensordnung, die auch nur halbwegs diesen Namen verdiente. Die beiden Flügelmächte, die UdSSR und die USA, wurden durch die deutsche und japanische Kriegspolitik nach und nach in eine »antagonistische Koalition« gezwungen. Mit dem Überfall auf Pearl Harbor (7.12.1941) und mit der deutschen und italienischen Kriegserklärung an die USA (11.12.1941) begann der globale Entscheidungskampf.

Diese Entwicklung entsprach Hitlers Expansionsprogramm in seinen Grundzügen, aber nicht in seinen zeitlichen Planungen. Denn der Entscheidungskampf zwischen einem nationalsozialistischen Europa und den USA war ursprünglich nur ein Fernziel, dessen Verwirklichung einer neuen Generation vorbehalten sein sollte. Aber angesichts der Tatsache, daß die amerikanische wehrpolitische Potenz (die sehr wohl realistisch eingeschätzt wurde) auch ohne einen amerikanischen Kriegseintritt dem Widerstand Großbritanniens zugute kam (Leihpachtprogramm vom 11. März 1941), sah sich Hitler schon bei der Verfolgung seiner ursprünglichen »Nahziele« unter Zeitdruck. Ende 1940 ging Hitler davon aus, »daß wir 1941 alle kontinentaleuropäischen Probleme lösen müssen, da ab 1942 [die] USA in der Lage wären, einzugreifen« (zit. bei Hillgruber, 1966, S. 15). Er war daher – gegen den Druck der Admiralität – bemüht, den USA keinen vorzeitigen Anlaß zur Intervention zu geben. Auch der deutsch-japanische Pakt diente primär dem Zweck, die USA einzuschüchtern. Erst als Hitler trotz dieses Bündnisses eine amerikanisch-japanische Verständigung fürchten mußte und der Feldzug im Osten steckenblieb, sah er sich gezwungen, einen japanischen Angriff auf die amerikanischen Positionen im Pazifik der Möglichkeit vorzuziehen, daß Japan in einem immer wahrscheinlicher werdenden amerikanischen Kriegseintritt auf der Seite Englands abseits stehen würde. Und so beschleunigte seine Japan-Politik schließlich die amerikanische Intervention im Atlantik, die sie ursprünglich verhindern oder doch zumindest hinauszögern sollte. Damit war Hitlers strategisches Konzept, erst nach der Niederwerfung Kontinentaleuropas den Entscheidungskampf mit den USA zu führen, in einem entscheidenden Punkt revidiert worden.

Die Bildung der antifaschistischen Kriegskoalition (die antagonistische Kooperation zwischen den Hauptkontrahenten des Ost-West-Konfliktes) kam 1941 zustande, nachdem die machtpolitischen Taktiken sowohl der westlichen Demokratien als auch der Sowjetunion fehlgeschlagen waren und als das nationalsozialistische Deutschland eine kriegerische Konfliktlösung zugunsten seiner rassistischen Welthegemonie versuchte. Anders ausgedrückt: sowohl die geplante antagonistische Kooperation zwischen den westlichen Demokratien und dem nationalsozialistischen Deutschland als auch die tatsächlich praktizierte antagonistische Kooperation zwischen dem nationalsozialistischen Deutschland und der Sowjetunion konnten keine tragfähige internationale Ordnung schaffen, da das nationalsozialistische Deutschland nicht eine *Revision* der internationalen Ordnung, sondern einen *radikalen Umsturz*, eine *Beseitigung* der auf dem Strukturprinzip autonomer Staaten beruhenden Ordnung anstrebte. Die revolutionär-kriegerische Strategie der Achsenmächte erzeugte die antagonistische Kooperation zwischen den westlichen Demokratien und dem kommunistischen Rußland als eine Politik der Gegenmachtbildung. Deren Ziel war es, die rassistische Welthegemonie des Dritten Reiches gemeinsam zu verhindern und die Aggressoren niederzukämpfen. Die Antwort auf Hitlers Alternative »Weltmacht oder Untergang« war 1941/42 vorentschieden. Aber ungewiß war, ob auf der Basis einer antagonistischen Kooperation nach dem Sieg über die Achsenmächte eine integrative Weltordnung geschaffen werden konnte, in der die nach wie vor widerstreitenden Tendenzen zwischen dem bolschewistischen Rußland und den demokratischen Staaten, die 1939 bis 1941 auch machtpolitisch so deutlich zutage getreten waren, unterhalb der Schwelle einer kritischen Spannung (d.h. im Rahmen friedlichen Wettbewerbs) bleiben würden.

5. Das Konzept einer integrativen Weltfriedensordnung bei Kriegsende

Der Weltkrieg zerstörte die alte internationale Ordnung, die in dem Völkerbund ihre partielle Institutionalisierung erfahren hatte. Der Fehlschlag des Völkerbundes *und* die Gemeinsamkeit des Kampfes der Vereinten Nationen gegen die Aggressorstaaten bildeten den Erfahrungshintergrund, vor dem die Überlegungen über die Neuordnung des internationalen Systems noch während des Krieges Gestalt annahmen (vgl. Claude, [3]1964). Es herrschte die allgemeine Überzeugung, daß eine neue Weltfriedensordnung besser als die Völkerbundsordnung sein und daß sie auf der Fortsetzung der Kriegskoalition im Frieden beruhen müsse. Der letztgenannte Aspekt implizierte zugleich, daß zunächst nicht die Trennungslinien des alten Ost-West-Konfliktes, sondern die Frontlinien des Konflikts mit den Achsenmächten die Pläne für eine Nachkriegsordnung bestimmten. Die neue Ordnung sollte gewährleisten, daß die Vereinten Nationen die Aggressorstaaten (und das hieß konkret: die Achsenmächte) gemeinsam niederhalten könnten. Deshalb bestand Präsident Roosevelt bei der Formulierung der Atlantik-Charta (14. 8. 1941) darauf, daß zunächst auf eine Institutionalisierung der neuen Ordnung verzichtet, also keine neue Völkerbundsversammlung geschaffen werden sollte, »zumindest nicht bevor eine gewisse Zeit verstrichen sei, während deren eine internationale Polizei, gebildet aus den Vereinigten Staaten und Großbritannien, zu funktionieren Gelegenheit gehabt habe« (Welles, Where we are heading?, S. 14f.; zit. bei Hagemann, 1964, S. 107). Dementsprechend hieß es in Punkt 8 der Atlantik-Charta, daß »bis zur Errichtung eines weiteren und dauernden Systems allgemeiner Sicherheit« die Abrüstung der Aggressornationen wesentlich sei. Die machtpolitischen Voraussetzungen einer Friedensordnung sollten vorab geschaffen werden, und zwar durch die zwei »Weltpolizisten« USA und Großbritannien.

Weder dieser Zeitplan noch die Beschränkung der Ordnungsfunktion auf die angelsächsischen Mächte ließen sich durchhalten. Mit der nachträglichen Unterzeichnung der Atlantik-Charta am 24. 9. 1941 trat die Sowjetunion – wenn auch mit Vorbehalt (vgl. M. F. Herz, 1966) – in den Prozeß der gemeinsamen Friedensplanung ein. Es war insbesondere der amerikanische Außenminister Hull, der den schon von Churchill in seinem Entwurf für die Atlantik-Charta betonten Gedanken einer Art »wirksamer internationaler Organisation« energisch verfocht und ihn in einer spezifisch liberalen Ausprägung zum zentralen Gegenstand der internationalen

Nachkriegsplanung machte. Die Einigung der Moskauer Außenminister-Konferenz (30. 10. 1943), »zum frühesten praktischen Zeitpunkt eine allgemeine internationale Organisation für die Aufrechterhaltung des internationalen Friedens und der internationalen Sicherheit zu errichten«, öffnete den Weg zu den Verhandlungen von Dumbarton Oaks (UNO) und Bretton Woods (Internationaler Währungsfonds, Internationale Bank für Wiederaufbau und Entwicklung). (Erst im Dezember 1945 wurden offizielle Schritte eingeleitet, um eine Welthandelsorganisation zu gründen; an diesen Verhandlungen nahm die UdSSR schon nicht mehr teil. Nachdem die Charta der International Trade Organization an inneramerikanischen Widerständen gescheitert war, trat das General Agreement on Tariffs and Trade (GATT) an ihre Stelle; ihr Ziel ist die Liberalisierung des Welthandels; vgl. u. a. Wilcox, 1949; Heiduk, 1973). Die multilaterale internationale Zusammenarbeit sollte (1) universal (nicht regionalistisch) institutionalisiert werden, (2) alle Bereiche der Politik und Wirtschaft umfassen und (3) durch die effektive Berücksichtigung von Mechanismen des Peaceful Change flexibel sein.

Wenn sich die Nachkriegsentwicklung an diesem globalen integrativen Ordnungskonzept orientiere, würden – nach Hulls Auffassung – nicht nur die USA, sondern alle Nationen einer glücklicheren Zukunft entgegensehen können. Die Institutionalisierung der multilateralen Großmächte-Zusammenarbeit würde die Errichtung spezifischer Einflußzonen überflüssig machen. Die Beseitigung der Handelsschranken und handelspolitischer Diskriminierungen würden die Expansion des Handels stimulieren und dadurch in allen Ländern den Lebensstandard ansteigen lassen. Mit den ökonomischen Friktionen, die in der Vergangenheit zu Autarkie-Bestrebungen und bilateralen Handelsabkommen geführt hatten, würden die eigentlichen Ursachen für weltweite Gewaltanwendung und Krieg wegfallen. Schließlich würde der internationale Multilateralismus die Errichtung friedlicher politischer Demokratien, als deren Prototyp die USA angesehen wurden, überall in der Welt begünstigen oder gar sichern (Kuklick, 1970, S. 276). In diesem Konzept war die ökonomische Zusammenarbeit von zentraler Bedeutung, aber sie war keineswegs in einem »politischen Vakuum« angesiedelt, und der Vorwurf des »Irrtums des Ökonomismus« (Richard Gardner, 1956) ist nicht stichhaltig. Denn die *politische* Organisation der Vereinten Nationen sollte die feste Institutionalisierung der internationalen Zusammenarbeit aller Staaten auf der Basis der Gleichberechtigung gewährleisten.

In diesem »idealistischen« Konzept war die Diskrepanz zwischen der institutionellen Verankerung der formalen Gleichheit aller Staaten und ihrer machtmäßigen Ungleichheit eklatant. Sie hätte sich – grob unterschieden – in zweifacher Richtung auswirken können:

Einerseits hätte das politische, militärische und wirtschaftliche Übergewicht der USA bewirken können, daß das geplante weltweite liberale Sicherheits- und Handelssystem de facto eine »kooperative Suprematie« (R. F. Smith, 1968) der USA begründet hätte, der sich die formal gleichen, aber tatsächlich schwächeren Staaten hätten unterordnen müssen. Diese Unterordnung konnte zwar den kleinen und mittleren Staaten zugemutet werden – nicht aber den Hauptverbündeten Großbritannien und UdSSR.

Andererseits hätte die institutionell verbürgte Gleichheit aller Staaten der großen Zahl der kleinen und mittleren Staaten die Möglichkeit eröffnet, durch Koalitionsbildung und Mehrheitsentscheidungen die Handlungsfreiheit der Großmächte (auch der USA!) und das Ausspielen ihrer tatsächlichen Machtfülle zu behindern. Eine derartige potentielle Wirkung war für alle Großmächte, einschließlich der USA, nicht tragbar.

Machtpolitisch denkende »Realisten« wie Präsident Roosevelt, Kriegsminister Stimson und Premierminister Churchill, Partei- und Regierungschef Stalin und Außenminister Molotow sorgten für eine Änderung des idealistischen Ordnungsprinzips:

1. das universalistische Prinzip wurde durch die Kombination mit dem regionalistischen Prinzip modifiziert, und

2. die politische Vormachtstellung der vier bzw. fünf Großmächte wurde institutionalisiert, und zugleich wurden die Möglichkeiten des Peaceful Change eingeschränkt.

(1) Das *regionalistische* Strukturprinzip wurde am nachdrücklichsten von Churchill vertreten. Nach seiner (im Mai 1943 geäußerten) Vorstellung sollte zwar das enge Zusammenwirken der Vereinigten Staaten, Großbritanniens und der UdSSR ebenfalls – nämlich in einem Obersten Weltrat – institutionalisiert, aber durch europäische, amerikanische und fernöstliche Regionalorganisationen mit einem festen Unterbau versehen werden. Einem dreibeinigen Stuhle gleich würde ein auf drei Regionalräten ruhender Weltrat von der Stabilität und Funktionsfähigkeit der regionalen Organisationen abhängen. Denn »(n)ur Länder, deren Interessen von einem Konflikt direkt berührt seien, würden sich mit genügend Energie um seine Lösung bemühen« (Churchill, 1953, Bd. 4, S. 444). Diese Konstruktion ging davon aus, daß sich das Commonwealth und die USA an allen drei Regionalräten beteiligten und daß eine enge angloamerikanische Allianz gewissermaßen die machtpolitische

Verklammerung darstellen würde. Es lag auf der Hand, daß dadurch die weltweiten Interessen Großbritanniens gesichert und zugleich Vorkehrung für eine Eindämmung der sowjetischen Politik getroffen werden konnten, ohne den Willen zu einer kooperativen Verständigung aufzugeben. Denn bezeichnenderweise war auch der Realpolitiker Stalin zunächst keineswegs gegen das regionalistische Prinzip. Vielmehr reagierte Stalin in Teheran auf Roosevelts Weltorganisationspläne mit dem Vorschlag, »nicht eine, sondern zwei Organisationen zu schaffen: eine europäische und eine zweite fernöstliche oder vielleicht eine Weltorganisation« (Unterredung mit Roosevelt am 29. 11. 1943, zit. nach Fischer, 1968, S. 46). Stalin änderte zwar bald seine Meinung zugunsten einer weltweiten und gegen eine regionale Organisation, nicht zuletzt wohl deshalb, weil er Churchills Föderalisierungspläne für Europa strikt ablehnte, neigte dann jedoch zu einem kombinierten Modell. Sowohl Churchill als auch Stalin dachten im Rahmen eines weltweiten Ordnungskonzepts in Kategorien der Interessensphären und sie waren ein Jahr später – im Oktober 1944 – sogar in der Lage, insgeheim eine entsprechende Abgrenzung in Mitteleuropa zu vereinbaren (Churchill, 1953, Bd. 6, S. 269).
Zur gleichen Zeit machte die sowjetische Führung ihr kombiniertes Organisationskonzept auch öffentlich bekannt (N. Malinin, »Zur Frage der Schaffung einer internationalen Sicherheitsorganisation«, in: Der Krieg und die Arbeiterklasse, 1. 10. 1944):

Malinin plädierte für eine dezentralisierte Struktur der Vereinten Nationen, um die Gesamtorganisation von lokalen Problemen zu entlasten. Unter dem Dach der Generalversammlung sollten vier Sektionen für Europa, Amerika, Afrika und den asiatisch-pazifischen Raum eingerichtet werden; Staaten mit bedeutenden Interessen in mehreren Kontinenten stünde eine Mitgliedschaft in mehreren Sektionen zu; für die Regelung lokal-regionaler Konflikte sollte die Kompetenz bei den betreffenden Regionen liegen – mit der Maßgabe, daß der Sicherheitsrat von sich aus die Behandlung dieser Probleme an sich ziehen könnte. Den sowjetischen Interessen wurde jedoch nicht nur dadurch Rechnung getragen, daß die Sowjetunion nach diesem Organisationsvorschlag mindestens in zwei Sektionen vertreten sein würde. Hinzu trat der Gedanke, daß es einzelnen Staaten erlaubt sein sollte, sogenannte Sicherheitszonen zu vereinbaren, die weder mit den kontinentalen Sektionen identisch, noch direkt mit ihnen verzahnt sein würden. Hier lag der eigentliche machtpolitische Kern des sowjetischen Organisationskonzepts. Obwohl Malinin Blockbildung und Einflußsphärenpolitik verbal verwarf, handelt es sich um nichts anderes als um die Begründung einer sowjetischen Einflußsphäre, für die lediglich der unbelastete Begriff Sicherheitszone gewählt wurde.

Das Interessensphären-Denken stieß bei der amerikanischen Führung jedoch auf entschiedenen Widerstand. Präsident Roosevelt stellte zweifellos die tatsächlichen Machtverhältnisse in Rechnung, die sich in Ost- und Mitteleuropa im Einflußbereich der Roten Armee vermutlich ergaben (Yergin, 1977, S. 58). Aber hinsichtlich der sicherheitspolitischen Struktur der Nachkriegsbeziehungen war er entschieden gegen einen Regionalismus, weil er für sein Land eine globale Rolle beanspruchte und angesichts der innenpolitischen Stimmungslage davon ausgehen mußte, daß nur vermittelt durch eine universalistische internationale Ordnung das weltweite militärische Engagement der USA von der amerikanischen Öffentlichkeit akzeptiert würde. In der Beurteilung des Außenministeriums, insbesondere in den Augen Hulls, waren die Bedenken gegen den Regionalismus weit grundsätzlicher, und zwar sowohl aus machtpolitischen als aus wirtschaftspolitischen Gründen. Regionale Organisationen tendierten nach Hulls Meinung zu der Herausbildung von geschlossenen Handelsräumen und Präferenzsystemen; sie bedrohten damit die zentrale Konzeption des liberalen Multilateralismus und der offenen Tür, die schon in der Atlantik-Charta verankert worden war und zunächst vor allem das britische Präferenzsystem aufbrechen sollte. Der Regionalismus beeinträchtige jedoch nicht nur die multilaterale Regelung der internationalen Wirtschafts- und Handelsbeziehungen, sondern auch die Organisation der politischen Beziehungen. Denn nach Hulls Meinung zog eine wirtschaftliche Blockbildung unweigerlich antagonistische Gruppierungen und letztlich kriegerische Auseinandersetzungen nach sich, die von einer internationalen Organisation nicht mehr zu kontrollieren wären.

Auch Realpolitiker wie Kriegsminister Stimson und sein Stellvertreter McCloy befürchteten, daß die Bildung großer Regionalorganisationen die Gefahr von Kriegen zwischen ganzen Regionen in sich berge und die Weltorganisation lahmlegen würde (»it takes the meat out of the world organization«) (zit. nach Kolko, 1968, S. 472).

Die amerikanische Führung wollte freilich ihre eigene Regionalorganisation in der westlichen Hemisphäre (die gleichzeitig energisch weiter ausgebaut wurde) beibehalten; genau an diesem Punkt wurde die amerikanische Argumentation brüchig. Die USA wollten einerseits sicherstellen, daß sie in ihrer eigenen Interessensphäre unbehindert durch ein mögliches sowjetisches Veto unilateral operieren konnten; dementsprechend wäre eine nur lose Verknüpfung der Regionalorganisationen mit dem Sicherheitsrat wünschenswert gewesen. Andererseits wollten sie sich die Möglichkeit offenhalten, »prompt in Europa intervenieren zu können«; diese Zielsetzung sprach gegen eine europäische Regionalorganisation oder – falls sie nicht zu vermeiden war – für deren strikte Unterordnung unter den universalistischen Sicherheitsrat, um die Sowjetunion daran zu hindern, in Europa, ähnlich wie die USA in der westlichen Hemisphäre, eine privilegierte Stellung einzunehmen. Die USA vertraten deshalb eine Position, die der stellvertretende Kriegsminister McCloy treffend mit dem Satz beschrieb: »We ought to have our cake and to eat it too.«

Noch bevor das Problem satzungsmäßig gelöst war, stellte sich immer deutlicher heraus, daß die UdSSR de facto in Osteuropa eine eigene Interessensphäre errichtete und Großbritannien sich anschickte, eine Zusammenarbeit mit den westeuropäischen Staaten zu organisieren, um somit – in enger Verbindung mit dem Commonwealth – eine westliche Gegenzone zu der sowjetischen Interessensphäre zu bilden. Für den Fall des Scheiterns der Großmächtekooperation sollte gemäß der traditionellen britischen Gleichgewichtspolitik eine Auffangstellung und eine sicherheitspolitische Alternative vorhanden sein. Aber weder Großbritannien noch die westeuropäischen Staaten auf dem Kontinent waren machtmäßig in der Lage, ein effektives Gegenwicht zu der Sowjetunion zu schaffen. Das wurde amerikanischerseits klar erkannt:

»Since there is no longer power to balance in Europe, Britain would logically turn to the United States as the greatest potential source of support in developing an adequate counterpoise to Russia. Without the assured support of the United States, any combination of powers which Britain might be able to assemble would still leave Russia preponderantly strong« (FR, Conference of Berlin, I, S. 259).

In dieser Situation versuchte die amerikanische Regierung, alles in ihrer Macht Stehende zu tun, um die Verfestigung der östlichen und westlichen Interessensphäre in Europa hinauszuzögern und die regionale Organisationen dem Sicherheitsrat unterzuordnen, da nur so die friedensgefährdende Auswirkung regionaler Abmachung vermeidbar erschien.

In der UN-Charta wurde diese Unterordnung – wenn auch nicht ohne immanente Widersprüche – festgeschrieben: »Ohne Ermächtigung des Sicherheitsrats dürfen Zwangsmaßnahmen aufgrund regionaler Abmachungen oder seitens regionaler Einrichtungen nicht ergriffen werden« (Art. 53). Von diesem Verbot wurden jedoch Maßnahmen gegen einen ehemaligen Feindstaat ausgenommen, und zwar ausdrücklich auch dann, wenn sie aufgrund regionaler Abmachungen ergriffen würden. Damit wurden die (z.T. schon bestehenden) regionalen Verträge in Europa legitimiert. Die

Ausnahmeklausel wurde hingegen nicht auf die amerikanischen Regionalabmachungen ausgedehnt, denn durch die Einfügung von Art. 51 war Vorsorge getroffen worden, daß bei einer Lahmlegung des Sicherheitsrats durch das Veto einer Großmacht die betreffende Regionalorganisation unter Berufung auf das Recht der kollektiven Verteidigung militärisch tätig werden konnte. Der Regionalismus schien auf diese Weise mit dem Universalismus partiell kompatibel gemacht worden zu sein. In der Periode der Unterzeichnung der UN-Satzung und der Vorbereitung der Potsdamer Konferenz räumte die offizielle amerikanische Politik dem Ziel, die Zusammenarbeit der Großmächte zu erhalten, noch Priorität ein:

»The need of the moment is to promote understanding between Great Britain and Russia on all matters in dispute. We should do all we can in this connection and direct our best efforts towards smoothing out the points of friction between the two, thereby fostering the tripartite collaboration so necessary to lasting peace. However, American policy must be attuned to events in Europe *as a whole* and to the consequences of general European conditions on the stability of Great Britain. Specifically, it is not in our interest to deny to the United Kingdom protection against possible dangers from the Soviet Union, especially since the Soviets have established domination of Eastern Europe and since the International Security Organization would not be effective in case of a clash between the Soviet Union and Great Britain. Until it is determined which course events in Europe will take – i. e. whether Russia will collaborate or not – we should not take a positive stand one way or the other on this proposal to draw the nations of Western Europe into closer association.«
(Briefing Book Paper, British Plan for a Western European Bloc, Washington, June 28, 1945, in: FR, Conference of Berlin, I, S. 264)

Sollte die integrative Konfliktlösung im Rahmen des universalistischen UN-Konzepts scheitern, so konnte sowohl in Europa als auch in Lateinamerika auf das Recht der kollektiven Verteidigung zurückgegriffen werden, das außerhalb des Regionalismus-Kapitels in der UN-Satzung verankert wurde (vgl. unten).
(2) Die zweite Änderung des »idealistischen« Konzepts war einschneidender und gab dem Universalismus seinen oligarchischen Charakter: nämlich die Kompetenzzuteilung der Friedenssicherung an den Sicherheitsrat und das Veto-Recht für seine ständigen Mitglieder, d. h. für die Großen Vier (bzw. Großen Fünf), paßte die Institutionalisierung der Zusammenarbeit an die tatsächlichen Machtverhältnisse an – ohne sie freilich voll in Übereinstimmung zu bringen (siehe unten). Durch die Regelung des Veto-Rechts wurde Roosevelts Idee, ein Polizeikomitee bzw. Direktorium der vier Großmächte als eigentliches Machtorgan zu etablieren, in den

Sicherheitsrat integriert. Die gleichberechtigte Zusammenarbeit der *Großmächte* (einschließlich der Sowjetunion) war der essentielle Kern der projektierten Friedensordnung (vgl. Range, 1959, S. 162–189). Das Prinzip der Freiwilligkeit galt für die Beziehungen zwischen den Großmächten, während die internationale Ordnung gegenüber den anderen Staaten notfalls zwangsweise durchgesetzt werden konnte – vorausgesetzt, daß dazu die Großmächte freiwillig zusammenwirkten. Und das hieß (wie Roosevelt klar sah und auch sein Nachfolger Truman im Juni 1945 bestätigte), daß eine kooperative Verständigung von fundamentaler Bedeutung war (vgl. Hagemann, 1964, S. 110), »that without continued unity of the Big Three there would be no reasonable prospect of peace«.

Das Konzept der neuen internationalen Ordnung visierte eine bis dahin nicht vorhandene enge Beziehung zwischen den Großmächten an, ungeachtet der systemischen Gegensätze zwischen ihnen. Aber: durch die Regelung der Einstimmigkeit wurde der Grad der integrativen Beziehungen zwischen den Großmächten von dem Grad ihrer tatsächlichen Interessenübereinstimmung bzw. ihres tatsächlichen Interessenausgleichs abhängig gemacht.

Es waren wiederum die Realpolitiker Stimson und Churchill, die in besonderem Maße auf die Notwendigkeit hinwiesen, diesen Interessenausgleich unverzüglich vorzunehmen, während Roosevelt eher eine Politik des Aufschiebens der Entscheidung betrieb. Dabei ging er von der Annahme aus, daß sich nach Kriegsende das Übergewicht der USA noch stärker auswirken werde als während des Krieges. Im »Direktorium der vier Weltpolizisten« bzw. im »Polizeikomitee« würden sich die USA nicht auf eine regionale Rolle beschränken, sondern durch eine weltweite Stützpunktpolitik den Einsatz ihrer Machtmittel ermöglichen. Roosevelt rechnete damit, daß es ihm gelingen werde, die Sowjets in ein Ensemble einzufügen, das ihre Ambitionen begrenzen würde und in dem Amerika seine Anhängerschaft sammeln könne (vgl. de Gaulle, 1956, S. 238 und Range, 1959, S. 183ff.). Enge Beziehungen zu Großbritannien, als amerikanischer Juniorpartner in Europa, waren als flankierende Maßnahmen gedacht. Aber insgesamt galt die Sicherung der amerikanischen Unabhängigkeit und Entscheidungsfreiheit als unabdingbar. Diese Maxime bestimmte auch Roosevelts Zögern gegenüber einer atomaren Zusammenarbeit mit Großbritannien und seine strikte Ablehnung, das atomare Geheimnis mit Rußland oder Frankreich zu teilen. Erst im September 1944 fand er sich dazu bereit, mit Großbritannien eine förmliche Vereinbarung über »volle Zusammenarbeit [...] über atomare Energie für militärische und kommerzielle Zwecke« abzuschließen, die nur durch

gemeinsame Übereinkunft beendbar sein sollte. An der Ablehnung einer atomaren Zusammenarbeit mit der Sowjetunion hielt er bis zuletzt fest (Bernstein, 1976).
Die Oligarchisierung der internationalen Organisation verringerte zwar die Diskrepanz zwischen formaler und machtpolitischer Struktur, hob sie jedoch nicht vollständig auf; d. h. die formal gleichberechtigten vier bzw. fünf Großmächte besaßen höchst verschiedene Machtpotentiale. Das Funktionieren der internationalen Organisation beruhte auf ihrem freiwilligen Zusammenwirken, das sich aber unter den Bedingungen machtpolitischer Asymmetrien zu verwirklichen hatte.
Aus sowjetrussischer Interessenlage war eine solche internationale Organisation nur insoweit wünschenswert, als sie der UdSSR einen wirksamen Schutz vor Aggressionen zu bieten in der Lage war, aber den Mitgaranten ihrer Sicherheit keine Möglichkeit eröffnete, in ihrem Machtbereich durch Vermittlungs- oder Schiedsverfahren einzuwirken. In Osteuropa wollte sie die Möglichkeit nicht ausgeschlossen sehen, unilateral militärische Maßnahmen ergreifen zu können (siehe die sowjetische Korrektur des Wortlautes von Punkt 6 der Viermächteerklärung vom 30. 10. 1943). Gleichzeitig versicherte sie allerdings, Europa nicht in Interessensphären aufteilen zu wollen (Hull, Memoirs, S. 1298). Dieser Linie entsprach – wie Hagemann (1964, S. 157f.) zutreffend erkannt hat der Wunsch, »die zu errichtende Organisation auf die Aufgabe der Friedenssicherung im engeren technischen Sinne zu beschränken und sie weder mit Peaceful-Change-Befugnissen zu betrauen, noch mit Aufgaben wirtschaftlicher und sozialer Natur«. Peaceful-Change-Mechanismen hätten zudem, insbesondere wenn sie auch auf die künftigen Friedensverträge mit den Feindstaaten bezogen worden wären, eventuell internationale Neugruppierungen ermöglicht und somit den Fortbestand der Kriegskoalition im Frieden gefährdet. Auch für die Sowjetunion war also das Zusammenwirken der Großmächte und die Ausklammerung der internen Angelegenheiten aus der Kompetenz der Vereinten Nationen das Fundament der angestrebten internationalen Ordnung. In diesem Sinne führte Stalin in Jalta am 6. 2. 1945 aus:

»Die wichtigste Voraussetzung für die Erhaltung eines dauerhaften Friedens sei die Einheit der drei Großmächte. Bleibe diese Einheit erhalten, sei die deutsche Gefahr nicht furchtbar. Deshalb müsse man darüber nachdenken, wie man die Einheitsfront zwischen den drei Großmächten, zu denen man noch Frankreich und China hinzufügen müsse, am besten gewährleisten könne. Deshalb komme der Frage der zukünftigen Satzung der internationalen Sicherheitsorganisation eine solche Bedeutung zu. Man müsse gegen zukünftige Divergenzen unter den drei Hauptmächten möglichst viele Hindernisse errichten. Man müsse die Satzung so ausarbeiten, daß das Entstehen von Konflikten zwischen ihnen auf das äußerste erschwert werde. Das sei die Hauptaufgabe« (zit. nach A. Fischer, Hrsg., 1968, S. 129).

Stalins Forderung nach Garantien dafür, daß im Konfliktfall die neue internationale Ordnung nicht gegen die Sowjetunion mobilisiert und eingesetzt werden könne, wurde mit dem Hinweis auf das Veto-Recht der Großmächte beantwortet. Der Zwang zur Einstimmigkeit der Großmächte würde zwar die Entstehung von Konflikten nicht ausschließen, erhob jedoch die integrative Konfliktregulierung zum konstitutiven Element des neuen internationalen Systems.

Alle Großmächte waren sich – ungeachtet anderer Meinungsverschiedenheiten – darin einig, »daß die Regel der Einstimmigkeit unter ihnen eine zwingende und unerschütterliche Bedingung für die neue internationale Organisation war« (so zusammenfassend der neuseeländische Ministerpräsident Fraser auf der Konferenz von San Francisco, 1945, zit. bei Hagemann, 1964, S. 169). Für den Fall des Scheiterns einer integrativen Konfliktregulierung (der zum Zeitpunkt der Verabschiedung der UN-Satzung bereits an Wahrscheinlichkeit gewonnen hatte) wurde im letzten Moment mit Artikel 51 die Möglichkeit der regressiven Konfliktregulierung als Alternative in das UN-System eingebaut: das »naturgegebene Recht zur individuellen oder kollektiven Selbstverteidigung« im Falle eines bewaffneten Angriffes begründete ein Reserve-Sicherheitssystem; d. h. falls die integrative Konfliktregulierung durch das einvernehmliche Zusammenwirken der Großmächte am Interessengegensatz und Dissens zwischen ihnen scheitern und eine kriegerische Konfliktlösung drohen sollte, würde ein Auseinanderrücken der Kontrahenten und eine Umgruppierung der Mächte der Ausweg und die Alternative sein. Eine derartige Entwicklung würde auch den »ambiguären Kompromiß« (Inis Claude, [3]1964) zwischen Universalismus und Regionalismus, der schließlich in der UN-Satzung gefunden worden war, zugunsten einer Interessensphären-Politik auflösen. Insgesamt betrachtet, war mithin für den Fall des Scheiterns der Großmächtekooperation in einer Art Reserve-Satzung ein alternativer Konfliktregulierungsmodus bereitgestellt worden. Die Präferenz galt jedoch einer integrativen Friedensordnung, die in der UN-Satzung das Prinzip einer kooperativen Verständigung der Großmächte festschrieb.

Im übrigen sollte die Institutionalisierung der ökonomischen multilateralen Zusammenarbeit (die Hull konsequent verfolgt hatte)

die Zusammenarbeit auf sicherheitspolitischem Gebiet ergänzen, und zwar bei gleichzeitiger Verdichtung der ökonomischen Austauschbeziehungen auch und gerade zwischen den USA und der UdSSR. Anknüpfungspunkte waren durch die amerikanischen Hilfslieferungen während des Krieges geschaffen worden: unmittelbar nach dem deutschen Angriff auf die Sowjetunion war die UdSSR in das Leih- und Pachtprogramm der amerikanischen Regierung einbezogen worden; sie erhielt Kriegs- und Industriematerial (einschließlich kompletter Produktionsanlagen) in einer Gesamthöhe von mehr als 9 Milliarden Dollar aus den Vereinigten Staaten. Nach dem Kriege sollten die Wirtschaftsbeziehungen intensiviert werden. Von der Krim-Konferenz bis zur russischen Bitte vom 5. Januar 1945 um einen großen Nachkriegskredit in Höhe von 6 Milliarden Dollar spielte dieser Aspekt eine erhebliche Rolle: »Rußland werde nach dem Krieg für die Vereinigten Staaten einen bedeutenden Markt darstellen« (Stalin) und die Amerikaner würden »große Mengen an Rohstoffen brauchen«; deshalb sei die interessenmäßige Voraussetzung dafür gegeben, daß künftig zwischen beiden Ländern »enge Handelsbeziehungen herrschen werden« (Roosevelt). (Unterredung am 29. 11. 1943, zit. nach Fischer, 1968, S. 18).
Die integrative Politik, die Ost-West-Gegensätze durch eine Verdichtung der Beziehungen und durch eine kooperative Verständigung zu überwinden, war mithin umfassend konzipiert, obwohl sie im Sicherheitsbereich zweifellos ihr Zentrum hatte.
Die Drei- bzw. Viermächtekontrolle über das besiegte Deutschland war die konkrete und zugleich höchst ambitiöse Anwendung des Konzeptes gemeinsamer Friedenssicherung und kooperativer Verständigung. Darüber hinaus kam in der Erklärung über das befreite Europa vom 11. Februar 1945 dasselbe kooperative Konzept zum Ausdruck. Daß sich bei seiner Realisierung große Schwierigkeiten ergeben würden, war allen Beteiligten bewußt – zumal es schon bei den Bemühungen, das vorrangige Ziel der Besiegung der Achsenmächte gemeinsam zu verfolgen, zahlreiche Schwierigkeiten (Meinungsverschiedenheiten und gegenseitige Verdächtigungen) gegeben hatte.

6. Das Scheitern des integrativen Konzepts und der Beginn regressiver Konfliktregulierung

Das Konzept einer kooperativen Friedensordnung war weitgehend nach machtpolitischen Kriterien entworfen worden; die ideologischen und ordnungspolitischen Systemgegensätze spielten offenbar nur eine untergeordnete Rolle. Das projektierte UN-System sollte den organisatorischen Rahmen für einen kooperativen Wettbewerb bzw. eine kompetitive Kooperation zwischen den Großmächten abgeben. Ebenso wie in der Kriegskoalition schien auch in einer neuen Friedensordnung der intersystemare Konflikt durch integrative Maßnahmen regulierbar zu sein – zurückgeschraubt auf das Stadium eines politischen Wettbewerbs. Die Einigung zwischen den demokratischen Staaten und der sozialistischen Sowjetunion auf eine »konservative« Ordnung der Staatenwelt und der Wahrung der nationalstaatlichen Interessen der Großmächte (vgl. Vandenberg, zit. bei Hagemann, 1964, S. 130) schien zu belegen, daß der strukturelle Konflikt zwischen dem klassenmäßig-weltrevolutionären und dem nationalstaatlichen Strukturprinzip zugunsten des letzteren überwunden war. Die Sowjetunion, die 1943 ihre weltrevolutionäre Hilfsorganisation Komintern förmlich liquidiert hatte, war in die traditionelle weltpolitische Struktur integriert, und zwar mit internationaler Anerkennung ihrer Großmachtrolle. Nicht der Wettbewerb zwischen Sozialismus und Kapitalismus, sondern zwischen Großmächten und ihren machtpolitischen Interessen wurde als das zentrale Problem der Friedensordnung der Einen Welt angesehen. Es sollte durch die Institutionalisierung der Zusammenarbeit und durch die Verdichtung der intersystemaren Beziehungen so reguliert werden, daß daraus keine kritische Spannung für das Gesamtsystem der internationalen Beziehungen entstand.

Schon in der Planungsphase wurde allerdings erkennbar, daß ein scharfer Gegensatz zwischen den amerikanischen und sowjetischen (und z. T. auch den britischen) Strukturvorstellungen bestand, nämlich in den entgegengesetzten Tendenzen des multilateralen Universalismus und der Interessensphärenpolitik, die sich zwangsläufig aus den machtmäßigen Ungleichheiten zwischen USA und der Sowjetunion (und z. T. auch zwischen den USA und Großbritannien) ergaben. Auch ohne das amerikanische Atombombenmonopol (vgl. dazu weiter unten) hätte sich das amerikanische Übergewicht unter den Bedingungen der Kooperation zumindest kurz- und mittelfristig voll auswirken können, wenn die internationalen Beziehungen sich frei von Interessenzonen hätten entfalten können. Insbesondere auf ökonomischem Gebiet war das Potential der USA überwältigend und hier war auch die eigentliche Verbindungsstelle, an der sich der machtpolitische Wettbewerb mit dem systemischen Wettbewerb untrennbar – wenngleich nicht unmittelbar sichtbar – verband. Der nicht-diskriminierte freie Handels- und

Wirtschaftsverkehr hätte die verkehrs- und marktwirtschaftliche Ordnung unter Führung der USA weltweit vorherrschend gemacht – also das »kapitalistische System« global stabilisiert. Da aber sowohl die amerikanischen als auch die sowjetischen Führungseliten überzeugt waren, daß eine untrennbare Einheit von Wirtschaftssystem und Herrschaftsordnung existiert, hätte wirtschaftliche Überlegenheit zugleich auch politische Vorherrschaft bedeuten können; d. h. das sowjetische Regime wäre einem gefährlichen Anpassungsdruck ausgesetzt gewesen. Aus dem Widerstand gegen diese Gefahr entstanden die sowjetischen Abgrenzungstendenzen. Die Interessensphärenpolitik der UdSSR war insofern – anders als die Großbritanniens – nicht nur ein Element der internationalen Staatenkonkurrenz, sondern auch der Ausdruck der ordnungspolitischen Herrschaftskonkurrenz. Die objektiv widerstreitenden Tendenzen des multilateralen Universalismus und der Interessensphärenpolitik gefährdeten die projektierte Friedensordnung. Anders ausgedrückt, es waren nicht Fehlperzeptionen, die die kritische Spannung erzeugten, sondern durchaus die zutreffenden Perzeptionen der real widerstreitenden Tendenzen. Ähnlich wie die USA hinsichtlich ihrer westlichen Hemisphäre nach dem Grundsatz zu handeln trachteten, »to have the cake and to eat it«, wollte die Sowjetunion ihre eigene Interessensphäre der Kontrolle der anderen Großmächte entziehen und zugleich die universalistische internationale Organisation dazu benutzen, als gleichberechtigte Großmacht weltpolitischen Einfluß auszuüben. Pointiert formuliert, ergab sich ein doppeltes Dilemma:

Die Sowjetunion erwartete von den USA und den Westmächten insgesamt, daß sie der UdSSR als gleichberechtigte Großmacht einen weltweiten Einfluß im Rahmen des Großmächte-Direktoriums einräumten und durch die vereinbarte allseitige Kooperation nicht nur die unilaterale Politik der Sowjetunion in ihrer osteuropäischen Interessensphäre tolerierten, sondern auch zu deren Etablierung, Absicherung oder gar Ausweitung direkt und indirekt beitrugen. Umgekehrt erwarteten die USA von der Sowjetunion, daß sie die lateinamerikanische Interessensphäre der Vereinigten Staaten respektierte und die Errichtung amerikanischer Stützpunkte in globalem Ausmaße akzeptierte, sowie die multilaterale Zusammenarbeit nicht nur ohne wirksame Schutzvorkehrungen gegen das amerikanische Übergewicht praktizierte, sondern dadurch auch die Stärkung der kapitalistischen Ordnung weltweit förderte.

Dieses Dilemma gelangte nur allmählich und schrittweise ins Bewußtsein der Akteure. Es ging im Grunde um das Problem, ob eine Vermittlung zwischen beiden Tendenzen – zwischen universeller

Zusammenarbeit und Interessensphärenpolitik – gefunden werden könnte. Theoretisch wäre eine Vermittlung in der Verbindung von integrativen und regressiven Konfliktregulierungsmethoden durchaus denkbar gewesen, d. h. einerseits partielle gleichmäßige Zusammenarbeit und selektive Verdichtung der Beziehungen und andererseits partielle Abgrenzung und Regression (i.e. eine selektive und gemäßigte Interessensphärenpolitik). Das Vermittlungsproblem mußte jedoch nicht theoretisch, sondern praktisch-politisch anhand konkreter Fälle gelöst werden, deren Zusammenhang oftmals erst nachträglich erkennbar wurde. Zudem unterlag auch die Politik der Großmächte jenem dem menschlichen Handeln eigentümlichen Sachverhalt, daß Einzelentscheidungen häufig nicht erwünschte oder überhaupt nicht geahnte Wirkungen zeitigen und einen negativen Kumulationseffekt (im Sinne einer positiven Rückkopplung oder eines reaktiven Konfliktverlaufs) erzeugen*.

Es zeigte sich in den Jahren 1944/45 und dann verstärkt im Jahre 1946, daß die Großmächte bei den Entscheidungen über konkrete Einzelprobleme, die für die künftige politische Konstellation relevant waren, wenig unternahmen, um die Wirkungen der materiellen Ungleichheit politisch auszugleichen, eine Gleichmäßigkeit in der Teilhabe an den Entscheidungen und in der Nutzenverteilung herzustellen und die Interessensphärenpolitik durch die Einfügung kooperativer universalistischer Elemente zu mildern. Nicht eine gleichberechtigte und ausgewogene Zusammenarbeit wurde praktiziert und schrittweise von Fall zu Fall erprobt, sondern die jeweiligen Ungleichheiten wurden zur Festigung der eigenen Interessen genutzt. So entstand folgendes negatives Muster:

Die drei Großmächte arbeiteten zwar gleichmäßig und gleichberechtigt auf den großen Konferenzen und in dem European Advisory Committee an der Ausarbeitung der Grundsätze einer gemeinsamen Politik gegenüber den befreiten Staaten und Achsenmächten und konnten dabei ausgewogene Kompromisse erzielen. Aber die Ungleichmäßigkeiten begannen, als es darum ging, die gemeinsame Politik in der Praxis anzuwenden.

Der erste Testfall war Italien. Die Sowjetunion wurde lediglich formal, in einem bedeutungslosen Beratergremium, an der Besatzungspolitik beteiligt, hatte aber keinerlei Einfluß auf die Entscheidungen selbst (Herz, 1967). In Südosteuropa sorgte die Sowjetunion dann ihrerseits für eine Einseitigkeit des Entscheidungsprozesses, die nun jedoch zu Lasten der Westmächte ging, deren Einfluß in der Alliierten Kontroll-Kommission für Rumänien,

* Die folgenden Abschnitte übernehmen Passagen aus einer früheren Studie des Verfs.; siehe Link, 1971.

Ungarn und Bulgarien minimal war. Die zugänglichen Dokumente (s. vor allem Fischer, 1968, und FR) belegen, daß der Sowjetunion die Kosten einer Kooperation mit den Westmächten in dieser Region zu hoch und zu einseitig zu sowjetrussischen Lasten gehend erschienen; denn sie nahm an, daß freie Wahlen eine Niederlage der Kommunisten zeitigen würden – was, wie die Ungarn-Wahlen im November 1945 bewiesen, durchaus zutreffend war; generell glaubte sie, daß liberal-demokratische Verhältnisse in den genannten Ländern die antirussischen und antikommunistischen Kreise an die Regierung bringen und somit die Sicherheit der Sowjetunion bedrohen würden. Diese Überlegungen galten noch in höherem Maße für die Polen-Politik, die nunmehr aus amerikanischer Sicht zum Testfall der Kooperation (Cordell Hull) wurde, nachdem die USA bereits der russischen Annexion von Ostpolen zugestimmt hatten. Die Sowjetunion nutzte den Formelkompromiß von Jalta, um – gestützt auf ihre Besatzungsmacht – einseitig ihrer eigenen Interpretation Geltung zu verschaffen.
Die Amerikaner reagierten ihrerseits – unter ausdrücklicher Bezugnahme auf die russische Praxis in Südosteuropa – mit der Ausschaltung der Sowjetunion bei der Besatzungspolitik in Japan (Blakeslee, 1951). In Deutschland führten bekanntlich die einseitige russische Übertragung der ostdeutschen Gebiete auf die polnische Verwaltung und die reparationspolitischen Auseinandersetzungen zu den ersten Schritten, die den gemeinsamen Entscheidungsprozeß in Frage stellten (vgl. unten Exkurs II).
In der Abfolge einseitiger Entscheidungen spielte Osteuropa deshalb eine besonders wichtige Rolle. weil die unilaterale Politik der Sowjetunion in dieser Region zeitlich zusammenfiel mit dem Zusammenbruch Deutschlands, wodurch die wechselseitige west-östliche Abhängigkeit auf militärischem Gebiet nachließ. Es entstand folgende Konstellation:
Die Sowjetunion war zur Sicherung ihres Einflußbereiches in Ost- und Mitteleuropa aufgrund der Präsenz der Roten Armee letztlich nicht auf die Zusammenarbeit mit den Westmächten angewiesen; aber die USA konnten dort ihre Interessen und ihre Politik (die als Open Door Policy verstanden wurde) nur auf der Basis der Kooperation mit den Russen verfolgen. In diesem Bereich verlief mithin die ungleichmäßige Abhängigkeit von der Kooperation zuungunsten der USA (vgl. Davis, 1974).
Dem stand – aus amerikanischer Sicht betrachtet – im ökonomisch-kreditpolitischen Sektor eine stärkere Abhängigkeit der Sowjetunion von der Zusammenarbeit mit den USA gegenüber. In der amerikanischen Außenpolitik hatten traditionellerweise die ökonomischen (insbesondere die anleihepolitischen) Mittel bei der Durchsetzung politischer Ziele eine erhebliche Rolle gespielt, und es lag 1945 nahe, gegenüber dem geschwächten Rußland die ökonomische Überlegenheit instrumental zu nutzen.
Bereits die Art und Weise der Einstellung der Lieferungen im Rahmen des Lend-Lease-Programms am 13. Mai und am 17. August war (obwohl diese Entscheidungen gesetzlich vorgeschrieben waren und anschließend korrigiert wurden) ein deutliches Zeichen für die Sowjetunion, daß nur für den Fall weiterer sowjetrussischer Kooperationsbereitschaft ökonomische Hilfe von den USA zu erwarten war (Herring, 1969).
Noch offenkundiger wurde die amerikanische Taktik im Zusammenhang

mit der russischen Bitte um einen Warenkredit von 6 Milliarden Dollar, die in einem aide-mémoire vom 3. Januar 1945 unterbreitet wurde. Molotow machte bei der Überreichung deutlich, daß die Entwicklung freundschaftlicher Beziehungen von der Gewährung eines solchen Kredites abhängen werde; und Botschafter Harriman befürwortete nachdrücklich kreditäre Hilfsmaßnahmen. Er fügte in seinem Telegrammbericht vom 6. 1. 1945 (FR, 1945, V, S. 946) aber hinzu (und wiederholte später telegraphisch und mündlich diese Auffassung):

»It is of course my very strong and earnest opinion that the question of the credit should be tied into our overall diplomatic relations with the Soviet Union and at the appropriate time the Russians should be given to understand that our willingness to cooperate wholeheartedly with them in their vast reconstruction problems will depend upon their behavior in international matters.«

Die amerikanischen Dokumente belegen im einzelnen, wie dieser Zusammenhang gesehen wurde (vgl. Paterson, 1969). Zur Diskussion standen die Wünsche der USA nach der Mitarbeit der Sowjetunion in den verschiedenen internationalen wirtschaftspolitischen Gremien, die liberale Handels- und Weltwirtschaftsbeziehungen verwirklichen sollten, sowie »the establishment of a proper role for the United States in the Allied Control Commissions in Rumania, Bulgaria, Hungary, and eventually Germany; establishing a proper role for the United States in general economic relations with and the reconstruction and development of Poland, Czechoslovakia, and the Balkan nations; and establishing a proper basis in Iran« (FR, 1945, V, S. 960).

Durch das Zurückhalten der von der Sowjetunion benötigten Kredite glaubten maßgebliche Kreise der amerikanischen Regierung den entscheidenden Hebel zur Erzwingung der Kooperation in diesen Bereichen, insbesondere in Osteuropa, zur Verfügung zu haben. Truman war bei seiner Amtsübernahme davon überzeugt, daß zugunsten der USA eine ungleichmäßige Abhängigkeit von einer amerikanisch-russischen Zusammenarbeit bestand (»the Soviet Union needed us more than we needed them«), und daher glaubte er, die USA könnten hinsichtlich ihrer Polen- und Balkan-Politik zwar nicht 100%, aber doch 85% ihrer wichtigsten Forderungen durchsetzen (FR, 1945, V, S. 232f.). Während insbesondere Secretary of the Treasury Morgenthau von Anfang an dafür plädierte, der russischen Kreditbitte zu entsprechen und durch diese Geste »die sowjetische Regierung unserer Entschlossenheit zur Zusammenarbeit zu versichern« (ebd., S. 963), setzte sich die von Harriman empfohlene Linie durch, den Russen zu verstehen zu geben, »how lack of cooperation with our legitimate demands will adversely affect their interests« (ebd., S. 822).

Der vermeintliche kreditpolitische Hebel hatte freilich eine schwache Stelle: Aus sowjetrussischer Sicht mußte nämlich die amerikanische Wirtschaft im eigenen Interesse danach trachten, angesichts der Ausweitung des Produktionsapparates eine aktive, d. h. durch Warenkredite finanzierte Exportpolitik zur Aufrechterhaltung der Vollbeschäftigung nach dem Kriege zu betreiben – ein Argument, das bei offiziellen Kontakten in den Jahren 1943/44 amerikanischerseits selbst vorgebracht worden war. Die Bedeutung dieses Faktors wurde von einigen Beratern des Präsidenten zwar heruntergespielt, in der wirtschaftspolitischen Abteilung des State Department aber unumwunden eingeräumt: »Purchase of 10 billions in capital goods during the transition period would provide a healthy stimulus to capital goods industries in the United States and would facilitate the maintenance of a high level of employment« (ebd., S. 973). Von einflußreichen Gruppen der amerikanischen Wirtschaft und Politik wurde generell die Ausweitung des Exports nach Übersee als systemnotwendig angesehen, aber ein eventueller Ausfall des sowjetischen Marktes schien durch andere Märkte ersetzbar zu sein (Eakins, 1969).

Eine amerikanische Anleihe war also als Druckmittel und Ausgleich für die ungleichmäßige Abhängigkeit von der Zusammenarbeit in Ost- und Südosteuropa wenig geeignet. Die Sowjetunion konnte mit einiger Berechtigung davon ausgehen, daß die Gewährung des erbetenen Warenkredits seitens der USA und die anschließende Erteilung von entsprechenden russischen Exportaufträgen an die amerikanische Industrie ein ausgewogenes Kooperationsverhältnis begründet hätten.

Die traditionelle Politik, mittels der Gewährung bzw. Verweigerung von Krediten eine internationale Kooperation im Sinne der USA zu erreichen, schlug fehl. Es erwies sich, daß das anleihepolitische Mittel zwar gegenüber gleichstrukturierten (i.e. kapitalistischen) Staaten wirkungsvoll war (vgl. England), nicht jedoch gegenüber kommunistischen Ländern (Richard N. Gardner, 1969; Lloyd Gardner, 1970).

Die Frage drängt sich auf, ob eine Zusammenarbeit auf dem atomaren Sektor (im Sinne der gemeinsamen Kontrolle der Atomenergie, was eine Teilhabe der Sowjetunion am atomaren Geheimnis der USA voraussetzte) die UdSSR dazu hätte veranlassen können, ihre unilaterale Interessensphärenpolitik in Osteuropa durch die Einbeziehung kooperativer Elemente zu mäßigen. Umgekehrt könnte die Frage aus sowjetischer Sicht lauten, ob sich die Beeinträchtigungen, die sich für die Sowjetunion aus einer Zusammenarbeit in Ost- und Südosteuropa wahrscheinlich ergeben hätten, durch den Gesamtvorteil einer russisch-amerikanischen Zusammenarbeit auf atomarem Sektor hätten kompensieren lassen.

Nach der erfolgreichen Erprobung der Atombombe glaubte die politische Führung der USA, endlich die entscheidende Trumpfkarte (»master card«) in der Hand zu haben. Nicht die Idee, der Sowjetunion mit dem Einsatz der Atombombe zu drohen, stand in dieser Phase amerikanischerseits zur Diskussion. Vielmehr wurde der Gedanke erwogen, die Sowjetunion nur dann am atomaren Geheimnis teilhaben zu lassen, wenn sie in anderen Bereichen zu einer Zusammenarbeit mit den USA bereit sein würde und ein gewichtiges kooperatives Äquivalent zu gewähren bereit wäre. Angesichts der Alternative, die sich sonst für die Sowjetunion stellte – nämlich einen schier hoffnungslos erscheinenden atomaren

Wettlauf mit den USA zu riskieren –, glaubten einige Mitglieder der amerikanischen Regierung, dieses Kooperationsangebot sei für Rußland attraktiv.

Ob die Sowjetunion tatsächlich zu Zugeständnissen bereit gewesen wäre, läßt sich nicht entscheiden, weil ein solches atomares Kooperationsangebot schließlich doch nicht gemacht wurde. Secretary of State Byrnes war – nach dem Zeugnis seines Kollegen Stimson – »very much against any attempt to cooperate with Russia« und führte bei den beiden Außenminister-Konferenzen in London und Moskau im September und Dezember 1945 die Verhandlungen mit der Bombe in der Tasche – »as a great weapon to get through the things he has«, ohne freilich die atomare Frage zum Gegenstand der Verhandlungen zu machen (Bernstein und Matusow, 1966; Bernstein, 1976). Gleichzeitig wurden in Washington Stimson, Acheson und Wallace überstimmt, die gegen eine Politik der Ausschließung der Sowjetunion (»policy of exclusion«) plädierten und sich für eine Kooperation bei gleichzeitiger Respektierung der beiderseitigen Interessen aussprachen (FR, 1945, II, S. 49). Als schließlich Byrnes auf der Moskauer Außenministerkonferenz im Spätherbst endlich eine Übereinkunft ernsthaft einzuleiten trachtete, waren die unilateralen Maßnahmen schon zu weit fortgeschritten. Der Baruch-Plan, mit dem die USA verbal die internationale Kontrolle der Atomenergie vorschlugen, während sie gleichzeitig die Bikini-Tests durchführten, war in Wirklichkeit kein echtes Teilhabeangebot (Hewlett und Anderson, 1962; Sherwin, 1975). Denn er erlaubte es der USA, ihr atomares Monopol auf unbestimmte Zeit beizubehalten und erst in der Endphase der schrittweisen Internationalisierung aufzugeben. Für die einzelnen Schritte war kein fester, verbindlicher Zeitplan vorgesehen. Alle Mitglieder der internationalen Behörde hatten jeweils darin übereinzustimmen, daß die betreffende Stufe erreicht war. Wie Lloyd Gardner (1970) treffend herausgearbeitet hat, erhielten die USA dadurch ein zusätzliches Maß an Sicherheit und die Veto-Macht hinsichtlich der Verwirklichung des Planes, während bei den Entscheidungen über Verfehlungen, Bestrafungen und Sanktionen das im Sicherheitsrat ansonsten geltende Vetorecht außer Kraft treten sollte. Der Baruch-Plan war also nicht das Angebot einer Kooperation, sondern – wie Senator Vandenberg (1952) feststellte – »the showdown with Moscow«. Das atomare Monopol der USA bzw. der angelsächsischen Mächte ließ das Gesamtkonzept einer kooperativen Friedensordnung und integrativer Konfliktregulierung anachronistisch werden. Da die atomare Parität kooperativ nicht erreichbar war, wurde dieses Ziel von der Sowjetunion im Alleingang angestrebt (vgl. Wolfers, 1946); und das bedeutete eine kritische Steigerung der Konkurrenz zwischen den Großmächten und zwischen den durch sie repräsentierten antagonistischen Ordnungssystemen.

Die Ungleichmäßigkeit in den bisher analysierten Bereichen wurde noch verstärkt durch die mangelnde Bereitschaft beider Seiten, als Folge einer eventuellen Zusammenarbeit intern eine etwa gleich große Annäherung und Angleichung zu akzeptieren. Ganz im Gegenteil intendierte jede Seite ausschließlich eine Änderung des anderen Systems in ihrem Sinne: die Sowjetunion wollte die Schwächung und den Sturz des Kapitalismus fördern, die USA wollten liberaldemokratischen Prinzipien in der Sowjetunion zum Durchbruch verhelfen.

So ging beispielsweise Secretary of War Stimson in seiner Denkschrift vom 19. Juli 1945 davon aus, daß auf die Dauer keine sicheren internationalen Beziehungen zwischen so fundamental verschiedenen Systemen hergestellt werden könnten, denn angesichts des Terror-Regimes in der Sowjetunion könne kein freier Gedankenaustausch zustande kommen und das Mißtrauen der Russen nicht überwunden werden. Er gab daher zu erwägen, ob nicht vor einer internationalen Kontrolle der Atomenergie und der Beteiligung der Russen auf einer inneren Änderung des sowjetischen Regimes bestanden werden müsse, und zwar derart, daß die in der Verfassung der UdSSR von 1936 verbrieften Freiheiten auch tatsächlich verwirklicht würden (FR, Conference of Berlin,1945, II, S. 1157).

Im September revidierte Stimson zwar seine Meinung insofern grundlegend, daß er nun glaubte (FR, 1945, II, S. 41), »that any demand by us for an internal change in Russia as a condition of sharing in the atomic weapon would be so resented that it would make the objective we have in view less probable«. Er fügte aber hinzu, eher könne umgekehrt von einer atomaren Zusammenarbeit und der dadurch geschaffenen Vertrauenssphäre eine allmähliche Liberalisierung in Rußland erwartet werden.

Die kooperative Konzeption, die eine gleichmäßige Entwicklung am konsequentesten (nämlich im Sinne einer gegenseitigen Annäherung) bejahte, vertrat Secretary of Commerce Wallace in seiner berühmten Rede vom 12. September 1946: »Under friendly peaceful competition the Russian world and the American world will gradually become more alike. The Russians will be forced to grant more and more of the personal freedoms; and we shall become more and more absorbed with problems of social-economic justice.«

Ähnlich befürwortete der Präsidentenberater Clark M. Clifford

(Memorandum vom September 1946, abgedr. in: Krock, 1970), in der Übergangszeit ein Vermittlungskonzept zwischen universeller multilateraler Zusammenarbeit und Interessensphärenpolitik, das vielleicht eine Realisierungschance gehabt hätte – nämlich eine beiderseitige Respektierung der politischen Interessensphären der Sowjetunion in Osteuropa und der USA in Lateinamerika und gleichzeitig enge wirtschaftliche Beziehungen auf der Basis der Politik der offenen Tür. Angesichts der engen Verknüpfung zwischen Politik und Wirtschaft hätte ein derartiges Konzept allerdings ein hohes Maß an politischem und diplomatischem Geschick und eine große Bereitschaft zu differenzierter Argumentation sowie eine kluge Koalitionspolitik *innerhalb* beider Länder vorausgesetzt.

Alle diese Voraussetzungen fehlten. In der Sowjetunion war die These von der Unversöhnlichkeit des Gegensatzes von Sozialismus und Kapitalismus (spätestens seit Stalins Wahlrede vom 9. Februar 1946) die verbindliche Maxime. In den USA war bereits im September 1945 der aus dem Amt scheidende Stimson in der Minderheit geblieben und ein Jahr später wurde Wallace aufgrund der zitierten Rede von Truman entlassen. Der Clifford-Bericht wurde von Truman als viel zu brisant angesehen und sofort unter Verschluß genommen. Die Truman-Administration hat dann mit dem Baruch-Plan eine Politik eingeschlagen, die – wenn sie von der Sowjetunion akzeptiert worden wäre – nach dem Urteil Oppenheimers das sowjetrussische System total verändert hätte. Auf der zentralen sicherheitspolitischen Ebene wurden mit der Entscheidung gegen eine atomare russisch-amerikanische Zusammenarbeit die Weichen für eine regressive Politik gestellt: die engen Beziehungen der Kriegskoalition wurden rückgebildet. Aber es war im Winter 1946/47 auch noch eine gewisse Zweigleisigkeit zu beobachten. Die Tatsache, daß die USA noch im Frühjahr 1947 bereit waren, die Friedensverträge mit Italien, Rumänien, Bulgarien, Ungarn und Finnland kooperativ mit der Sowjetunion auszuhandeln und dabei der Sowjetunion erhebliche territoriale und finanzielle Gewinne zukommen zu lassen, belegt, daß sie in wichtigen Problembereichen, die unmittelbar die Kampfgemeinschaft des Zweiten Weltkrieges betrafen, noch relativ lange am Element des kooperativen Konzepts festhielten.

Die Sowjetunion hatte – zunächst im Bündnis mit NS-Deutschland, dann in der Allianz mit den Westmächten – ihr Territorium durch Annexionen beträchtlich ausgeweitet; nämlich um insgesamt 1 143 230 km². Der Gebietsgewinn in Europa (= 476 900 km²) umfaßte folgende Länder bzw. Landesteile: Estland, Lettland,

Litauen, nord- und ostfinnische Gebiete, Memelland, Nordostpreußen, Ostpolen, Karpatenukraine, nord- und ostrumänische Gebiete. Die Friedensverträge legalisierten diese Annexionen (entgegen der Selbstverpflichtung zur Nicht-Annexionspolitik in der Atlantik-Charter).

Darüber hinaus hatte die UdSSR in Osteuropa eine Interessensphäre errichtet, die nicht nur bestimmenden Einfluß, sondern direkte Herrschaft und Sowjetisierung beinhaltete. Die amerikanische Regierung und Öffentlichkeit wertete diesen Vorgang als eine Verletzung der Vereinbarung von Jalta, obwohl intern eingeräumt wurde, daß diese Vereinbarungen keineswegs eindeutig waren, d. h. unterschiedliche Interpretation zuließen. Die Kooperation mit der Sowjetunion stieß jedoch – nach einhelliger Auffassung der amerikanischen Führungseliten – dort an ihre Grenzen, wo die Sowjetunion offen expansionistisch wurde und über denjenigen territorialen Bereich hinauszielte, den sie durch die Rote Armee bereits kontrollierte.

Der Übergang der USA zu einer eigenen Interessensphärenpolitik in Europa erfolgte parallel zu diesen expansiven Versuchen der Sowjetunion. Innerhalb der amerikanischen Administration hatten schon sehr früh (1945) Diplomaten wie George Kennan diese Politik gefordert, sich aber zunächst nicht durchsetzen können; erst 1947 war die Zeit für sein Containment-Konzept reif. 1945/46 war eine Phase des Übergangs. Noch in einer Denkschrift des State Department vom 1. April 1946 und in dem Clifford Bericht vom September 1946 wurde die (inzwischen von der sowjetischen Führung erneut propagierte) These von der unversöhnlichen Feindschaft zwischen sozialistischer und kapitalistischer Welt zurückgewiesen, das Kooperationskonzept prinzipiell bekräftigt, aber zugleich auch die Entschlossenheit zum Widerstand gegen sowjetische Expansionen formuliert:

»the U.S. together with other countries of the non-Soviet world believes that there is no objective reason, why the so-called capitalist system and Communist system cannot peacefully exist provided neither attempts to extend the area of its system by aggressive and ultimately forcible means at the expense of the other. However, in order to provide any basis for such peaceful coexistence of the two systems, the U.S. at the present time must demonstrate to the Soviet Government in the first instance by diplomatic means and in the last analysis by military force if necessary that the present course of its foreign policy can only lead to disaster for the Soviet Union.
With respect to the extension of Soviet territorial control the U.S. should use the best methods at its disposal to check the actual physical extension of Soviet power beyond its present limits. Diplomatic and other non-military

action represent the only means at the disposal of the U.S. to check this extension of Soviet power until such extension involves the seizure of regions in which the power of the Soviet armies can be countered defensively by the Naval, amphibious and air power of the U.S. and its potential allies. The Charter of the United Nations affords the best and most unassailable means through which the U.S. can implement its opposition to Soviet physical expansion. It not only offers the basis upon which the greatest degrees of popular support can be obtained in the U.S. but it also will insure the support and even assistance of other members of the United Nations. If, as may occur, the United Nations breaks down under the test of opposition to Soviet aggression it will have served the purpose of clarifying the issues before American and world public opinion and thus make easier whatever future steps may be required by the U.S. and other like minded nations in the face of a new threat of world aggression« (FR, 1946, I, S. 1169).

Die amerikanische Regierung wendete diese Strategie konsequent an und verweigerte der Sowjetunion die Ausweitung ihres Einflußbereiches sowohl in Persien als auch im Mittelmeer und in der Ägäis. Die z. T. recht komplexen Zusammenhänge sind durch neueste historische Forschungen hinlänglich aufgehellt und eingehend beschrieben worden (Hess, 1974; Knight, 1975): Die amerikanische Regierung gelangte nach und nach zu der Einschätzung, daß die Sowjetunion entschlossen sei, die von Großbritannien geschaffene Ordnung im Mittelmeerraum und im Mittleren bzw. Nahen Osten zu zerbrechen, »damit russische Macht und [russischer] Einfluß unbehindert über die Türkei und durch die Dardanellen ins Mittelmeer strömen kann, und durch Persien und durch den Persischen Golf in den Indischen Ozean (FR, 1946, VII, S. 2). In *Persien* erzwangen die USA unter Einschaltung des UN-Sicherheitsrates (!) den Rückzug der russischen Truppen aus der Nordprovinz Asserbeidschan mit der Folge, daß das dortige pro-sowjetische separatistische Regime von den Truppen der persischen Zentralregierung zerschlagen wurde und die der Sowjetunion ursprünglich zugesagten Ölkonzessionen schließlich doch nicht gewährt wurden (s. den folgenden Exkurs). Die Vereinigten Staaten verhinderten ferner, daß *Tripolitanien* der Sowjetunion zur treuhandschaftlichen Verwaltung übertragen wurde. Und sie schickten ihre Flotte demonstrativ (aber unter Vermeidung einer Eskalation) ins Mittelmeer, um die Sowjetunion davon abzuschrecken, gegenüber der *Türkei* territoriale Forderungen und das Zugeständnis zur Errichtung von Stützpunkten in den *Dardanellen* gewaltsam durchzusetzen. Diese Politik gipfelte schließlich in der Truman-Doktrin (12. März 1947), die nicht nur für *Griechenland* und die *Türkei*, sondern für alle freien Staaten den amerikanischen Beistand im Falle gewaltsamer sowjetischer bzw. kommunistischer Bedrohung versprach. Aus der Sicht der amerikanischen Führungseliten wiederholte sich in der genannten Region unter kommunistischen Vorzeichen, was bereits das zaristische Rußland versucht hatte. Und ebenso wie Karl Marx 1853 gegenüber der traditionellen Expansionspolitik des zaristischen Rußland eine Domino-Theorie entwickelt hatte (auf die sich bezeichnenderweise der ehemalige amerikanische Außenminister Byrnes [1947, S. 374f.] berief), begründete der stellvertretende Außenminister Acheson gegenüber den amerikanischen Kongreß-Abgeordneten die Truman-Doktrin wie folgt:

»The corruption of Greece would infect Iran and all to the east. It would also carry infection to Africa through Asia Minor and Egypt, and to Europe through Italy and France, already threatened by the strongest domestic communist parties in Western Europe. The Soviet Union was playing one of the greatest gambles in history at minimal cost. It did not need to win all the possibilities. Even one or two offered immense gains. We and we alone were in a position to break up the play. These were the stakes that British withdrawal from the eastern Mediterranean offered to an eager and ruthless opponent« (Acheson, 1970, S. 293).

Die USA übernahm die imperialen Zügel, die den Händen der Briten entglitten waren (Jones, 1955). Die Versuche der UdSSR, ihren Einflußbereich auszudehnen, veranlaßte die amerikanische Regierung, diejenigen Aufgaben zu übernehmen, die Großbritannien schon seit Kriegsende als dringlich propagiert hatte, nämlich ein Gegengewicht zu der Sowjetunion in Europa, im Mittleren und Nahen Osten zu schaffen. Im Sommer 1947 kam die amerikanische Regierung in ihren internen Beratungen zu dem Ergebnis, »that we have to accept the fact that the original concept of one world, on which the United Nations was based, is no longer valid and that we are in political fact facing a division in two worlds« (Forrestals Tagebucheintragung, 31. 8. 1947, in: Millis, Hrsg., 1951, S. 307). Es war die Hinwendung »vom universalistischen Traum zur Realität der Einflußsphären« (R. Aron). Und das hieß, daß statt einer integrativen Konfliktlösung die Prinzipien der Distanzierung, Beziehungsminderung und Regression für die Gestaltung der intersystemaren Beziehungen bestimmend wurden.
Bei dem anderen weltpolitischen Hauptakteur, bei der Sowjetunion, war (wie oben gezeigt wurde) von Anfang an dieses Konfliktverhalten dominant gewesen und hatte schließlich in der Zwei-Lager-Doktrin ihren verbindlichen Ausdruck gefunden. Sie lautete (in der von A. A. Shdanow vorgenommenen gültigen Formulierung):

»Die als Folge des Krieges eingetretenen grundlegenden Änderungen in der internationalen Lage und in der Lage der einzelnen Länder haben die gesamte politische Weltkarte umgestaltet. Es entstand eine neue Gruppierung politischer Kräfte. Je größer die Periode ist, die uns vom Kriegsende trennt, desto krasser treten zwei Hauptrichtungen in der internationalen Nachkriegspolitik hervor, die der Teilung der in der Weltarena aktiven politischen Kräfte in zwei Hauptlager entspricht: das imperialistische und antidemokratische Lager einerseits und das anti-imperialistische und demokratische Lager andererseits« (Tägliche Rundschau, 24. 10. 1947, vgl. Weingartner, 1973, S. 69 ff.).

Die Doktrin diente zugleich dazu, die Ziele traditioneller russischer Machtpolitik mit der weltrevolutionären Zielsetzung der sowjetischen Führung zu verbinden. Mit der Gründung des Kominform im September 1947 trat die zweite Komponente schließlich auch wieder organisatorisch in Erscheinung. Die Kominform institutionalisierte die transnationale Zusammenarbeit der kommunistischen Parteien Frankreichs und Italiens mit den kommunistischen Regierungsparteien im Ostblock unter Führung der KPdSU. Die westeuropäischen Parteien wurden damit auch offiziell der Intention nach zu Vorposten und Stützpunkten der Sowjetunion im »Lager« des weltpolitischen Gegners funktionalisiert. Die Grundlage des »antiimperialistischen und demokratischen Lagers« bildeten nach Shdanow »die UdSSR und die Länder der neuen Demokratie«: »Das antiimperialistische Lager stützt sich auf die Arbeiterbewegung und auf die demokratische Bewegung in allen Ländern, auf die brüderlichen kommunistischen Parteien in allen Ländern, auf die Kämpfer der nationalen Befreiungsbewegungen in den Kolonial- und in den abhängigen Ländern, sowie auf die Hilfe aller fortschrittlichen demokratischen Kräfte, die in jedem Lande vorhanden sind.«

An die Stelle des Konzepts symmetrischer Kooperation trat mithin das Konzept symmetrischer Interessensphärenpolitik, regressiver Abgrenzung und gleichzeitiger Einwirkung in die gegnerische Interessensphäre mit Hilfe der Kominform.

Dieses allgemeine Beziehungsmuster setzte sich in allen Bereichen durch. Es erwies sich, daß beide Seiten (nicht zuletzt aus Gründen der psychologischen Agitation) keine Differenzierung ihrer Beziehungen glaubten hinnehmen zu können.

Am deutlichsten läßt sich der Zusammenhang von Rückbildung der Beziehungen (Regression) zu den westlichen Staaten und Intensivierung der blockinternen Beziehungen (Integration) im handelspolitischen Bereich veranschaulichen:

Schon seit 1945 gingen die Ausfuhren der USA in die Sowjetunion erheblich zurück, während die russischen Exporte in die USA bis 1946 noch zunahmen; ab 1947 bzw. 1948 verringerten sich die Handelsbeziehungen der USA mit den osteuropäischen Staaten und der UdSSR enorm; sie stiegen erst 1954 wieder an:

Handelsbeziehungen der USA mit Osteuropa und der UdSSR
(in Millionen US-Dollar)

	1947	1948	1949	1950	1951	1952	1953	1954	1955
Exporte der USA	335,3	122,7	61,7	26,4	2,7	0,5	0,6	5,9	7,2
Importe der USA	108,2	113,0	67,5	80,5	63,8	32,3	29,9	42,4	55,5

Quelle: US Department of Commerce, Washington, D.C.; zitiert nach Spulber, 1957, S. 463.

Der Ost-West-Handel insgesamt erreichte 1953 seinen Tiefpunkt mit 1,3% des Welthandels (Wilczynski, 1969, S. 52).
Der blockinterne Handel zwischen den osteuropäischen Staaten und zwischen ihnen und der UdSSR war hingegen 1948 schon erheblich umfangreicher als vor dem Krieg und betrug 1952 zwischen 67% und 89% des Gesamthandels der betreffenden Staaten (Spulber, 1957, S. 410). Der innerwestliche Handel stieg zwischen 1948 und 1967 von 61,1% auf 75,7% (Wilczynski, 1969, S. 46).
Gegenseitige Embargo-Politik war der Hauptfaktor der regressiven Entwicklung (Spulber, 1957; Wilczynski, 1969):
Die ersten Exportkontrollen verfügten die USA bereits 1948. Die UdSSR folgte auf strategischem Gebiet mit Restriktionen; z.B. wurden die Lieferungen der für die amerikanische Industrie lebenswichtigen Manganerze zunächst reduziert und dann ganz eingestellt, so daß die USA auf Indien als Lieferant ausweichen mußten (Venkataramani, 1958).
1949 gingen die USA und ihre Verbündeten zu einer systematischen Embargo-Politik über; sie bildeten ein Coordinating Committee for East-West Trade (Cocom), das die Ausfuhr von strategisch wichtigen Gütern in die Sowjetunion und in die mit ihr verbündeten Länder – mit mehr oder weniger großem Erfolg – verhinderte (vgl. Adler-Karlsson, 1971). Die erste Embargo-Liste wurde im November 1949 aufgestellt. Sie wurde während des Korea-Krieges so immens ausgeweitet, daß sie ungefähr die Hälfte aller international gehandelten Produkte umfaßte. 1951/52 wurden ferner die Handelsverträge der USA mit den Ostblockstaaten gekündigt (Galtung, 1966). Ab 1954 wurde die Embargo-Liste schrittweise reduziert (Wilczynski, 1969, S. 272ff.).

Während die Regression der Beziehungen im handelspolitischen Bereich vornehmlich von den USA initiiert worden war, kamen umgekehrt im kulturellen Bereich die Widerstände gegen den Wissenschaftler- und Studentenaustausch von sowjetrussischer Seite. In den Jahren 1950–1953 folgten dann in Ost und West die Schließungen kultureller Institutionen und Informationsbüros.

Das, was als Kalter Krieg bezeichnet wird, war also nicht der Versuch, durch eine kämpferisch-kriegerische Lösung des Konflikts (bzw. der kritischen Spannung) eine Neuorganisation der internationalen Beziehungen zu erreichen, sondern durch eine weitgehende Regression die kriegerische Sprengung des internationalen Systems, also den Heißen Krieg, zu vermeiden. Aber ein Moment kämpferischer Konfliktaustragung war gleichwohl in diesem Beziehungsmuster enthalten, wie schon der Begriff »Kalter *Krieg*« unmißverständlich anzeigt. Dementsprechend waren auch in dem Schlüsseldokument der amerikanischen Außenpolitik des Kalten Krieges, NSC-68 (1950), beide Elemente kombiniert: Kriegsverhinderung und Einsatz nicht-kriegerischer Mittel (»means short of war«) sowie die Einsicht in den kriegerischen bzw. kämpferischen Charakter der Beziehungen (»that the cold war is in fact a real war in which the survival of the free world is at stake«) (zitiert nach Etzold und Gaddis, 1978, S. 442).

Im Innern und innerhalb der Interessensphären bedeutete Regression eine Politik der Absicherung der jeweiligen Herrschaftsordnung durch die entsprechende Wirtschaftsordnung, wobei freilich die USA gemäß ihrer liberalen politischen Wertordnung eine größere Spannbreite bis hin zum demokratischen Sozialismus in Großbritannien als legitim akzeptierten, während die Sowjetunion auf der gewaltsamen Übertragung ihres Sozialismustyps bestand. Mit dieser Differenzierung galt die generelle Maxime »cuius regio, eius oeconomia« (Rölling, 1970, S. 178). Hinsichtlich der innenpolitischen Grundordnung fand die Blockintegration 1947/48 ihren Ausdruck einerseits in der Einführung der »volksdemokratischen« Regime in Osteuropa und andererseits in dem Ausschluß der kommunistischen Parteien aus den Regierungskoalitionen in Westeuropa (Wallensteen, 1973).

Zur Rechtfertigung der Abgrenzung nach außen, zur Kraftsteigerung und Integration nach innen und zur Förderung des Kampfwillens wurde es beiderseits als notwendig erachtet, die ideologischen Gegensätze in übersteigerter Form zu betonen. Die enorme ideologische Mobilisierung (vgl. Freeland, 1972) war deshalb möglich, weil der Kalte Krieg zwar unmittelbar aus der machtpolitischen Großmächtekonkurrenz resultierte, aber sich nicht darin erschöpfte. Der ideologische Konflikt war nicht nur ein auf den machtpolitischen Konflikt »aufgesetzter Konflikt«, sondern die zentrale machtpolitische Konkurrenz zwischen den beiden Supermächten war zugleich tatsächlich (und nicht nur propagandistisch) eine ideologisch-ordnungspolitische Konkurrenz, deren Bedeutung man bei dem Entwurf der neuen Weltordnung 1944/45 unterschätzt hatte.

6.1. Exkurs: Der Persien-Konflikt

In der beschriebenen Entwicklung kommt dem Persien-Konflikt eine besondere Bedeutung zu, die eine exkursartige Betrachtung nahelegt. Denn es handelte sich um ein territoriales Streitproblem, bei dem zum ersten Male der Sicherheitsrat (also jenes Organ, das in dem kooperativen Weltordnungskonzept eine zentrale Funktion erfüllen sollte) zum Ort der Konfrontation wurde.
Der Iran war im August 1941 in einer ersten gemeinsamen Aktion von russischen und britischen Truppen und etwas später auch von amerikanischen Truppen besetzt worden, um den Materialnachschub nach Rußland auf dem Landweg zu sichern. In einem Vertrag mit dem Iran (29. Januar 1942) wurde vereinbart (und auf der Krim-Konferenz wurde diese Vereinbarung bestätigt), daß die ausländischen militärischen Verbände sechs Monate nach Kriegsende zurückzuziehen seien und die territoriale Integrität voll gewahrt werden würde. Zwar wurde durch den Vertrag formell kein Besatzungsregime errichtet, aber sowohl die Sowjetunion als auch die USA nutzten die Präsenz ihrer Truppen zur Etablierung ihres Einflusses in den Nordprovinzen bzw. in der Zentralregion, einschließlich des Versuchs, sich Ölkonzessionen zu sichern. Nach Kriegsende weigerte sich die Sowjetunion (und zunächst auch Großbritannien), den Truppenrückzug unverzüglich vorzunehmen; die Sowjetunion beharrte auf einer extensiven Auslegung der Sechs-Monate-Frist und strebte sogar eine Verlängerung ihrer militärischen Präsenz an. In der verbleibenden Zwischenzeit förderte sie die Autonomiebestrebungen in Aserbaidschan, die von reformistisch-liberalen und kommunistischen Kräften getragen wurden und sich gegen die konservative Zentralregierung richteten. Im Dezember wurden mit sowjetrussischer Unterstützung die Autonome Republik Aserbaidschan und die Kurdische Volksrepublik gegründet. Das sowjetische Ziel war, auf diese Weise eine feste Einflußbasis zu gewinnen und als Gegenleistung für den teilweisen oder völligen Truppenrückzug Ölkonzessionen auf der Basis einer Beteiligung von 51% in den nördlichen Provinzen, interne Luft-

transportrechte und eine privilegierte Position im Hafen von Pahlevi (Kaspisches Meer) zu erhalten, sowie zusätzlich – unter Bezug auf den russisch-persischen Vertrag von 1921 – ein militärisches Interventionsrecht bei innerpersischen Unruhen eingeräumt zu bekommen.
Die USA machten aus diesem Streitfall einen Test auf die Bereitschaft der Sowjetunion, den UN-Sicherheitsrat auch gegen ihre eigenen Interessen als Instrument zur Durchsetzung der territorialen Integrität Persiens einsetzen zu lassen. Sie lehnten daher die Zwischenschaltung einer Dreimächtekommission, wie sie von Großbritannien vorgeschlagen worden war, ab und ermutigten die persische Regierung, den Sicherheitsrat gegen den Widerstand der Sowjetunion anzurufen. Die Tatsache, daß die Sowjetunion ihre Truppen am Stichtag des 2. März noch nicht zurückgezogen hatte, drei Tage später sogar neue Truppen heranführte und in Richtung Teheran in Marsch setzte, führte zu einer krisenhaften Zuspitzung, die die amerikanische Regierung dazu bewog, noch hartnäckiger auf der Einschaltung des Sicherheitsrates zu bestehen – obwohl Ende März 1946 bilaterale persisch-russische Verhandlungen geführt wurden, die am 5. April zu einem kompromißhaften Abschluß gelangten. Die USA hielten das Persien-Problem auch dann noch auf der Tagesordnung des Sicherheitsrates, als die persische Regierung ihrerseits die Klage zurückzog (15. April) und die sowjetischen Truppen im Mai 1946 das persische Territorium verlassen hatten.
Der Rückzug der sowjetischen Truppen wurde als ein Sieg der Vereinten Nationen gewertet. Denn die sowjetischen Ölinteressen waren noch keineswegs gesichert, da die betreffende vertragliche Vereinbarung erst nach der parlamentarischen Ratifikation in Kraft treten konnte. Die UdSSR führte die Anweisungen des Sicherheitsrates aus (vgl. Hiscocks, 1973, S. 116ff.). Zweifellos war sie rechtlich zum Rückzug ihrer Truppen (auch ohne Ölkonzessionen erhalten zu haben) verpflichtet. Aber es hatte sich gezeigt, daß der Sicherheitsrat einseitig zur Demonstration der amerikanischen Macht eingesetzt werden konnte, solange ein formelles Veto ihn nicht lahmlegte. Im Verlauf des Persien-Konflikts waren die USA zu einer Eindämmungspolitik übergegangen, die schließlich – unter Nutzung der UNO – in eine eigene Interessensphärenpolitik mündete: Im Dezember bestärkten sie die persische Zentralregierung in ihrem Willen, ihre Truppen nach Aserbaidschan zu entsenden und die prosowjetische Provinzregierung zu zerschlagen (Dezember 1946); und schließlich ermutigten sie das persische Parlament im Juli 1947, die Ratifikation des sowjetisch-iranischen Ölabkom-

mens, das gegen den Rückzug der sowjetischen Truppen ausgehandelt worden war, zu verweigern. Statt dessen wurden die Ölkonzessionen an britische und amerikanische Konzerne vergeben (vgl. Geyer, 1955). Dieser lokale Konflikt wurde also 1946/47 einseitig zugunsten des Westen gelöst. Aber die Sowjetunion konnte weiterhin die Möglichkeit nutzen, mittels der kommunistischen Tudeh-Bewegung oder durch eine Politik des Ausgleichs auf die iranische Politik einzuwirken. Persien blieb im Spannungsfeld zwischen Ost und West.

6.2. Exkurs: Der Deutschland-Konflikt

Die Entwicklung in Deutschland ist deshalb bemerkenswert, weil dort die integrative Politik der Großmächte am intensivsten angestrebt, ja sogar institutionalisiert worden war.
Bekanntlich war auf der Potsdamer Konferenz (17. 7. bis 2. 8. 1945) ein Alliierter Kontrollrat als gemeinsames regierungsartiges Organ gebildet worden. Die »Grundsätze einer koordinierten Politik der Alliierten« sahen vor, daß »die höchste Regierungsgewalt in Deutschland« von den Oberbefehlshabern der Streitkräfte der vier Siegermächte »nach den Weisungen ihrer entsprechenden Regierungen ausgeübt« wurde, »und zwar von jedem in seiner Besatzungszone sowie gemeinsam in ihrer Eigenschaft als Mitglieder des Kontrollrates in Fragen, die Deutschland als Ganzes betreffen«. Die Großmächte einigten sich speziell auf die Maxime: »Soweit das praktisch durchführbar ist, muß die Behandlung der deutschen Bevölkerung in ganz Deutschland gleich sein.« Die Verwaltung in Deutschland müsse zwar »in Richtung auf eine Dezentralisierung der politischen Struktur« durchgeführt werden; es sollte »bis auf weiteres keine zentrale deutsche Regierung« geschaffen werden. »Jedoch werden einige wichtige zentrale deutsche Verwaltungsabteilungen gebildet werden, an deren Spitze Staatssekretäre stehen«, die »unter der Leitung des Kontrollrats tätig« werden. Dementsprechend lautete die vereinbarte Maxime für den ökonomischen Bereich: »Während der Besatzungszeit ist Deutschland als eine wirtschaftliche Einheit zu betrachten.« Zu diesem Zweck sollten »gemeinsame Richtlinien« aufgestellt werden. Die alliierte Kontrolle über die deutsche Wirtschaft sollte die Erfüllung des Programms der industriellen Abrüstung und der Entmilitarisierung, der Reparationen und des Außenhandels sicherstellen, aber zugleich auch »zur Gewährleistung einer gleichmäßigen Verteilung der wesentlichsten Waren unter den verschiedenen Zonen« dienen, »um eine ausgeglichene Wirtschaft in ganz Deutschland zu schaffen

und den Importbedarf einzuschränken«. Die Reparationsforderungen der UdSSR sollten primär aus ihrer Besatzungszone, diejenigen der Westmächte aus den westlichen Besatzungszonen befriedigt werden; ergänzend sollte die UdSSR 10% der in den westlichen Zonen für die Demontage vorgesehenen Industrieanlagen ohne Bezahlung oder Gegenleistung und 15% *im Austausch* gegen den gleichen Wert an Nahrungsmitteln, Kohle, Kali, Zink, Holz, Keramikerzeugnissen, Erdölprodukten und anderen Waren erhalten. Generell wurde vereinbart, daß die »Einnahmen aus dem Export von Erzeugnissen der laufenden Produktion und der Warenbestände« »in erster Linie« der Bezahlung derjenigen Importe dienen sollten, die »zur Erhaltung eines durchschnittlichen Lebensstandards in Deutschland« notwendig seien.

Entgegen den Teilungsplänen, die in Jalta von *allen* Großmächten nachdrücklich vertreten worden waren, und trotz der unilateralen Vorentscheidung der Sowjetunion, das deutsche Territorium östlich der Oder-Neisse-Linie (soweit es nicht an die Sowjetunion abgetreten wurde) der polnischen Verwaltung zu übertragen, hatte sich mithin der Gedanke der Einheit Deutschlands in Potsdam durchgesetzt. Einheit und Einheitlichkeit sollten durch die institutionalisierte Kooperation der vier Siegermächte umfassend und detailliert realisiert werden. Auch der Reparationskompromiß mit seiner Austauschklausel lag durchaus noch im Rahmen dieser kooperativen Politik, die allerdings durch die Ausarbeitung gemeinsamer Programme auf allen relevanten Gebieten erst noch inhaltlich konkretisiert werden mußte.

Eine solche Zielsetzung war ungemein anspruchsvoll und setzte ein Maß an Gemeinsamkeit voraus, das selbst dann kaum zu erwarten gewesen wäre, wenn man die systemischen Antagonismen außer acht gelassen hätte. So war auch in einer der wichtigsten Fragen, nämlich hinsichtlich der Errichtung der zentralen Verwaltungsabteilungen, nicht ein amerikanisch-sowjetischer Gegensatz, sondern die Obstruktionspolitik Frankreichs für das Scheitern aller diesbezüglichen Bemühungen verantwortlich. Während Frankreich die Abtrennung der Saar, des Rheinlandes und des Ruhrgebiets verlangte und deshalb deren Einbeziehung in eine deutsche Zentralverwaltung blockierte, erhoffte sich die UdSSR gerade durch die Zentralverwaltung eine Ausdehnung ihres Einflusses auf die Westzonen, vor allem auf das Ruhrgebiet, dessen wirtschaftlicher Nutzen schon alleine (d. h. ganz abgesehen von dem erwarteten politischen Einflußeffekt) hoch eingeschätzt wurde. Daraus erklärt sich, daß sich die Sowjetunion im Kontrollrat – trotz harter Verhandlungsführung – lange Zeit kompromißbereit zeigte und auch die

amerikanische Militärregierung noch im Jahre 1946 an die Möglichkeit glaubte, nach der Brechung des französischen Widerstandes eine gemeinsame Politik finden zu können (vgl. Gimbel, 1976). Allerdings mehrten sich im selben Jahr die Anzeichen dafür, daß die Sowjetunion – parallel zu ihrer unilateralen Interessensphärenpolitik in Osteuropa – auch in ihrer deutschen Besatzungszone das kooperative Konzept aufgab (Zwangsvereinigung der SPD mit der KPD und allgemeine Gleichschaltung des politischen Lebens, Entnahme von Reparationen aus der laufenden Produktion, Gründung des Trusts SAG, Nichterfüllung der Lebensmittel- und Rohstofflieferungen). Sie verstieß dadurch eindeutig gegen die obengenannten Maximen des Potsdamer Abkommens. Sie versuchte offenkundig, die notwendigen Vorbereitungen zu treffen, um von einer festen Position in ihrer Zone gesamtdeutsch wirken zu können bzw. bei einem Scheitern der kooperativen Einflußnahme auf die Westzonen ihre Zone wirtschaftlich (durch die Orientierung der ostdeutschen Produktion an den russischen Bedürfnissen) und politisch (durch eine »volksdemokratische« Konstruktion) in ihre Interessensphäre einzufügen. Sie mutete dabei den USA sogar zu, letztlich die deutschen Reparationen aus amerikanischen Steuermitteln zu bezahlen, nämlich durch amerikanische Lebensmittellieferungen und Kredite die Voraussetzungen dafür zu schaffen, daß die Sowjetunion die laufende deutsche Produktion (entgegen der Potsdamer Vereinbarung) primär als Reparationslieferungen vereinnahmen und damit die SBZ ökonomisch fest an die Sowjetunion binden konnte.
Das amerikanische Außenministerium warnte zwar schon im Dezember 1945 in einer offiziellen Stellungnahme vor den Konsequenzen dieser Politik:

»In planning the peacetime German economy, the interests of the United States are confined to the industrial disarmament of Germany and to the provision of a balanced economic position at the standard of living indicated. The United States does not seek to eliminate or weaken German industries of a peaceful character, in which Germany has produced effectively for world markets, for the purpose of protecting American markets from German goods, aiding American exports, or for any other selfish advantage. Similarly the United States is opposed to the attempt of any other country to use the industrial-disarmament plan of the Berlin Declaration to its own commercial ends at the expense of a peacetime German economy. It is our desire to see Germany's economy geared to a world system and not an autarchical system« (Policy Statement vom 12. 12. 1945, zit. bei Ratchford und Ross, 1947, S. 217).

Aber selbst noch nach der Entscheidung für die Bildung der Bizone (die primär ökonomisch motiviert war, nämlich die amerikanische Zone lebensfähig machen und den amerikanischen Steuerzahler entlasten, sogleich aber auch für den Fall des endgültigen Scheiterns einer Kooperation die Alternative einer Stabilisierung der eigenen Einflußzone vorbereiten sollte) hielt die amerikanische Regierung an dem kooperativen Konzept fest. Das amerikanische Angebot, einen Viermächtegarantievertrag zur Entwaffnung Deutschlands für 25 bzw. 40 Jahre abzuschließen, sollte sowohl der Sowjetunion als auch Frankreich den Weg ebnen, durch eine verstärkte sicherheitspolitische Kooperation auch zu einer gesamtpolitischen Kooperation in Deutschland zu gelangen. Die Ablehnung dieses Vorschlages durch die Sowjetunion im Sommer 1946 (entgegen früherer positiver Bekundungen) fiel zeitlich zusammen mit den Bestrebungen der UdSSR, ihre bestehende Einfluß- und Interessensphäre im Mittelmeerraum und im Mittleren Osten auszudehnen. Die Ablehnung war ferner verbunden mit dem sowjetischen Versuch, unilateral die gesamtdeutsche Karte zu spielen (Molotow-Rede vom 10. Juli 1946). Sie wurde daher als weiterer negativer Test für die sowjetische Kooperationsbereitschaft gewertet. Die sowjetische Deutschland-Politik war aus amerikanischer Sicht ein zusätzliches Indiz für die Entschlossenheit der UdSSR, allseitig expansive Interessenpolitik zu betreiben.

Das kooperative Friedenssicherungskonzept scheiterte aufgrund des Unilateralismus beider Großmächte im strategisch-militärischen Bereich und infolge der unilateralen sowjetischen Expansionsbestrebungen in Persien und im Mittelmeer. Dieses Scheitern wirkte sich dann konsequenterweise, und zwar mit größter Intensität, in der Deutschland-Politik aus. Hohe amerikanische Beamte haben die »tragische Unausweichlichkeit« (Kindleberger) dieser Entwicklung deutlich empfunden. Angesichts der gravierenden grundsätzlichen Interessendifferenzen hinsichtlich der internen Ordnung in Deutschland und der Einordnung eines neuen Deutschlands in die Staatenwelt, drängte sich die Schlußfolgerung auf, daß die Verminderung des Beziehungsgrades (Regression) eher einer Konfliktregulierung zuträglich sei als gemeinsame politische Unternehmungen. Denn gerade dadurch, daß die amerikanische Militärregierung ihre Mitverantwortung für *ganz* Deutschland ernst nahm und für die Durchführung der in Potsdam gemeinsam vereinbarten »Grundsätze einer koordinierten Politik« im Kontrollrat eintrat, machten sich die entgegengesetzten Tendenzen überscharf bemerkbar (vgl. Yergin, 1977, S. 230). Die große Diskrepanz zwischen einem geringen Grade von Interessenübereinstimmung und dem hohen Kooperationsgrad, der durch die Orga-

nisation und Aufgabenstellung der gemeinsamen Verwaltung Deutschlands geschaffen worden war, machte eine organisatorische Änderung im Sinne des Auseinanderrückens und der Verminderung der Beziehungen zwischen der Sowjetunion und den westlichen Staaten notwendig, aber zugleich auch äußerst schwierig. Der von Ben Cohen vorgenommene Vergleich mit einer Ehescheidung erhellt diesen Sachverhalt: Das Disengagement zwischen zwei Menschen kann sich in der Regel undramatischer oder gar verständnisvoller vollziehen als die juristische Lösung einer institutionalisierten Ehegemeinschaft. Die im Kontrollrat geschaffene Liaison der Siegermächte führte zunehmend zu »Kooperationskonflikten«; sie schien nicht mehr zu retten zu sein, aber auch eine einvernehmliche Scheidung war nicht erreichbar.
Das eigentlich erschwerende Moment wird durch diese Analogie freilich nicht erfaßt. Die regressive Politik der Eingliederung der SBZ in den sowjetischen Herrschaftsbereich und der Bi- bzw. Trizone in die westliche Interessensphäre bedeutete nicht die Abgrenzung entlang nationaler Territorialgrenzen, sondern die Teilung der deutschen Nation und ihrer Hauptstadt sowie die staatliche Verfestigung dieser Teilung mit der Gründung der Bundesrepublik Deutschland und der Deutschen Demokratischen Republik. Dadurch entstand in Deutschland ein »Doppelkonflikt« (Richard Lowenthal), der den Kalten Krieg in Europa ebenso prägte wie die Teilung Koreas und Vietnams in Asien:
»Zum einen war die Bundesrepublik gemeinsam mit den Westmächten Partei in einem allgemeinen Systemkonflikt, in dem der Westen eine Ausweitung des sowjetisch-kommunistischen Herrschaftsbereichs nach Zentral- und Westeuropa zu verhindern, bzw. die Aufrechterhaltung oder Wiederbegründung eines liberal-demokratischen und kapitalistischen Systems zu sichern suchte; zum anderen befand sich die Bundesrepublik mit ihrem Wiedervereinigungsanliegen und mit der Nichtanerkennung der DDR und der deutschen Ostgrenze mit dem Osten in einem Sonderkonflikt« (Knapp, 1975, S. 29).
Mit anderen Worten: Die widerstreitenden Tendenzen zwischen der Sowjetunion und den USA konkretisierten sich in dem europäischen Beziehungszusammenhang und zusätzlich in Deutschland in dem nationalen Beziehungsrahmen; und für beide Konflikte wurde in der Phase des Kalten Krieges die Methode der Abgrenzung, d. h. eine regressive Konfliktregulierung, gewählt (vgl. End, 1973).
In Berlin konnte die regressive Politik aufgrund der geographischen Lage der Stadt nicht konsequent durchgeführt werden, es sei

denn, der Westen hätte eine Expansion des sowjetischen Machtbereiches akzeptiert. Der Versuch der Sowjetunion, unilateral und gewaltsam durch die Blockade der Stadt die geographischen Konfliktgrenzen zu bereinigen, wurde 1948/49 sowohl von der Westberliner Bevölkerung als auch von den Westmächten (Luftbrücke) abgewehrt. Damit wurde Berlin zu demjenigen Ort, wo der international-nationale Doppelkonflikt am sichtbarsten zu einer Einheit verschmolz und wo zugleich trotz der Dominanz der regressiven Konfliktregulierung Rudimente einer integrativen Viermächtekontrolle (am sichtbarsten in der alliierten Luftüberwachung) erhalten blieben. Auch in diesem Sinne war Berlin eine »Insel« im Beziehungssystem des Kalten Krieges. Es entsprach dieser Sachlogik, daß schließlich mit dem Viermächte-Abkommen über Berlin vom 3. 9. 1971 an diesem Streitfall auch die Verzahnung zwischen der Supermächte-Détente und der Entspannung in Europa vorgenommen wurde (s. unten).

7. Strukturen und Prozeßmuster des Kalten Krieges und der Entspannung

Das Grundmuster des Kalten Krieges wird umgangssprachlich als »Blockbildung« oder »Polarisierung« bezeichnet. Darin kommt treffend zum Ausdruck, daß mit der Rückbildung der Ost-West-Beziehungen (= Regression) eine Erhöhung des Beziehungsgrades zwischen den Verbündeten (= Integration) einherging, wobei die jeweilige Führungsmacht der Orientierungspol war und einen bestimmenden Einfluß (Hegemonie) oder gar Herrschaft ausübte (zu dieser Unterscheidung siehe Triepel, 1943). In der westlichen und östlichen Interessensphäre bildeten sich allianzmäßig organisierte Blöcke, die einen relativ hohen Grad der Zusammenarbeit und eine Beziehungsdichte zwischen den jeweiligen Blockmitgliedern anstrebten. D.h. einerseits Blockbildung und Regression in den Beziehungen zwischen den Blöcken und andererseits Integration in den Blöcken unter Führung der USA und der UdSSR waren aufeinander bezogene Struktur- und Prozeßmerkmale des Kalten Krieges. In der Phase der Entspannung (Détente) wurden hingegen die intersystemaren Beziehungen wieder verstärkt; d.h. Verbindungen, Austausch und sogar vertragliche Abmachungen *zwischen* den Blöcken wurden angestrebt, um das Konfrontations- und Kriegsrisiko zu verringern.

Um diese Strukturen und Prozeßmuster näher zu bestimmen, müssen sowohl die (im Laufe der Zeit sich ändernden) Machtpotentiale der strukturprägenden Hauptmächte, d.h. die *Polarität*, als auch ihre Anziehungskraft auf die mittleren und kleineren Staaten, d. h. die *Polarisierung*, bestimmt werden.

7.1. Die Strukturmuster der Polarität

Wie in Kapitel I ausgeführt wurde, wird die »Polarität« des Staatensystems durch die Zahl der Hauptmächte bestimmt, die sich aufgrund der Verteilung der Machtpotentiale ergibt. Die Ermittlung der Machtpotentiale der einzelnen Staaten und der Machtverteilung im Staatensystem ist freilich ungemein schwierig. Macht basiert auf materiellen und ideellen Ressourcen und auf der Fähigkeit, diese Ressourcen zu mobilisieren (siehe oben). Die ideellen Ressourcen entziehen sich prinzipiell einer meßbaren Quantifizierung; aber auch die materiellen Ressourcen sind insgesamt nicht exakt bestimmbar, weil die Auswahl der Indikatoren und deren Gewichtung umstritten und die verfügbaren Daten und Statistiken oft lückenhaft sind oder auf unvergleichbaren Bemessungen beruhen (z.B. weisen die UN-Statistiken das Nettosozialprodukt für die marktwirtschaftlichen Staaten, aber das Nettomaterialprodukt für die sozialistischen Staaten aus). Wegen dieser und anderer Schwierigkeiten (auf deren Erörterung hier verzichtet werden muß; vgl. Vogel, in: DGFK-Jahrbuch 1979/80) können einzelne Statistiken und kann ein Gesamtindex des materiellen Machtpotentials nur ungefähre Orientierungen geben. Folglich läßt sich auch die jeweilige Polarität nur grob bestimmen. Ein derartiges Grobmuster ist jedoch für unseren Zweck, nämlich die strukturellen Änderungen der Polarität über Zeit zu erhellen, ausreichend.
Einen ersten Eindruck können nebeneinander gestellte statistische Teilangaben vermitteln (siehe die folgende *Tabelle;* vgl. auch Larson, 1978). Sie lassen durchgängig das klare Übergewicht der USA erkennen.

Tabellarische Übersicht über staatliche Machtpotentiale

1952	BSP (in Mrd. Dollar)	Bevölkerung (in Mill.)	Milit. Mannsch.-stärke ('000)	Nuklear-strateg. Systeme	Anteil am Weltexport[1] (%)
USA	350	157,5	3550	800	20,6
UdSSR	113[2]	184,8	4600	–	–
China	59[3]	586,9	–	–	–
GB	44	50,7	890	–	10,4
Frankr.	29	42,4	645	–	5,2
BRD	32	48,7	–	–	5,4
Japan	16	85,5	114	–	1,7

1962	BSP (in Mrd. Dollar)	Bevölkerung (in Mill.)	Milit. Mannsch.-stärke ('000)	Nuklear-strateg. Systeme	Anteil am Weltexport[1] (%)
USA	560	186,7	2827	1835	17,4
UdSSR	229[2]	221,7	3600	865	5,6
China	79[3] (1960)	689,0	3000	–	1,2
GB	81	53,3	445	90	9,1
Frankr.	74	47,0	742	–	5,9
BRD	89	54,8	389	–	10,6
Japan	59	94,9	216	–	3,9
1972					
USA	1152	208,8	2253	2165	12,4
UdSSR	439[2]	250,5	3425	2830	3,5
China (1971)	128[3]	800,0	2880	150	(1971) 0,6
GB	151	55,8	352	144	6,1
Frankr.	202	51,7	503	92	6,6
BRD	259	61,7	475	–	11,6
Japan	317	106,0	266	–	7,1

[1] Für 1952 sind die nicht-marktwirtschaftlich organisierten Länder bei der Gesamtsumme nicht berücksichtigt
[2] Nettomaterialprodukt (0,72 Rubel = 1 Dollar)
[3] Konstante Dollar (1970) Quelle: Buchan, 1974, S. 322f.

Unter den zahlreichen Versuchen, darüber hinaus einen Gesamtindex der materiellen Machtpotentiale zu konstruieren, hat der Ansatz von Wilhelm Fucks (1965) die größte Anerkennung gefunden. Fucks argumentiert überzeugend, daß die Stahl- und Energieproduktion sowie die Bevölkerungszahl die wichtigsten Indikatoren für die Ermittlung des Machtpotentials eines Staates sind. Die Überlegungen zur Gewichtung dieser Faktoren – die hier nicht im einzelnen referiert werden können – führten zu der Formel »Macht(potential) gleich Mittelwert der Produktionskennziffern von Stahl und Energie multipliziert mit der Kubikwurzel aus der Zahl der Bevölkerung«.

Mit Hilfe dieser Formel sind im folgenden für vier ausgewählte Jahre die zehn größten staatlichen Machtpotentiale errechnet und in eine Rangfolge gebracht worden. Die Quotienten der Machtpotentiale der jeweils aufeinanderfolgenden Staaten geben die Abstände zwischen den Staaten an; der größte Quotientenwert zeigt an, wo die Trennungslinie zwischen Großmächten und mittleren Mächten (gemessen an ihren Machtpotentialen und ohne Berücksichtigung des Mobilisierungsgrades!) verläuft. Ferner wurden die

USA-Werte gleich 100 gesetzt und die Werte der anderen Staaten darauf bezogen, um so zusätzlich die Machtdifferenzen zu veranschaulichen.

Weltranglisten nach Machtpotentialen (Fucks-Formel)*)

1948	Indexwerte	standardisierte Werte (USA = 100)	$\frac{n}{n+1}$
1. USA	3620	100	
2. UdSSR	984	27	3,68
3. GB	419	12	2,35
4. Westzonen	216	6	1,94
5. China	120	3	1,79
6. Indien	118	3	1,02
7. Polen	110	3	1,07
8. Frankreich	94	3	1,18
9. Japan	89	2	1,06
10. SBZ	55	2	1,60
1955			
1. USA	4434	100	
2. UdSSR	1916	43	2,31
3. GB	458	10	4,19
4. BR Deutschland	358	8	1,28
5. China	314	7	1,14
6. Polen	156	4	2,02
7. Indien	150	3	1,04
8. Japan	133	3	1,13
9. Frankreich	130	3	1,02
10. Kanada	73	2	1,77
1963			
1. USA	4639	100	
2. UdSSR	2698	58	1,72
3. China	1364	29	1,98
(EWG)	(678)	(14)	(2,01)
4. GB	421	9	3,24 (1,61)
5. BR Deutschland	421	9	1,00
6. Indien	296	6	1,42
7. Japan	219	5	1,35
8. Polen	200	4	1,10
9. Kanada	159	3	1,26
10. Frankreich	149	3	1,06

*) berechnet von Anton Viehbeck nach den Angaben der UN Statistical Yearbooks, 1948–1978

1976	Index-werte	standardisierte Werte (USA = 100)	$\frac{n}{n+1}$	
1. USA	6506	100		
2. UdSSR	5797	89	1,12	
3. China	3058	47	1,89	
(EG)	(1236)	(19)	(2,47)	
4. Indien	558	9	5,48	(2,22)
5. Japan	536	8	1,04	
6. GB	421	6	1,27	
7. BR Deutschland	411	6	1,02	
8. Kanada	388	6	1,06	
9. Polen	352	5	1,10	
10. Australien	154	2	2,28	

Die Tabellen zeigen, daß man bezüglich der materialen Machtverteilung im Staatensystem 1948 noch nicht von einer Bipolarität sprechen kann. Es bestand vielmehr eine Unipolarität aufgrund des allseitigen Übergewichts der USA. Die UdSSR ist zu dieser Zeit noch kein weltpolitisch ebenbürtiger Machtpol, und die ehemaligen Großmächte Frankreich und England sind nicht mehr in der Spitzengruppe (und können auch ihre Kolonialmacht nicht wiederherstellen). Erst in den fünfziger Jahren bildete sich eine amerikanisch-sowjetische Bipolarität heraus, die jedoch zunächst extrem asymmetrisch zugunsten der USA ausgeprägt war. Dann verschob sich innerhalb dieser Bipolarität die Relation der Machtpotentiale zunehmend in dem Sinne, daß der Abstand zwischen den USA und der UdSSR verringert wurde. Zugleich steigerte die Volksrepublik China ihr Machtpotential; in den sechziger Jahren trat sie, ressourcenmäßig betrachtet, in die Spitzengruppe der Weltmächte ein; bei der Verteilung der Machtpotentiale (unterhalb der nuklear-strategischen Ebene!) entstand somit das Grundmuster einer Tripolarität. Berücksichtigt man das neue Machtpotential der EG der Neun als eine Quasi-Einheit, so rangiert Westeuropa direkt hinter den Hauptmächten. Auch Japan gehört (wegen der geringen Bevölkerungszahl und der niedrigen Energieproduktion) nicht zu der Gruppe der Großmächte, ist aber – wie Indien – eine mittlere Macht.

Nimmt man zum Vergleich den von Singer und seinen Mitarbeitern (1972) bzw. von Hopkins und Mansbach (1973) konstruierten Machtindex (mit den Indizes Bevölkerung, Urbanisierung, Energieverbrauch, Eisen- und Stahlproduktion, Militärausgaben und Streitkräfte), so werden die Ergebnisse unserer Berechnung in wesentlichen Zügen bestätigt: die Unipolarität in der ersten Nachkriegsphase, die Verringerung des Abstandes zwischen

den USA und der UdSSR in den folgenden Perioden und der Aufstieg Chinas in die Gruppe der Großmächte. Der Hopkins-Mansbach-Index scheint jedoch weniger realitätsnah zu sein als die Fucks-Formel, weil er z.B. für 1938 die Sowjetunion auf dem ersten Rang plaziert, vor den USA, Deutschland, England, Japan, Frankreich und Italien. Ferner wäre danach schon 1955 eine Tripolarität vorhanden gewesen.
Zu anderen Ergebnissen gelangt Cline (1977), der eine Formel zur Ermittlung der *perzipierten* Macht der Staaten bzw. politisch-geographischen Zonen entwickelt hat. In dieser Formel werden die »objektiven« Daten über Bevölkerungszahl, Bodenfläche, Produktion und militärische Machtmittel jeweils subjektiv gewichtet, addiert und mit einem Faktor multipliziert, der aus der subjektiven Einschätzung der strategischen Absicht und des Willens zur Verfolgung einer nationalen Strategie »berechnet« wird. Es handelt sich also nicht um einen Index der realen Machtressourcen, sondern der Macht*perzeptionen.* Da sich Perzeptionen aber einer Quantifizierung entziehen, ist diese Verfahrensweise fragwürdig und ihre Ergebnisse haben eine geringe Aussagekraft. So gelangt Cline für das Jahr 1977 zu dem grotesken Ergebnis, daß bei der Summe aus territorialer, bevölkerungsmäßiger und ökonomischer Macht die EG (362 Punkte) weit vor den USA (274) und der UdSSR (205) liegt. Bei der Gesamtbewertung der perzipierten Machtpotentiale, d.h. unter Berücksichtigung sämtlicher o.g. Faktoren, rangiert die von der UdSSR geführte Staatengruppe mit 618 Punkten vor der west- und nordeuropäischen Staatengruppe, für die 558 Punkte errechnet werden und der die nord- und mittelamerikanische Staatengruppe mit 523 Machtpunkten folgt. Diese Machtperzeptionen dürften kaum allgemein geteilt werden. Die Studie von Cline ist als Nachschlagewerk nützlich, weil sie ausführliche Statistiken und Ranglisten über die realen, nicht-gewichteten Daten aus dem wirtschaftlichen und militärischen Bereich der einzelnen Staaten enthält. Zur Erstellung eines Indexes der Machtressourcenverteilung ist aber die Fucks-Formel brauchbarer, weil sie sich auf die »harten«, quantifizierbaren Daten beschränkt.

Die mit der Fucks-Formel gewonnene Groborientierung kann durch die gesonderte Betrachtung einzelner wichtiger Teilpotentiale gewissermaßen schlaglichtartig weiter erhellt werden. Da das Staatensystem auch nach 1945 im wesentlichen ein anarchisches System der Selbsthilfe blieb, kam bzw. kommt nach wie vor der Verteilung der *militärischen* Machtpotentiale größte Bedeutung zu. Meistens werden die Militärausgaben als Indikator gewählt. Aber gerade hier sind die Ungenauigkeiten und Unzulänglichkeiten der Daten besonders hoch. Selbst in den ansonsten zuverlässigen SIPRI-Jahrbüchern gibt es für einzelne Länder und Jahre häufig verschiedene Angaben – mit vielen Vorbehalten bezüglich der Währungs- und Preisumrechnungen. Die Verschleierungspolitik der Regierungen nötigt oft zu Schätzungen. Legt man die neuesten Datenlisten zugrunde, so ergeben die Ranglisten und die

Quotienten (die nach dem oben angegebenen Verfahren errechnet wurden, aber hier nicht im einzelnen wiedergegeben werden) ein etwas modifiziertes Bild von der Polaritätsentwicklung: Es existierte bei den Militärausgaben nach dem Krieg von Anfang an eine bipolare Struktur – eine Bipolarität, die leicht asymmetrisch zunächst zugunsten der Sowjetunion, aber dann im Laufe der fünfziger Jahre umgekehrt zugunsten der USA ausfiel. Auch hier stieß die Volksrepublik China (allerdings erst in den siebziger Jahren) in die Gruppe der Großmächte vor.

Zuverlässiger als die Angaben über die Militärausgaben sind die Informationen über den Eintritt der Staaten in den Club der Nuklearmächte: nach den USA (1945) und der UdSSR (1949) nahm Großbritannien (das seit dem Krieg bereits Juniorpartner der USA war) 1952 seinen ersten nuklearen Atomtest vor; 1960 folgten Frankreich, 1964 die Volksrepublik China (SIPRI-Jahrbuch 1972, S. 462) und 1974 Indien. Obwohl sich mithin die Zahl der Atommächte auf Sechs erhöht hat und die Gefahr der Weiterverbreitung trotz des Sperrvertrags von 1968 besteht (vgl. SIPRI-Jahrbücher und Harald Müller, 1977), ist bisher auf der nuklear-strategischen Ebene (insbesondere bei der Entwicklung der nuklearen Trägersysteme) lediglich eine Änderung der Machtverteilung von der Unipolarität zur Bipolarität erfolgt. Die USA und die Sowjetunion, die beiden Hauptparteien des Ost-West-Konflikts, bestimmen die globale Machtstruktur.

Um die Verschiebung der Asymmetrien zwischen ihnen in dieser dynamischen Entwicklung der Polarität zu erkennen, muß das Augenmerk nicht so sehr auf die numerischen Relationen, sondern auf die (antizipierte) Wirksamkeit der Nuklearwaffen und Trägersysteme gerichtet werden. Die strategische Fähigkeit, dem Gegner einen von ihm als nicht akzeptabel angesehenen Schaden zuzuführen, ist entscheidend.

Unter Zugrundelegung dieses Kriteriums der »(nuklear-)strategischen Fähigkeiten« kommt K. Goldmann (1974) zu folgendem Ergebnis über die Entwicklung der Polarität:

Anfangs besaßen die USA zwar ein nukleares Monopol, aber keine strategische Fähigkeit (Phase 1); erst 1950/51 verfügten die USA über einen großen Vorrat an Nuklearwaffen; die UdSSR hatte zwar die Atomwaffe erfolgreich erprobt, aber ihr atomares Potential war noch unbedeutend, d.h. es bestand eine Periode des *strategischen* Monopols der USA Mitte der fünfziger Jahre (Phase 2). Die anschließende Periode bis Mitte/Ende der sechziger Jahre ist eine Übergangsphase (Phase 3), in der die Sowjetunion zunehmend die Fähigkeit gewann, die USA auf ihrem Territorium anzugreifen und ihr dort schwere Zerstörungen zuzufügen; in dieser Zeit besaßen jedoch zunächst lediglich die USA eine hinreichende Zweitschlagfähigkeit, die Sowjetunion erlangte sie nur allmählich. Wann der Rüstungsgleichstand erreicht war, d.h. wann die Übergangsphase endete und die symmetrische Polarität auf strategischer Ebene voll ausgebildet war, ist nicht eindeutig feststellbar. Die kontroversen Meinungen lassen sich nach Goldmann (1974, S. 199) folgendermaßen zusammenfassen:

»Die Zahl der einsatzfähigen sowjetischen ICBMs scheint von weniger als 100 im Jahre 1962 auf ungefähr 300 im Jahre 1966 angestiegen zu sein (The Military Balance 1972/73, S. 67). Aber bis 1965 oder 1966 waren nur einige der sowjetischen ICBMs in geschützten Silos installiert (Wolfe, 1970, S. 433), während alle neuen SS-9 und SS-11 ICBMs, die Ende der sechziger Jahre in Dienst gestellt wurden, auf diese Weise geschützt waren (Slocombe 1971, S. 5). Die Sowjetunion lag ferner auch bei den SLBMs weit hinter den USA zurück. Offensichtlich kamen die sowjetischen Unterseeboote nicht vor 1968 so nahe an die USA heran, daß ihre Raketen dortige Ziele hätten erreichen können [...]; die Y-Klasse der ballistischen U-Bootraketen – die ersten sowjetischen Raketen, die mit dem Polarsystem ungefähr vergleichbar sind – wurden nicht vor 1968/69 in Dienst gestellt (Slocombe 1971, S. 5; SIPRI Yearbook 1969/70, S. 368–375). Ein Beobachter schließt aus den verfügbaren Informationen, daß eine ausreichende sowjetische Zweitschlagfähigkeit zwischen 1962 und 1966 entstand (Slocombe 1971, S. 1). Andere Beobachter betonen, daß diese Situationsänderung nicht vor 1965 stattfand, und daß selbst dieser Zeitpunkt zu früh angesetzt sein könnte. [Verteidigungsminister] Schlesinger berichtete Anfang 1974, daß die Periode, ›in which the United States did retain close to a disarming capability against the Soviet Union and recognized it‹, ›bis Ende der sechziger Jahre‹ andauerte.« (Vgl. auch Gantzel, HSFK-Mitteilung Nr. 4).

Diese widersprüchlichen Einschätzungen sind ein Aspekt der allgemeinen Unsicherheit und Instabilität der Übergangsphase. Die Berechnungen von SIPRI (Jahrbuch 1972, S. 6 und 20) deuten eher auf einen späten als auf einen frühen Zeitpunkt bei der Erreichung der strategischen Symmetrie. Spätestens seit Ende der sechziger Jahre existiert auf jeden Fall beiderseits eine Zweitschlagfähigkeit (Phase 4), und diese Konstellation eines bipolaren strategischen Gleichgewichts bzw. einer strategischen Stabilität dürfte bis heute für das internationale System bezeichnend sein, obwohl angesichts der sowjetischen Rüstungsprogramme neuerdings zu befürchten ist, die Sowjetunion könnte, trotz der förmlichen Anerkennung des Paritätsgrundsatzes in SALT II das Gleichgewicht zu ihren Gunsten verschoben haben (siehe unten).

Alle anderen Nuklearmächte verfügen z.Z. nicht oder nur im geringen Maße (China, Großbritannien, Frankreich) über eine strategische Schlagfähigkeit und erst recht nicht über eine Zweitschlagfähigkeit. Insofern ist auf der strategischen Ebene nach wie vor eine Bipolarität vorhanden (s. das folgende Schaubild).

Die fünf strategischen Nuklearmächte, 1977

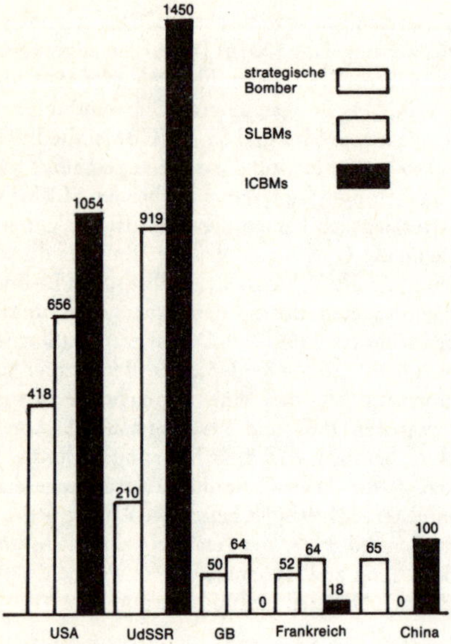

Quelle: Cline, 1977, S. 96

Die bisherigen Erörterungen über die Verteilung der Machtpotentiale bezogen sich auf das internationale Staatensystem insgesamt. Sie müssen durch einen Blick auf die andersartige Verteilung der Machtpotentiale (= Polarität) in Europa ergänzt werden, weil Europa in der sowjetisch-amerikanischen Machtkonkurrenz einen hohen Stellenwert hatte und noch hat.

In *Europa* war bei Kriegsende das Übergewicht des *sowjetischen* Machtpotentials das hervorstechende Kennzeichen, und dieses Übergewicht hat sich seither noch wesentlich verstärkt. Dieser Befund ergibt sich, wenn man die Fucks-Formel zur Bestimmung des Machtindexes verwendet:

Europäische Rangliste nach Machtpotentialen (Fucks-Formel)*

1948	Index-werte	standardisierte Werte (UdSSR = 100)	$\frac{n}{n+1}$
1. UdSSR	984	100	
2. GB	419	43	2,35
3. Westzonen	216	22	1,94
4. Polen	110	11	1,96
5. Frankreich	94	10	1,18
6. SBZ	55	6	1,70
7. CSSR	40	4	1,39
8. Belgien	31	3	1,28
9. Spanien	19	2	1,67
10. Ungarn	15	2	1,26

1955	Index-werte	standardisierte Werte (UdSSR = 100)	$\frac{n}{n+1}$
1. UdSSR	1916	100	
2. GB	458	24	4,19
3. BR Deutschland	358	19	1,53
4. Polen	156	8	2,30
5. Frankreich	130	7	1,20
6. DDR	100	5	1,30
7. CSSR	61	3	1,64
8. Rumänien	38	2	1,62
9. Belgien	37	2	1,01
10. Italien	31	2	1,22

1963	Index-werte	standardisierte Werte (UdSSR = 100)	$\frac{n}{n+1}$	
1. UdSSR	2698	100		
(EWG)	(678)	(25)	(3,98)	
2. GB	421	16	6,40	(1,61)
3. BR Deutschland	421	16	1,00	
4. Polen	200	7	2,11	
5. Frankreich	149	6	1,34	
6. DDR	105	4	1,43	
7. CSSR	98	4	1,07	
8. Rumänien	58	2	1,71	
9. Italien	55	2	1,05	
10. Spanien	31	1	1,77	

* Berechnet von Anton Viehbeck nach den Angaben der UN Statistical Yearbooks, 1948–1978

1976	Index-werte	standardisierte Werte (UdSSR = 100)	$\frac{n}{n+1}$	
1. UdSSR	5797	100		
(EG)	(1236)	(21)	(4,69)	
2. GB	421	7	13,76	(2,93)
3. BR Deutschland	410	7	1,02	
4. Polen	352	6	1,17	
5. Niederlande	148	3	2,37	
6. Rumänien	132	2	1,12	
7. Frankreich	128	2	1,03	
8. CSSR	122	2	1,05	
9. DDR	110	2	1,10	
10. Italien	99	2	1,10	

Wie aus diesen statistischen Übersichten zu erkennen ist, war und ist die Verteilung der Machtpotentiale in Europa (auch dann, wenn man die EG als Einheit rechnet) extrem unipolar. Die europäisch-asiatische UdSSR ist das Machtzentrum. Nur durch das amerikanische Engagement in Europa wurde und wird dieses Übergewicht ausgeglichen; d.h. die westeuropäischen Staaten und die USA betrieben und betreiben in Europa jene Politik der Gegenmachtbildung, die im weltweiten Rahmen von der Sowjetunion gegen das amerikanische Übergewicht betrieben wurde.

Insbesondere das strategische Gleichgewicht in Europa war und bleibt bisher von dem amerikanischen militärpolitischen Engagement abhängig. Während zunächst »nur« die konventionelle militärische Überlegenheit der UdSSR in Europa durch das amerikanische Engagement ausgeglichen wurde, änderte sich die Situation Mitte der fünfziger Jahre: die Sowjetunion hatte bis dahin ihr Nuklearpotential so weit ausgebaut, daß sie zwar noch keine Zweitschlagfähigkeit gegenüber den USA besaß, aber doch (nach Einschätzung des Gaither-Report von 1957) in der Lage war, sehr großen Schaden auf amerikanischem Territorium anzurichten – ein Schaden, der für die USA trotz ihrer Fähigkeit zum Zweitschlag nicht akzeptabel erscheinen konnte. Unter dieser Konstellation ergab sich die Möglichkeit, daß die Sowjetunion Westeuropa als Geisel nehmen konnte:

»Offensichtlich konnte die Sowjetunion Westeuropa einen Schaden zufügen, der von den Europäern als nicht erträglich angesehen wurde, und sie konnte dies offensichtlich sogar dann noch tun, nachdem sie einen ersten Schlag von den Vereinigten Staaten hatte hinnehmen müssen. Aber würde ein Schaden, der für Westeuropäer unannehmbar galt, auch für Amerikaner unannehmbar sein? Diese Frage war der Kern der großen Debatte über die

Glaubwürdigkeit der verbindlichen Zusage der USA, Westeuropa zu verteidigen« (Goldmann, 1974, S. 197).

Nach der Stabilisierung der internationalen strategischen Situation durch die beiderseitige Zweitschlagfähigkeit ist – bezogen auf die militärstrategische Machtverteilung in der Region Europa – der nukleare Schutz der USA als Gegengewicht zu dem Potential der Sowjetunion in erhöhtem Maße notwendig, da die britischen und französischen Nuklearpotentiale keine Zweitschlagfähigkeit haben. Aus dieser objektiven Machtverteilung erklärt sich das vitale Interesse der westeuropäischen Staaten an der militär- und allianzpolitischen Bindung an den Pol USA sowohl in der Phase des Kalten Krieges als auch in der Ära der Entspannungspolitik, die in nichtmilitärischen Bereichen durch eine Depolarisierung charakterisiert ist.

7.2. Die Prozeßmuster der Polarisierung

Unter den Bedingungen unipolarer Verteilung der Machtpotentiale entstand 1947/48 in den *Beziehungen (Interaktionen)* der Staaten weltweit eine Ost-West-Bipolarisierung, in deren Verlauf sich die oben beschriebene Unipolarität in eine Bipolarität der Machtpotentiale verwandelte. Die *Bipolarisierung der Beziehungen* ist das eigentliche Charakteristikum des Kalten Krieges, ebenso wie umgekehrt die De-Bipolarisierung (die im folgenden vereinfachend Depolarisierung genannt wird) in verschiedenen Handlungs- und Beziehungsbereichen – bei gleichzeitiger Bipolarität der strategischen Machtpotentiale! – die Entspannungsphase kennzeichnet.
Diesen Polarisierungsprozeß im internationalen System und in Europa hat Roger Wall (1975) am sinnfälligsten herausgearbeitet und statistisch-graphisch für die drei Bereiche der Allianzbeziehungen, des Handels und der diplomatischen Beziehungen dokumentiert.

Er hat die Datenreihen über den Bipolarisierungsgrad im allianzpolitischen Bereich mit Hilfe folgender Indizes berechnet: 0 = keine Allianzbeziehungen, 1 = Neutralitäts- oder Nichtangriffsverträge, 2 = gegenseitige Verteidigungsallianzen ohne Institutionalisierung der militärischen Zusammenarbeit und 3 = bilaterale Allianzen oder Allianzen der kollektiven Sicherheit mit Institutionalisierung der militärischen Zusammenarbeit. Bei den Handelsbeziehungen werden – vereinfachend zusammengefaßt – die Werte des Handelsaustauschs der einzelnen Staaten mit jeder der beiden Supermächte ermittelt und in Beziehung zueinander gesetzt; zusätzlich zu dem Grad der Orientierung der Handelsströme auf eine Supermacht (»Uni-Orientierung«) werden bei den jeweiligen Staaten der Grad der polaren Abhängigkeit (d. h. das Verhältnis zwischen dem Handel eines Staates mit den Supermächten und seinem Gesamthandel) und der systemische Rang (d. h. der Prozentsatz des Handels eines Landes, bezogen auf den Welthandel) errechnet und berücksichtigt.

Indem Wall jeweils den niedrigsten Wert des Polarisierungsgrades mit 0 und den höchsten Wert mit 100 gleichsetzte, konnte er die Polarisierungskurven der drei Handlungsbereiche aufzeichnen und anschaulich vergleichen (vgl. auch Väyrynen, 1977, S. 65). Es entsteht eine Tendenzbeschreibung in dem Sinne, daß ein Mehr oder Weniger an Polarisierung sichtbar wird (s. Abb. auf S. 133 – 134).

Betrachtet man die verschiedenen Phasen und Dimensionen der Polarisierung in *Europa,* so ergeben sich bemerkenswerte Unterschiede:

(1) In der Dynamik der Bipolarisierung in Europa ist die allianzpolitische Bipolarisierung die zentrale Prozeßvariable. Sie setzt aber später als im Gesamtsystem – nämlich erst 1948 – ein.

(2) In Europa stieg die Bipolarisierung ab 1948/49 im handelspolitischen Bereich kontinuierlich an und erreichte bereits 1950 den höchsten Grad. Aber schon 1952 begann der Depolarisierungsprozeß in den Handelsbeziehungen, der mit einigen gegenläufigen Unterbrechungen (1955 – 1957, 1959, 1963 – 1966) anhielt.

(3) Die allianzpolitischen Beziehungen in Europa entwickelten zunächst einen geringeren Bipolarisierungsgrad als die handelspolitischen und diplomatischen Beziehungen. Der allianzpolitische Polarisierungsgrad verringerte sich sogar Ende der vierziger Jahre etwas, stieg dann nur sehr schwach an, um schließlich 1955 seinen höchsten Stand zu erreichen. Er blieb jedoch in den folgenden Jahren mit nur geringfügigen, aber kontinuierlichen Abschwächungen hoch, obwohl gleichzeitig bei den handelspolitischen und diplomatischen Beziehungen eine merkliche Depolarisierung vonstatten ging.

(4) Bei den diplomatischen Beziehungen begann in Europa die Bipolarisierung erst 1950; sie erreichte dort jedoch sofort den höchsten Grad. 1955 setzte die Depolarisierung ein – eine Tendenz, die 1965 durch eine leichte Zunahme des Bipolarisierungsgrades abgestoppt wurde; auf diesem relativ niedrigen Niveau verharrte die Bipolarisierung der diplomatischen Beziehungen in den folgenden Jahren.

Die Differenzen zwischen der Polarisierung bzw. Depolarisierung im ökonomisch-handelspolitischen Bereich (und bei den diplomatischen Beziehungen) einerseits und im militärisch-allianzpolitischen Bereich andererseits sind bedeutsam. Dieser Sachverhalt zeigt, daß Bipolarisierung oder Depolarisierung im Allianzbereich

Quelle: Wall, 1975, S. 113

Europäische Bipolarisierung

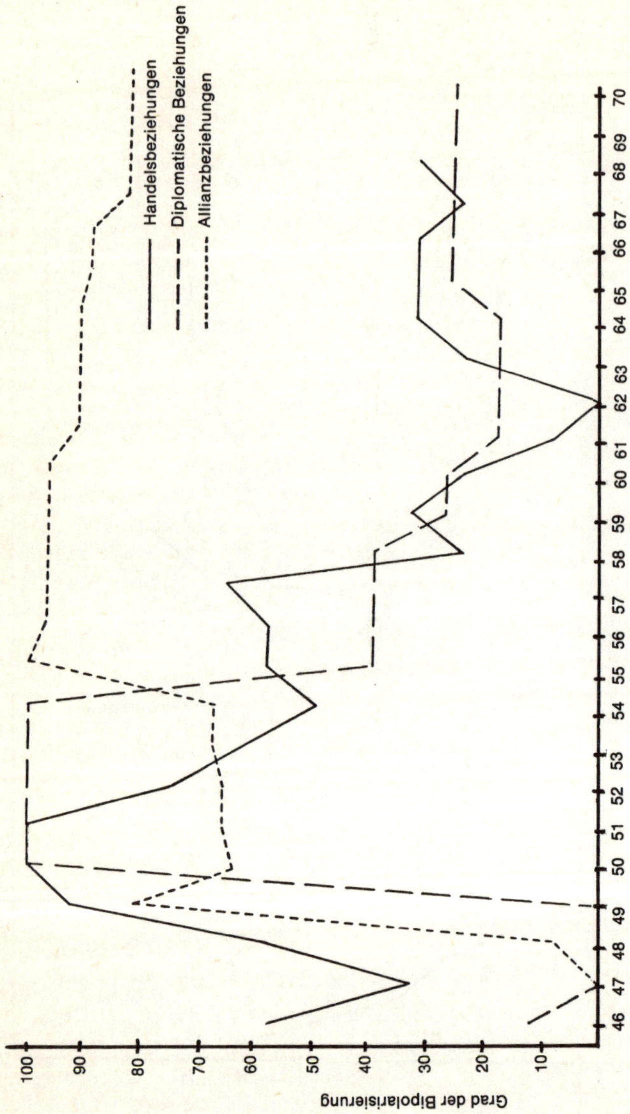

Quelle: Wall, 1975, S. 115

keineswegs eine notwendige Voraussetzung für eine Bipolarisierung oder eine Depolarisierung in anderen Bereichen ist. Eher könnte – mit Wall – angenommen werden, daß die Änderungen in der Polarisierung zunächst in den weniger formalisierten und geringer institutionalisierten Handlungsbereichen beginnt und dann auf die institutionalisierten Bereiche übergreifen. Für Europa läßt sich die These aufstellen, daß die allianzpolitische Bipolarisierung als sicherheitspolitische Stabilisierung eine Voraussetzung für Depolarisierung in anderen Beziehungsbereichen ist; d.h. daß die Institutionalisierung der Regression im militärisch-sicherheitspolitischen Bereich integrative Beziehungen zwischen den Blöcken in anderen Bereichen ermöglichen.

Der Grund dafür könnte darin liegen, daß durch allianzpolitische Stabilisierung die Bedrohungsperzeptionen zwischen antagonistischen Staaten abnehmen. Um diese Annahme zu prüfen, muß die Entwicklung der Polarisierung in den genannten Bereichen zu der Entwicklung der gegenseitigen Bedrohungsperzeptionen in Europa in Beziehung gesetzt werden. Kjell Goldmann und seine Mitarbeiter haben sich dieser Aufgabe gewidmet, indem sie Datenreihen über die Bedrohungsperzeptionen mittels einer Inhaltsanalyse der offiziellen Verlautbarungen erzeugten und zugleich den Untersuchungszeitraum bis 1974 ausdehnten (Goldmann und Lagerkranz, 1977). Ihr Untersuchungsergebnis ist in den Kurven auf S. 136 wiedergegeben.

Vermeidet man die (von den Autoren vorgenommene) generelle Gleichsetzung von Spannung bzw. Entspannung mit hohen bzw. niedrigen Bedrohungsperzeptionsgraden, so ergibt sich folgender Befund:

Die europäischen Verlaufskurven zeigen, daß die wechselseitigen Bedrohungsperzeptionen bereits 1947 anstiegen und 1948 den höchsten Grad erreichten; daß dann 1948 die militärisch-allianzpolitischen und die handelspolitischen Bipolarisierungen mit großer Intensität begannen. 1949 setzte ein leichter Rückgang in den Bedrohungsperzeptionen ein, der sich – nach dem kurzen Anstieg von 1950 – in den Jahren 1951–53 ausgeprägter fortsetzte, während gleichzeitig die allianzpolitische Polarisierung auf relativ hohem Niveau (d.h. geringfügig unter dem ersten Spitzenwert von 1948/49) bis 1954/55 erhalten blieb. Die militärisch-allianzpolitische Polarisierung hat also nicht den Anstieg der Bedrohungsperzeptionen in der ersten Phase des Kalten Krieges hervorgebracht; eher könnte man umgekehrt argumentieren; und die sicherheitspolitische Bipolarisierung hat die nachfolgende Verminderung der Bedrohungsperzeptionen ermöglicht. Das Jahrzehnt zwischen

Europ. Bedrohungsperzeptionen und allianzpolit. Bipolarisierung

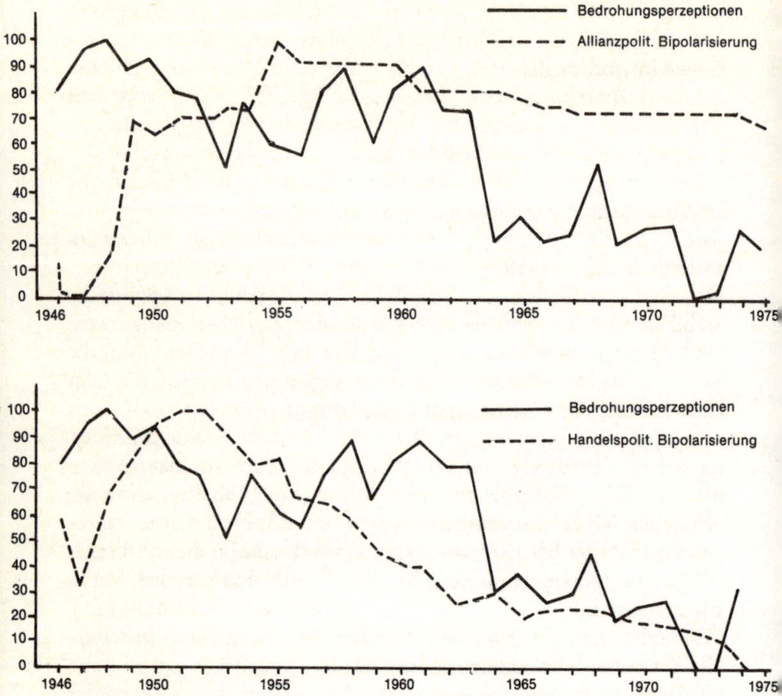

Quelle: Goldmann und Langerkranz, 1977, S. 260

1954 und 1964 ist dadurch gekennzeichnet, daß Perioden unterschiedlicher Kombination abwechseln; ein hohes Niveau der Bedrohungsperzeptionen mit niedrigem Bipolarisierungsgrad und ein niedriges Niveau der Bedrohungsperzeptionen mit einem hohen Bipolarisierungsgrad. Dieser komplexe Zusammenhang deutet darauf hin, daß militärisch-allianzpolitische Bipolarisierung zwar kurzfristig die Bedrohungsperzeption zu erhöhen vermag; wenn sich aber nach der sicherheitspolitischen Krise erweist, daß die Systemstabilität durch allianzpolitische Maßnahmen gestärkt wurde, kann sich der Grad der Bedrohungsperzeptionen verringern.
Für den Zeitraum 1948–63 ergibt sich aufgrund einer eigenständigen Untersuchung von Raimo Väyrynen (1963), in die die Interaktionsdaten von Gamson und Modigliani (1971) einbezogen wurden, ein zusätzlicher Hinweis: auch zwischen Bipolarisierung und

konflikthaftem Verhalten bestand eine negative Korrelation; »je höher der Grad der Allianzbipolarisierung desto weniger konflikthaftes Verhalten sowohl im europäischen als auch im globalen Rahmen et vice versa« (S. 164).

Insbesondere zeigt die Entwicklung in den siebziger Jahren, daß eine relativ hohe militärisch-allianzpolitische Bipolarisierung nicht notwendigerweise Bedrohungsperzeptionen erhöht oder auf hohem Niveau hält; sondern daß sie es zuläßt (oder gar förderlich dafür ist), daß sich die Bedrohungsperzeptionen vermindern.

Was die Beziehung zwischen ökonomisch-handelspolitischer Polarisierung bzw. Depolarisierung und Bedrohungsperzeptionen anbelangt, so ist zunächst (für die Zeit bis 1970) die These aufgestellt worden, daß sich beide Entwicklungen spiralenartig gegenseitig verstärken. Aber auch in diesem Zeitraum waren die beiden Tendenzen häufig, vor allem in der relativ langen Periode 1957–63, gegenläufig: eine Steigerung der Bedrohungsperzeptionen entsprach einer handelspolitischen Depolarisierung. Und es gab auch in diesem Zeitraum Phasen (z. B. 1951–52), in denen umgekehrt die Zunahme handelspolitischer Bipolarisierung mit einer Abnahme der Bedrohungsperzeptionen einherging. Für die Zeit nach 1970 ist bemerkenswert, daß die Bedrohungsperzeptionen, deren Verminderung Mitte der sechziger Jahre einsetzte, ihr niedrigstes Niveau bereits im Jahre 1972 erreichten, während die allmähliche handelspolitische Depolarisierung erst 1974 ihren Tiefpunkt fand, als der Grad der Bedrohungsperzeptionen schon wieder zunahm. Von einer spiralenartigen gegenseitigen Verstärkung kann also nicht die Rede sein. Für das *Prozeßmuster des Kalten Krieges in Europa* ergibt sich mithin, daß in seiner Hochphase in allen Interaktionsbereichen (militärische Allianzbeziehungen, Handel, diplomatische Beziehungen) ein hoher Grad der Bipolarisierung und ein relativ hohes Niveau der Bedrohungsperzeption vorhanden war. In der Übergangsphase trat in Europa in dem handelspolitischen und diplomatischen Beziehungsbereich eine tendenzielle (aber mehrfach durch gegenläufige Tendenzen unterbrochene) Depolarisierung ein, während der Grad der allianzpolitischen Bipolarisierung relativ hoch blieb und die Bedrohungsperzeptionen sich wellenartig entwickelten, wobei die Wellenberge jeweils das Niveau der allianzpolitischen Bipolarisierung erreichten. Das *Prozeßmuster der Entspannung in Europa* ist dadurch gekennzeichnet, daß lediglich die allianzpolitische Bipolarisierung auf relativ hohem Niveau erhalten bleibt. Beziehungen zwischen den Blöcken im Handel und im diplomatischen Bereich nehmen kontinuierlich zu und entwickeln eine größere Intensität als vor dem Beginn des Kalten Krieges;

die Bedrohungsperzeptionen nehmen tendenziell ab und erreichen ihr tiefstes Niveau 1972/73.

Im Unterschied zu dem europäischen Prozeßmuster entspricht im *internationalen System* die Depolarisierung im allianzpolitischen Bereich ungefähr und mit einigen zeitlichen Verzögerungen der Depolarisierung im Bereich des Handels und der diplomatischen Beziehungen. Da – wie Wall ebenfalls untersucht hat – der Prozeß der Polarisierung in der asiatischen Region mit dem internationalen Prozeßmuster übereinstimmt, während im Mittleren und Nahen Osten in den sechziger Jahren ein für das europäische Prozeßmuster typisches Auseinanderklaffen zwischen der Entwicklung der allianzpolitischen und handelspolitischen Polarisierung festzustellen ist, sollte man sich davor hüten, das eine Prozeßmuster als »normal« und das andere als eine Abweichung zu werten. Auch sollten die statistischen Unterschiede zwischen dem internationalen und dem europäischen Prozeßmuster nicht überbewertet werden. Denn auch im europäischen allianzpolitischen Beziehungsfeld ist seit 1956 eine schrittweise Depolarisierung feststellbar, die zwar langsam, aber kontinuierlich (d.h. ohne Wellenbewegungen, wie sie in anderen Bereichen auftraten) vonstatten ging. D.h. die Tendenz ist im internationalen System und in Europa gleichgerichtet; nur der Niveauunterschied zwischen der allianzpolitischen Depolarisierung im internationalen System insgesamt und in Europa ist bemerkenswert. Er kommt durch den Einschnitt von 1961 zustande; genauer gesagt, er wird dadurch geschaffen, daß zwischen 1960 und 1961 der Depolarisierungsschritt im internationalen System größer war als in Europa. Dieser statistische Sachverhalt erklärt sich daraus, daß zwei außereuropäische Vorgänge der Depolarisierung, nämlich das Ausscheiden Chinas aus der Allianz mit der Sowjetunion und der Eintritt zahlreicher neuer afrikanischer Staaten in das internationale System (ohne Allianzbeziehungen einzugehen) zeitlich zusammenfielen. Nach diesem Einschnitt des Jahres 1961 ist wiederum eine Entsprechung zwischen der graduellen Depolarisierung der Allianzbeziehungen im internationalen System und in Europa zu beobachten, d.h. hier wie dort geht die Depolarisierung nur allmählich und in kleinen Schritten vonstatten.

Der Vergleich zwischen den Prozeßmustern im internationalen System und in Europa ist mithin in dreifacher Hinsicht bedeutsam:

(1) In der Hoch-Zeit des Kalten Krieges war sowohl im internationalen System als auch in Europa die Bipolarisierung im handelspolitischen Bereich höher als im allianzpolitischen Bereich.

(2) Seit 1953/54 übertraf sowohl im internationalen System als auch in Europa die allianzpolitische Bipolarisierung die handelspo-

litische Bipolarisierung, die zu diesem Zeitpunkt im Abnehmen begriffen war. Seither liegt sowohl im internationalen System als auch in Europa der Bipolarisierungsgrad im allianzpolitischen Bereich höher als im handelspolitischen Bereich.

(3) In der Entspannungsphase setzen sich die Depolarisierungstendenzen durch, ohne daß sich dadurch dieser Grundzug des Prozeßmusters ändert, d. h. der Polarisierungsgrad ist im Allianzbereich höher als im handelspolitischen Bereich. Allerdings geht die graduelle allianzpolitische Depolarisierung in Europa von einem höheren Ausgangsniveau aus. Das niedrigere Ausgangsniveau der allianzpolitischen Depolarisierung im internationalen System resultiert aus der einschneidenden Depolarisierung, die 1961 durch Vorgänge bewirkt wurden, die nicht oder nur sehr vermittelt mit den Konfliktbeziehungen zwischen den beiden Polmächten zusammenhingen. Einen entsprechend abrupten und tiefen Einschnitt hat es bisher im europäischen allianzpolitischen Depolarisierungsprozeß nicht gegeben. Kleine Einschnitte resultieren aus dem Rückzug Frankreichs aus dem integrierten Militärsystem der NATO (1966) und aus der Erosion in Südosteuropa (Griechenland, Türkei 1974/75). Ansonsten ist bezeichnend für das europäische Prozeßmuster in der Détente-Phase, daß unterhalb einer relativ stabilen und sich nur allmählich abschwächenden allianzpolitischen Bipolarisierung die intersystemaren Beziehungen zunehmen und daß im Gegensatz zur Hochphase des Kalten Krieges sowohl im internationalen System insgesamt als auch in Europa die Bipolarisierung in den Handelsbeziehungen wesentlich niedriger ist als in den allianz- und sicherheitspolitischen Beziehungen. In der europäischen Allianzpolitik dominiert das regressive Konfliktlösungselement, während in den nicht-sicherheitspolitischen Beziehungsbereichen integrative Elemente zwischen den Blöcken Platz greifen.

7.3. Die Beziehung zwischen Bipolarisierung und Bipolarität

Die Vermutung liegt nahe, die Ursache für die größere Stabilität der allianzpolitischen Bipolarisierung in *Europa* darin zu sehen, daß sich trotz des (wenn auch wellenförmigen) Abbaus der gegenseitigen Bedrohungsperzeptionen in der Entspannungsphase der machtmäßige Aufstieg der Sowjetunion im Allianzverhalten der europäischen Staaten niederschlägt. Denn wenn man das Prozeßmuster der Polarisierung in Beziehung setzt zu der Entwicklung der machtmäßigen Polarität (siehe oben), so ergibt sich folgendes Bild:

Die allseitige Bipolarisierung im Kalten Krieg erfolgte unter den

Bedingungen internationaler Unipolarität (mit den USA als Machtpol) und europäischer Unipolarität (mit der Sowjetunion als Machtpol). Erst durch die amerikanische Stabilisierungspolitik in Westeuropa und durch die atlantische Allianz entstand in Europa eine bipolare Gleichgewichtsstruktur und international bildete sich durch den Machtzuwachs der Sowjetunion eine Bipolarität in den Machtpotentialen heraus, die sich bis hin zur strategischen Parität (symmetrische Bipolarität) der beiden Polmächte entwickelte. Dieses prekäre Gleichgewicht würde durch eine einschneidende allianzpolitische Depolarisierung in Europa gefährdet. Daher dürfte die Annahme, die offensichtlich von der Mehrzahl der westlichen und östlichen Regierungen geteilt wird, begründet sein, daß nur eine graduell-allmähliche und gleichgewichtig-wechselseitige Reduktion der europäischen allianzpolitischen Bipolarisierung mit der europäischen und internationalen Sicherheit vereinbar ist. Ohne das europäische Engagement der USA würde eine strategische Instabilität zu erwarten sein und sich auch politisch destabilisierend auswirken, zumal die tatsächlichen Interessengegensätze zwischen den westeuropäischen Staaten und den USA einerseits und den osteuropäischen Staaten und der Sowjetunion andererseits fortbestehen. Daher wäre eine umfassende integrative Konfliktlösung z.Z. ein unrealistisches Ziel.

Der Zusammenhang zwischen Bipolarität und Bipolarisierung ist im *Gesamtsystem der Staatenwelt* ebenfalls aufschlußreich. Daß dort nach Kriegsende zunächst eine unipolare Machtverteilung (einschließlich des atomaren bzw. strategischen Monopols der USA) und dann eine asymmetrische Bipolarität vorhanden war, hat den Konkurrenzverlauf zwischen den Hauptantagonisten des Ost-West-Konflikts entscheidend geprägt: die Sowjetunion war bestrebt, sich von der amerikanischen Vorherrschaft abzuschirmen und dann zur gleichwertigen Großmacht aufzusteigen. Der machtpolitische und ideologische Konflikt, der sich zeitweise zu Krisen steigerte (siehe unten), führte zu einer allseitigen Bipolarisierung der Ost-West-Beziehungen. Zwischen den Supermächten fand sie ihren gefährlichsten Ausdruck in dem sogenannten Rüstungswettlauf – vor allem im nuklearen Waffenbereich.

Eine solche Feststellung sagt freilich noch nichts darüber aus, wer Initiator und Schrittmacher des »Rüstungswettlaufes« war bzw. ist und wie die Rüstungsprozesse zu erklären sind (vgl. dazu zusammenfassend Krell, 1976, und Forndran, 1977, S. 146ff.). Neue Korrelationsanalysen von R. Väyrynen (1973) haben keine eindeutige Antwort gegeben, aber bisherige Annahmen korrigiert:

Bei der Entwicklung der Militärausgaben kann keine Seite als *der* Initiator

ermittelt werden, aber es ist eine leichte Tendenz erkennbar, daß die USA auf die Änderungen in den sowjetischen Militärausgaben reagieren und daß die Sowjetunion eine leichte Initiativrolle gespielt hat (S. 87f.). Die Vereinigten Staaten haben im nuklearen Bereich zweifellos die Initiative gehabt – aber der Bau und die Explosion der ersten Atombombe erfolgen bekanntlich noch im Kontext des Krieges gegen die Achsenmächte, nicht im Kontext des Ost-West-Konflikts; bei den späteren Testserien ist keine Seite als Initiator von Aktion-Reaktion-Zyklen auszumachen; ansonsten stehen amerikanische Initiativen bei einzelnen Waffensystemen (strategische Bomber, taktische Nuklearwaffen, MIRV-Technologie) sowjetischen Initiativen bei anderen Waffen gegenüber (ICBM-Technologie, Ballistic-Missile-Defense-Systeme und Fractional-Orbiting-Bombardement-Systeme).
In dem Befund, daß zunehmende politische Entspannung meist nicht eine Verminderung, sondern eine Steigerung der Rüstungsanstrengungen nach sich zog, sieht Väyrynen eine Bestätigung der steigenden Bedeutung innergesellschaftlicher Faktoren (S. 172).

Combined US Strategic Offense and Defence Obligational Authority

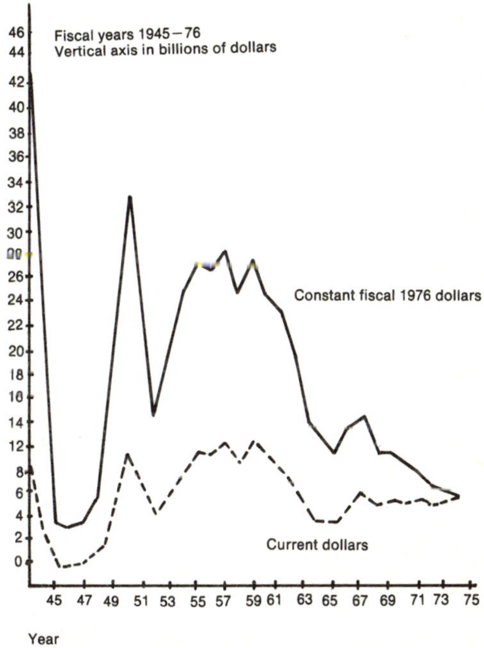

Quelle: Wohlstetter, 1976, S. 198.

Ähnlich, wenn auch mit unterschiedlichen Begründungen – betonen die Theoreme des »Autismus« (Senghaas) bzw. des »zweipoligen Rüstungsautismus« (Gantzel, 1972b) die »Inneleitung« des Rüstungswettlaufs; speziell im sogenannten militärisch-industriellen Komplex wird eine innenpolitische Interessenbasis in der Rüstungspolitik gesehen (vgl. dazu Medick, 1975, und vor allem die scharfsinnige Kritik von K.-Peter Stratmann, 1973). Andere Wissenschaftler bestreiten – zumindest für die jüngste strategische Rüstungsentwicklung – daß es überhaupt einen Rüstungswettlauf gibt. Für die sechziger und siebziger Jahre hat z.B. Albert Wohlstetter (1974 und 1976) gezeigt, daß das US-Budget für strategische Waffen erheblich reduziert worden ist (s. Abb. S. 141).

Wohlstetter argumentiert, daß diese Entwicklung – der rapide Anstieg des strategischen Budgets der USA nach dem Korea-Krieg und der Rückgang in den sechziger und siebziger Jahren bei gleichzeitigem weiteren Anstieg des strategischen Budgets der Sowjetunion – gegen die These eines spiralenhaften strategischen Rüstungswettlaufs spricht (vgl. dazu die in der Zeitschrift »Foreign Policy«, Nr. 16 und 20 geführten Kontroversen).

Jenseits all dieser Kontroversen erlaubt die skizzierte Polaritätsentwicklung die Interpretation, daß die Sowjetunion durch interne und externe Machtsteigerung (insbesondere durch die Steigerung ihres strategischen Machtpotentials) eine Politik der Gegenmachtbildung betrieb, während die USA in Europa Gegenmacht gegen das europäische Übergewicht der Sowjetunion schufen und global ihre Vormachtstellung zu behaupten trachteten. Neuerdings bekennen sich beide Seiten, die Sowjetunion und die USA, offiziell zum Grundsatz der ungefähren Gleichheit, lassen jedoch zugleich tatsächlich die Tendenz erkennen, eine Überlegenheit anzustreben. Die Abkommen über die Begrenzung der strategischen Waffen (siehe dazu weiter unten) versuchen die Konkurrenz auf der Ebene der strategischen Parität zu regulieren; daß sie eingefroren wird, ist allerdings nicht zu erwarten.

Der dynamische Zusammenhang von Bipolarität und Bipolarisierung im Ost-West-Konflikt bestätigt die Hauptannahme der sogenannten Gleichgewichtstheorie (siehe oben Kapitel I): Die Bipolarisierung war angesichts der tiefen Gegensätze die zu erwartende Konsequenz aus der Verteilung der Machtpotentiale zwischen den Hauptkontrahenten des Ost-West-Konflikts auf globaler Ebene. Sie begann angesichts einer unipolaren Verteilung der Machtpotentiale zugunsten der USA; durch interne und externe Gegenmachtbildung der Sowjetunion (d.h. durch die Bildung eines Gegenpols) wurde die Unipolarität abgebaut und eine Bipolarität geschaffen, deren anfängliche Asymmetrie tendenziell verringert wurde – bis zur symmetrischen Bipolarität auf der strategischen Ebene, die für die Phase der Entspannungspolitik bezeichnend ist.

Mit der Erreichung der strategischen Parität ist die Wahrscheinlichkeit eines »offenen« Konflikts, d. h. eines kriegerischen Austrags des Ost-West-Konflikts zwischen den Supermächten, gesunken (vgl. oben S. 20, Hypothese 3). Die Symmetrie in der Verteilung der Machtpotentiale zwischen Ost und West dürfte eine wichtige (wenn auch keine hinreichende) Voraussetzung für die Durchsetzung der Entspannungspolitik Ende der sechziger bzw. Anfang der siebziger Jahre gewesen sein und für deren Fortsetzung auch künftig wichtig bleiben (vgl. Goldmann, 1974). Der »objektive« Grund für die Krise der Détentepolitik Ende der siebziger Jahre dürfte sein, daß die Berechnungen des nuklear-strategischen Kräfteverhältnisses für die achtziger Jahre ein relatives Übergewicht der Sowjetunion voraussagen (s. das folgende Schaubild; vgl. auch Collins, 1978):

Nuklearstrategisches Kräfteverhältnis nach einem amerikanischen Vergeltungsschlag

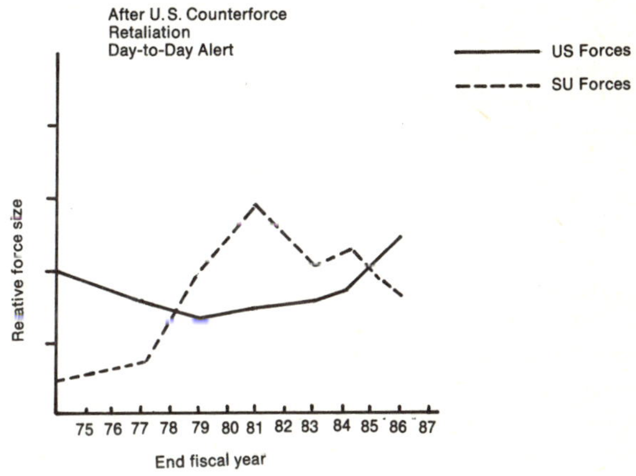

Quelle: Berechnungen des amerikanischen Verteidigungsministeriums, Bericht für das Haushaltsjahr 1980, abgedruckt in: Ellsworth und Adelman, 1979, S. 150.

Die Gefahr, die schon bei der Erreichung der strategischen Parität von einigen Beobachtern beschworen wurde (vgl. Slocombe, 1971; Adomeit, 1973), scheint jetzt real zu bestehen, daß nämlich die sowjetische Führung im Bewußtsein des geringen *und* vorübergehenden Übergewichts der UdSSR dazu neigt, größere Risiken einzugehen, um ihren militärischen Aktionsradius auszudehnen. Die jüngste Entwicklung scheint die o. g. Hypothese 4 zu bestätigen (vgl. Kapitel IV). Das zentrale friedenspolitische Problem besteht darin, kräftemäßige Ungleichheiten zu vermeiden oder auszugleichen, ohne die Rüstungsspirale weiterzuschrauben (arms control).

8. Die Entwicklung der Allianzstrukturen

Angesichts der Bedeutung der allianzpolitischen Bipolarisierung für die Entwicklung des Ost-West-Konflikts ist eine genauere Betrachtung dieser Beziehungsdimension notwendig. In den Statistiken und Verlaufskurven spiegeln sich reale, politische Organisationsentscheidungen wider, die unter globalen und regionalen Aspekten des Ost-West-Konflikts getroffen wurden. Die Strukturierung der internationalen Beziehungen nach 1947/48 konnte anknüpfen an die Bestimmungen der UN-Satzung, die oben unter dem Begriff »Reserve-Sicherheitssystem« zusammengefaßt wurden, nämlich das Recht der kollektiven Selbstverteidigung (Artikel 51) und in Verbindung damit die Regionalismusbestimmungen sowie die Ausnahmeregelungen für regionale Verträge, die sich gegen ehemalige Feindstaaten richteten (Artikel 53, 1). Der Sachverhalt, daß eine solche Reservesatzung 1945 für den Fall des Scheiterns der Großmächtekooperation geschaffen worden war, erleichterte sowohl die Allianzbildung als auch das Überleben der UNO bzw. deren Anpassung an die neue Mächtestruktur.
Die Tendenz zur bipolaren Allianzbildung war – wie auch in den Verlaufskurven sichtbar wurde – weltweit, erfuhr jedoch in Europa ihre prägnanteste Ausprägung. Die Ungewißheit über die Reorganisation der gesellschaftlichen, staatlichen und zwischenstaatlichen Ordnung nach dem Kriege förderte dort die Einflußkonkurrenz zwischen den Großmächten, die dann durch ein System von Allianz und Gegenallianz reguliert wurde (vgl. Holsti u.a., 1973).

8.1. In *Osteuropa* fand die allianzpolitische Blockbildung und die formale Institutionalisierung der sowjetischen Hegemonie und Herrschaft zunächst ihren Ausdruck in einem engmaschigen Netz bilateraler Verträge über Freundschaft, Zusammenarbeit und gegenseitigen Beistand zwischen der UdSSR einerseits und der Tschechoslowakei (1943), Jugoslawien (1945), Polen (1945), Rumänien (1948), Ungarn und Bulgarien (1948) andererseits, sowie zwischen den einzelnen osteuropäischen Staaten untereinander (vgl. u.a. Zusammenschlüsse und Pakte der Welt, [12]1979).
Die politischen Verträge wurden durch wirtschaftliche und militä-

rische Hilfsabkommen und langfristige Handelsverträge ergänzt. Parallel dazu wurde die interne Gleichschaltung durchgesetzt – notfalls (wie im Februar/März 1948 in der Tschechoslowakei) mit staatsstreichartigen Methoden. Das Vertragsnetz, das in den sechziger und siebziger Jahren inhaltlich den veränderten Verhältnissen angepaßt wurde, formalisierte die politischen und wirtschaftlichen Bindungen an die Hegemonialmacht, die Verdichtung der Beziehungen zwischen den Mitgliedern der Hegemonialsphäre (im Sinne einer integrativen Konfliktlösung vor allem hinsichtlich der territorialen Streitfragen; vgl. z. B. die Grenzkonflikte der Tschechoslowakei mit Polen und Ungarn) und die Abgrenzung gegenüber den westlichen Staaten (im Sinne der Regression der Beziehungen). Die sowjetische Allianzbildung hatte also zunächst einen kontinentalen Charakter. Die Globalisierung der sowjetischen Außenpolitik findet seit Anfang der siebziger Jahre ihren Niederschlag in Kooperationsverträgen mit sieben afroasiatischen Staaten (Meissner, 1979). Die vertragliche Multilateralisierung setzte zuerst im ökonomischen Bereich ein, und zwar in Reaktion auf die Institutionalisierung der westeuropäischen wirtschaftlichen Zusammenarbeit (OEEC) und auf die Renationalisierungsbestrebungen, wie sie durch das Ausscheiden Jugoslawiens aus dem sowjetischen Herrschaftsbereich (1948) am deutlichsten hervortraten. Im Januar 1949 erfolgte die Gründung des Rates für gegenseitige Wirtschaftshilfe (RGW oder COMECON) durch die Sowjetunion, Polen, die Tschechoslowakei, Ungarn, Rumänien und Bulgarien (im Februar trat Albanien dem RGW bei, wurde aber 1962 wegen seines prochinesischen Kurses ausgeschlossen; die DDR wurde 1950 und die Mongolei 1962 Mitglied; seit 1964 ist Jugoslawien dem RGW quasi assoziiert) (vgl. Kaser, [2]1967; Uschakow, 1971; Hoensch, 1977). Der RGW leitete die Koordinierung der Volkswirtschaften der Volksdemokratien ein, die in der Hoch-Zeit des Kalten Krieges eindeutig unter rüstungspolitischem Gesichtspunkt und in Orientierung an der sowjetischen Hegemonialpolitik vorgenommen wurde. Erst mit dem Statut von 1960 wurden – in Reaktion auf die Gründung der EWG – die organisatorischen Voraussetzungen für eine institutionalisierte Zusammenarbeit geschaffen; und auf dieser Basis wurde schließlich in den siebziger Jahren die »Entwicklung der sozialistischen ökonomischen Integration« durch die Verabschiedung eines Komplexprogramms (1971) in Gang gesetzt. Diese integrative Entwicklung stößt auf zahlreiche politische und wirtschaftliche Widerstände (vgl. Knirsch, 1972); sie ist aber (im Gegensatz zur Autarkiephase der fünfziger Jahre) mit einer prinzipiellen handelspolitischen Öffnung gegenüber dem Westen verbunden.

Die wichtigsten Kennzeichen des neuen ökonomisch-politischen Beziehungsmusters sind:

- die Intensivierung der multilateralen Zusammenarbeit innerhalb des RGW;
- die Steigerung des Handels der einzelnen RGW-Staaten mit den westlichen Ländern (vgl. Knirsch, 1978);
- die gleichzeitige Globalisierung (Beitritt Kubas, 1972, und Vietnams, 1978, und Abkommen über Zusammenarbeit mit dem Irak, Mexiko, Laos und Angola) und
- Verhandlungen des RGW mit der EG (vgl. Schulz, 1975 und 1977).

Insgesamt betrachtet, ist die wirtschaftliche Integration durch das Übergewicht und die Vormachtstellung der Sowjetunion eher gehindert als gefördert worden (vgl. Bräker, 1976).

Auf *militärischem* Gebiet kam es erst 1955 mit dem Abschluß des Warschauer Paktes über Freundschaft, Zusammenarbeit und gegenseitigen Beistand zwischen der UdSSR, Albanien (1962/68 ausgeschieden), Bulgarien, der DDR, Polen, Rumänien, der Tschechoslowakei und Ungarn zu einer *multilateralen* Institutionalisierung der sowjetischen Hegemonie, die durch bilaterale Truppenstationierungsabkommen ergänzt wurde. Das Vereinte Oberkommando (unter sowjetischem Oberbefehl) und der Politische Beratende Ausschuß sind die beiden Integrationsorgane. Die Einbindung des Militärpotentials des deutschen Teilstaates DDR (parallel zur Einbeziehung der Bundesrepublik Deutschland in die NATO) und die Formalisierung der sowjetischen Führungsposition im Ost-West-Konflikt waren und sind Hauptzweck der Multilateralisierung, die sich konsequenterweise nicht auf Artikel 53, 1, sondern auf Artikel 51 der Satzung der Vereinten Nationen bezieht. Das regressive Element des Warschauer Vertrages kommt vor allem in Artikel 7 zum Ausdruck, mit dem die Mitgliedsstaaten die Verpflichtung übernahmen, »sich an keiner Koalition oder Bündnissen zu beteiligen und keine Abkommen abzuschließen, deren Zielsetzungen den Zielen dieses Vertrages widersprechen«. Die hohe Bedeutung, die der Multilateralisierung als Herrschaftssicherungselement der Sowjetunion zukam, wurde schlaglichtartig bei den militärischen Interventionen in Ungarn (1956) und in der CSSR (1968) sichtbar. Sie bewiesen, daß die Sowjetunion mit Hilfe ihrer Militärallianz nicht nur bestimmenden Einfluß (Hegemonie), sondern Herrschaft ausübt. Die Breschnew-Doktrin von der eingeschränkten Souveränität der sozialistischen Länder (vgl. Meissner, 1969) hat diesen Sachverhalt auf einen quasi-völkerrechtlichen Nenner gebracht.

In der Phase der Détente waren und sind die direkten bilateralen Verhandlungen zwischen der Sowjetunion und den USA von zentraler Bedeutung. Sie wurzeln in dem gemeinsamen Interesse an Rüstungssteuerung und an der Nichtweiterverbreitung der Atomwaffen. Die diesbezüglichen vertraglichen Vereinbarungen haben zwar kein Kondominium geschaffen, aber doch integrative Verbindungen entstehen lassen, die die Regression zwischen den Hauptantagonisten des Ost-West-Konfliktes modifizieren. Der Warschauer Pakt ist für die UdSSR das politische Instrument, um diese bi- und multilateralen Verhandlungen (KSZE und MBFR) mit den westlichen Staaten und mit der NATO unter sowjetischer Kontrolle zu halten und eine allianzpolitische Destabilisierung zu vermeiden – eine Politik, die durch Renationalisierungstendenzen bedroht wird (vgl. Meier, 1968; Bromke und Rokowska-Harmstone, 1973; Frenzke, 1975). Diesen Tendenzen versucht die Sowjetunion seit 1969 durch eine Reorganisation der integrativen Führungsstruktur entgegenzuwirken (vgl. Hacker, 1976; Tiedtke, 1978).

8.2. In *Westeuropa* versuchte zunächst Großbritannien eine zwischenstaatliche Zusammenarbeit als Gegengewicht zur sowjetischen Einflußsphäre zu organisieren (siehe oben). Der Bündnis- und Beistandsvertrag von Dünkirchen (1947) war zwar primär gegen Deutschland gerichtet und lag insofern auf der Linie der sowjetisch-britischen bzw. sowjetisch-französischen Bündnisverträge von 1942 bzw. 1944 (vgl. Fraenkel, 1954). Der Dünkirchen-Vertrag sollte jedoch zugleich auch als Kristallisationskern für eine westeuropäische Zusammenarbeit im Kontext des sich verschärfenden Ost-West-Konfliktes dienen. Demgemäß bezog er sich nicht nur auf die Feindstaatenklausel der UN-Satzung, sondern auch auf das allgemeine Recht zur kollektiven Selbstverteidigung (Artikel 51); die beiden Staaten verpflichteten sich, »keinerlei Bündnis ein(zu)gehen und an keiner Koalition teil(zu)nehmen, die gegen eine der beiden Parteien gerichtet ist«. Mit dem Brüsseler Fünf-Mächte-Pakt »zur kollektiven Verteidigung und zur wirtschaftlichen, sozialen und kulturellen Zusammenarbeit« zwischen Belgien, Frankreich, Luxemburg, Niederlanden und Großbritannien wurde der Dünkirchen-Vertrag auf Initiative Großbritanniens und nach dem Vorbild des Rio-Paktes im März 1948 regional ausgeweitet, und zwar unter ausdrücklicher Bezugnahme auf die osteuropäische Blockbildung und die Gründung der Kominform. Es war freilich offenkundig, daß angesichts der machtpolitischen und ökonomischen Schwäche der westeuropäischen Staaten und des Übergewichts der Sowjetunion in Europa eine effektive Gegenmachtbil-

dung ohne die Hilfe der USA nicht möglich war; zu dieser Einsicht waren auch die amerikanischen außenpolitischen Führungseliten bereits 1945 gelangt (siehe oben). Es entsprach der internen Präferenzstruktur der USA (vgl. Czempiel, 1966), d. h. der Bevorzugung wirtschaftlicher Beziehungen und der Abneigung gegenüber militärischer Allianzpolitik, daß die Stärkung Westeuropas jedoch zunächst auf dem wirtschaftlichen Sektor in Angriff genommen wurde. Die amerikanische Wirtschaftshilfe für Europa war bereits im Juni 1947 von Außenminister Marshall als Angebot formuliert worden; nach der erwarteten Nichtbeteiligung der Sowjetunion und der von ihr beherrschten osteuropäischen Staaten wurde sie in getrennten und gemeinsamen Konferenzen zwischen den westeuropäischen Staaten und den USA zum European Recovery Program, dem sogenannten Marshall-Plan, konkretisiert (vgl. u.a. Arkes, 1976). Diese Politik war traditionell in der Mittelwahl, aber in der Zielsetzung im höchsten Maße innovativ: im Gegensatz zu der Ablehnung der europäischen ökonomischen Zusammenarbeit in der Zwischenkriegszeit zielte sie auf eine westeuropäische Integration. Generell wurde – in Analogie zu dem Erfolg des amerikanischen Föderalismus – die europäische Integration als einzige Chance zum wirtschaftlichen und politischen Überleben der durch den Krieg zerstörten europäischen Gesellschaften angesehen. Speziell sollte die europäische Integration die für die wirtschaftliche Gesundung Westeuropas notwendige Wiedererstarkung Deutschlands ermöglichen und zugleich durch die feste Einbindung eines demokratischen deutschen Staates in ein vereintes Europa den französischen Sicherheitsinteressen Rechnung tragen und eine Einbeziehung Deutschlands in die russische Interessensphäre verhindern (vgl. u. a. FR, 1948, II, S. 71; Link, 1977). Die neue amerikanische Europa-Politik war also von allgemeinen Überlegungen wirtschaftlicher Effektivität und von Faktoren, die dem Ost-West-Konflikt zuzurechnen waren, bestimmt.
Die Gründung der Organization for European Economic Cooperation (OEEC) im April 1948 war die Erfüllung der amerikanischen Minimalforderung nach Koordinierung der westeuropäischen Politik; weitere Integrationsschritte sollten folgen. Obwohl die USA nicht Mitglied der OEEC waren, wurde durch die Zuweisung der Dollar-Kredite, durch Warenlieferungen und vor allem in dem Mechanismus des »Joint-Decision-Making« bei der Anlage der ERP-Gegenwertmittel die enge wirtschaftliche und politische Verbindung zwischen den USA und Westeuropa begründet, auf der dann komplementär die militärische Allianz aufruhen konnte (E. H. van der Beugel, 1966).

Die Gründung der NATO (1949) durch die USA, Kanada und zehn westeuropäischen Staaten, denen sich 1952 Griechenland und die Türkei und 1955 die Bundesrepublik Deutschland anschlossen, folgte (wie schon der Brüsseler Pakt) dem Vorbild des interamerikanischen Regionalpakts von Rio (1947) und der Richtlinie, die die Vandenberg-Resolution (Senate Resolution 239 vom 11. Juni 1948) formuliert hatte – nämlich zur Umgehung des Veto-Rechts der Großmächte im Sicherheitsrat Artikel 51 für ein »progressive development of regional and other collective arrangements for individual and collective self-defence« unter aktiver Beteiligung der USA zu benutzen (vgl. Czempiel, 1966). Daß diese regionale Bündnispolitik nunmehr den gesamten atlantischen Raum einschloß, war ebenso innovativ wie die Förderung der europäischen Integration durch den Marshall-Plan (bedenkt man, daß die USA in der Zwischenkriegszeit eine verteidigungspolitische Bindung an europäische Staaten strikt abgelehnt hatten). Zugleich entstand mit der NATO-Konstruktion jedoch ein latenter Gegensatz zwischen einem atlantischen und einem europäischen Konzept (Calleo und Rowland, 1973). Er blieb deshalb zunächst latent, weil die Erwartung vorherrschte, ein vereintes Europa würde eine pro-amerikanische und atlantische Politik betreiben.
Die NATO hatte zunächst keine integrative Militärorganisation, sondern war eine multilaterale Beistandsallianz mit ausgeprägter unilateraler Entscheidungskompetenz der USA; Artikel 5 definiert die wechselseitige Beistandspflicht der Vertragsstaaten im Falle eines Angriffs dahingehend, daß »jeder von ihnen sofort für sich und im Zusammenwirken mit den anderen Vertragsstaaten diejenigen Maßnahmen unter Einschluß der Verwendung bewaffneter Kräfte ergreift, die er für notwendig erachtet, um die Sicherheit des nordatlantischen Gebietes wiederherzustellen und aufrechtzuerhalten«. Starke Kräfte im Kongreß und der Gemeinsame Stab der amerikanischen Streitkräfte legten Wert darauf, daß die Verpflichtung zur Konsultation nicht mit der Verpflichtung zu militärischem Handeln gleichzusetzen sei; sie fürchteten, daß eine weniger allgemein gehaltene Formulierung die gefährliche Tendenz schaffen könne, die amerikanische »Planungs- und Handlungsfreiheit hinsichtlich einer globalen Strategie« zu beeinträchtigen (Memorandum der Joint Chiefs of Staff vom 5. 1. 1949, in: FR, 1949, IV, S. 12).
Die Unterscheidung zwischen globalen und regionalen Aufgaben schloß auch die Berücksichtigung des französischen Wunsches nach Herstellung einer amerikanisch-britisch-französischen Dreierführung innerhalb der NATO von vornherein aus: die amerika-

nische Regierung betonte zur Begründung ihrer Entscheidungsfreiheit ihre weltweiten Verpflichtungen und räumte ein, daß auch Großbritannien derartige Verpflichtungen habe, während Frankreich primär als eine regionale Macht angesehen wurde; daher erschien eine französische Beteiligung an der Erörterung globaler Strategiefragen als nicht angebracht (Memorandum des Direktors des Office of European Affairs vom 17. 2. 1949, in: FR, 1949, IV, S. 121).

Die Transformation der NATO aus einer klassischen Allianz in ein neuartiges Bündnis gemeinsamer Verteidigungsplanung wurde durch den Verlust Chinas (1949), unter dem Eindruck der Explosion der ersten sowjetischen Atombombe (September 1949) und insbesondere durch den Ausbruch des Korea-Krieges (Juni 1950) gefördert und beschleunigt, ohne daß indes das unilaterale Moment im zentralen strategischen Bereich völlig beseitigt wurde. Sie war eng verbunden mit der Entscheidung vom September 1950, die Bundesrepublik Deutschland wiederaufzurüsten und die deutschen Streitkräfte (mit oder ohne die Zwischenschaltung einer Europa-Armee) in die NATO zu integrieren, bei gleichzeitiger Verstärkung der amerikanischen Bodentruppen in Europa und der Entsendung eines NATO-Oberbefehlshabers (Supreme Commander) (vgl. L. W. Martin, 1963, S. 643 ff.).

Die hegemoniale Stellung der USA in der multilateralen Organisation wurde durch ein Netz bilateraler Abkommen mit einzelnen europäischen Staaten zusätzlich abgesichert. Aus der Sicht selbstbewußter europäischer Staaten war sie ein notwendiges Übel, das solange tolerabel erschien, wie der über die nukleare Abschreckung verfügende Hegemon von dem weltpolitischen Gegner im eigenen Lande nicht verletzt werden konnte. Diese Situation änderte sich mit der Entwicklung der sowjetischen Interkontinental-Waffen Mitte der fünfziger Jahre. Die neue Unsicherheit erzeugte die Debatte über eine stärkere Mitbestimmung der europäischen Staaten innerhalb des atlantischen Bündnisses. Wiederum tauchte der französische Plan eines Dreier-Direktoriums auf, dessen Ablehnung ein wichtiger Grund für das schließliche Ausscheiden Frankreichs aus der militärischen Integration (1959–1966) war.

Die atlantischen Pläne für eine multilaterale atomare Streitmacht (MLF) scheiterten ebenso wie die Versuche, eine eigenständige europäische Verteidigungsmacht aufzubauen (Fouchet-Plan) oder die französisch-deutschen Beziehungen zur Basis einer unabhängigen europäischen Politik zu gestalten (Freundschaftsvertrag von 1963). Der »Grand Design« Präsident Kennedys – die Idee einer gleichberechtigten Partnerschaft zwischen den USA und Westeuropa – war Zukunftsmusik, da die Realisierung von der *politischen* Einigung Westeuropas abhängig gemacht wurde (vgl. Stanley Hoffmann, 1970).

Trotz wiederholter Meinungsverschiedenheiten blieb das Bündnis jedoch relativ stabil. Die Hegemonialmacht förderte – als externe Elite – die Gründung der EGKS (1951) und der EWG sowie der Euratom im Jahre 1957 (vgl. Etzioni, 1965, und Link, 1972). Mit der Erstarkung und Erweiterung der Europäischen Gemeinschaften entstand zwar ein Spannungsverhältnis zwischen atlantischer Zusammenarbeit und europäischer Integration, das auf dem wirtschafts- und handelspolitischen Sektor (vgl. den Hähnchenkrieg und die Kontroversen im GATT) und – nach der Einrichtung der Europäischen Politischen Zusammenarbeit (1970) – auch in der Außenpolitik im engeren Sinne zunehmend relevant wurde. Aber die Allianz wurde dadurch nicht gesprengt, sondern paßte sich an. Inzwischen zeichnet sich, insgesamt betrachtet, im euro-amerikanischen Beziehungszusammenhang eine bifokale Struktur ab, die lediglich dadurch überdeckt wird, daß die westeuropäischen Staaten von dem nuklear-strategischen Schutz der USA abhängig bleiben. Die atlantische Allianz hat unter den Bedingungen des Kalten Krieges machtpolitisch die sowjetische Übermacht in Europa balanciert und dadurch die Stabilisierung und die Einleitung der Entspannungspolitik in Europa (parallel zu den entsprechenden bilateralen Verhandlungen der beiden Hegemonialmächte) nicht nur ermöglicht, sondern aktiv betrieben (vgl. den Harmel-Bericht und das Signal von Reykjavik; siehe u.a. Haftendorn, 1974). Die Verhandlungen zwischen den beiden Militärallianzen und zwischen der Europäischen Gemeinschaft und dem Rat für gegenseitige Wirtschaftshilfe sowie die wachsenden realen ökonomischen Austauschbeziehungen zwischen den westlichen und östlichen Staaten erfolgen unbeschadet der nach wie vor zentralen Stabilisierungsfunktion, die von den antagonistischen Allianzen und Gruppierungen im Kontext des Ost-West-Konflikts ausgeübt wird.

In Europa hatte sich die Stabilisierung durch wechselseitige Regression, d.h. durch ein System von Allianzen und Gegenallianzen, 1955 voll ausgebildet: das Übergewicht der Sowjetunion war durch das amerikanische Engagement balanciert worden. In dieser neuen Konstellation konnte eine kurze Entspannungsphase (Semi-Détente) entstehen, in der die Neutralisierung Österreichs einvernehmlich vereinbart und damit an einer Stelle der Demarkationslinie zwischen den beiden Interessensphären eine Pufferzone geschaffen wurde. Im globalen internationalen System bestand hingegen weiterhin ein klares Übergewicht der USA. Da die Sowjetunion nach der endgültigen Abgrenzung und Stabilisierung der beiden Interessensphären in Europa die Ausbalancierung des *internationalen* Übergewichts der USA durch Einflußausweitung in dieser Region nicht mehr mit Aussicht auf Erfolg betreiben konnte, intensivierte sich die Großmächtekonkurrenz in denjenigen Regionen, in denen diese Stabilisierung und Abgrenzung weniger erfolgreich verlaufen war.

8.3. Im *außereuropäischen Bereich* hatten die USA seit Beginn des Kalten Krieges ebenfalls versucht, durch eine Kombination von multilateralen und bilateralen Verträgen das Ersatz-Sicherheitssystem unter eigener Führung und auf der Basis von Artikel 51 der UN-Satzung zu etablieren und somit statt der Kollektiv-Hegemonie der Großmächte eine amerikanische Hegemonie zur Eindämmung des sowjetischen Einflusses zu organisieren. Das für die Hoch-Zeit des Kalten Krieges richtungweisende Dokument amerikanischer Weltpolitik, NSC-68 (April 1950), beschrieb die angestrebte weltweite Rolle der USA im bipolaren System mit großer Anschaulichkeit: die USA figurieren als Macht- und Führungszentrum der freien Welt, das die nicht-kommunistischen Staaten um sich gruppiert (Etzold und Gaddis, 1978, S. 385ff.). Ähnlich wie in Europa bevorzugten die USA in den anderen Weltregionen *multilaterale* Allianzbildungen:
Der Interamerikanische Vertrag über gegenseitigen Beistand (Rio-Pakt) von 1947 und die Organisation Amerikanischer Staaten (OAS) 1948, in deren Satzung der Rio-Vertrag eingebaut wurde, sollten Lateinamerika stabilisieren; der Anzus-Pakt von 1951 und die South East Asian Treaty Organization (SEATO) von 1954 waren die kollektiven Organisationen im Pazifischen Raum; und der von Großbritannien geführte Bagdad-Pakt (1955), der nach dem Austritt des Iraks im Jahre 1958/59 zum Cento-Pakt umgestaltet wurde, umfaßte die Türkei, den Iran und Pakistan, und zwar in Verzahnung mit einem System von Sicherheitsabkommen zwischen diesen Ländern und den Vereinigten Staaten.
Unter der Vielzahl amerikanischer *bilateraler* Verträge sind insbesondere die Verteidigungspakte mit den Philippinen (1951), mit Japan (1951/52 und 1960), mit Israel (1952), mit Südkorea (1953) und mit Taiwan (1954) zu nennen.
Die multilateralen außereuropäischen Allianzen konnten freilich weder von einer Erosion bewahrt noch gar »natoisiert« werden. Sogar in der traditionellen Einflußsphäre der USA – in Mittel- und Südamerika – gewann die Sowjetunion mit Kuba einen politischen Verbündeten und entstanden eigenständige Gruppierungen (bis hin

zur Gründung von SELA), die eine größere Unabhängigkeit von der nordamerikanischen Hegemonialmacht anstreben. In asiatischen und afrikanischen Ländern gingen antikoloniale, nationalistische Befreiungsbewegungen und sozial-revolutionäre Gruppen eine Verbindung ein, die einer Einordnung dieser Länder in ein am Ost-West-Konflikt orientiertes Bündnissystem erschwerten oder gar ausschlossen. Die Konzeption der Ungebundenheit (non-alignment) gewann in Asien und bei den jungen Staaten Afrikas, die sich 1963 u.a. zur Abwehr des Großmächte-Einflusses in der Organisation für Afrikanische Einheit (OAU) zusammenschlossen, zunehmende Aktivität. Mit der seit der Konferenz von Bandung (1955) (vgl. Kahin, 1956; Sasse, 1958) sich entwickelnden lockeren Organisation der sogenannten Dritten Welt bis hin zur Gruppenbildung der Entwicklungsländer in den Vereinten Nationen in den sechziger Jahren entstand die akteursmäßige Voraussetzung für die Politisierung des Spannungsverhältnisses zwischen Industriestaaten und Entwicklungsländern; der Nord-Süd-Konflikt überlagerte den Ost-West-Konflikt (s. unten Kapitel IV). Damit wurde die amerikanische Politik, diese Regionen multilateral im Zeichen des Ost-West-Konflikts allianzpolitisch zu organisieren, obsolet – was am deutlichsten durch den Rückzug aus Südvietnam (1975) und durch die Auflösung der SEATO 1977 sichtbar wurde. Freilich hörte damit die Konkurrenz um Einflußsicherung bzw. -ausweitung zwischen den beiden Hauptmächten des Ost-West-Konfliktes und zwischen ihnen und der neu entstehenden Großmacht China keineswegs auf. Vielmehr steigerte die Sowjetunion – nach der Erlangung strategischer Parität mit den USA – ihre globale Einflußpolitik im außereuropäischen Raum unter Einsatz eigener Machtmittel (Rote Flotte, Rüstungslieferungen, Entsendung von Ausbildern) und mit Hilfe ihrer Verbündeten (z.B. Kuba), und zwar im Wettkampf sowohl mit den USA als auch mit China.
Die Entwicklung der Volksrepublik China zu einem dritten Machtpol (siehe oben) und das Ausscheiden dieser aufsteigenden Großmacht aus dem sowjetischen Allianzsystem ist die wichtigste allianzpolitische Änderung Anfang der sechziger Jahre.

Die ideologischen und machtpolitischen Differenzen, die bereits in der zweiten Hälfte der fünfziger Jahre teilweise erkennbar waren, führten im Sommer 1960 zum offenen sowjetisch-chinesischen Konflikt, der sich im Abzug der sowjetischen Experten aus China und in ersten größeren Zwischenfällen an der chinesisch-sowjetischen Grenze manifestierte. In der Folgezeit kam es – nach chinesischen Angaben – zu über 4000 Grenzzwischenfällen, die schließlich 1969 im Ussuri-Konflikt bis an die Schwelle des atomaren Krieges eskalierten (zur völkerrechtlichen und zur politischen

Bedeutung des Grenzstreites und der chinesischen Forderung, die unter Verletzung der russisch-chinesischen Verträge annektierten Gebiete zurückzuerhalten, siehe u. a. Chiu, 1972; Hinton, [2]1972; Heinzig, 1979).

Die Herausbildung einer eigenständigen chinesischen Außenpolitik, die seit den siebziger Jahren hauptsächlich einer Gegenmachtbildung gegen die Sowjetunion dient, hat ein neues Beziehungsmuster hervorgebracht, das sich im handelspolitischen Bereich am klarsten ablesen läßt, nämlich die Regression der sowjetisch-chinesischen Beziehungen und die Intensivierung der Beziehungen zu den »Zwischenzonen«-Staaten, vornehmlich zu Japan, den westeuropäischen Staaten und Australien (vgl. Holsti u. a., 1972; zum Zwischenzonenkonzept siehe unten Kapitel IV). Damit einhergegangen ist die Annäherung an die USA und zugleich eine verstärkte Konkurrenz um Einfluß in der Dritten Welt (vgl. DGAP, 1975; Rubinstein, [2]1976; Hsüeh, 1977; Kim, 1979).
In dieser Großmächtekonkurrenz im außereuropäischen Bereich ist die bilaterale Allianzpolitik (statt des früheren Multilateralismus) zum wichtigsten Strukturelement geworden, während gleichzeitig außerhalb dieser Dreieckskonkurrenz der Großmächte in einigen Regionen multilaterale Gruppierungen entstanden sind und strukturbildend wirken: die Organisation für Afrikanische Einheit (OAU) (vgl. Woronoff, 1970) und die Wirtschaftsgemeinschaft Westafrikanischer Staaten (ECOWAS) (vgl. Onwuka, 1980), die Assoziation Südostasiatischer Nationen (ASEAN) (vgl. Dauth, 1979) und das Lateinamerikanische Wirtschaftssystem (SELA) (vgl. Mols, 1978). Aus der relativen Einfachheit der bipolaren Allianzstruktur des Kalten Krieges hat sich so eine Komplexität entwikkelt, die nicht nur in regionalen Unterschieden, sondern auch in Unterschieden zwischen verschiedenen Handlungs- und Beziehungsbereichen der jeweiligen Regionen sichtbar wird.

9. Die Konkretisierung des Ost-West-Konflikts in Krisensituationen und das krisenpolitische Verhaltensmuster der beiden Supermächte

Daß die beiden Großmächte, USA und UdSSR, ihren macht- und ordnungspolitischen Konflikt durch Blockbildungen (Allianzen) und andere regressive Maßnahmen zu regulieren versuchten, schloß bzw. schließt nicht die Gefahr aus, daß der Konflikt – beabsichtigt oder nicht – kriegerisch ausgetragen wird. Diese Gefahr bestand und besteht nach wie vor, wenn sich der Ost-West-

Konflikt (a) in lokalen oder regionalen Krisensituationen konkretisiert oder (b) mit lokalen bzw. regionalen Krisen verbindet und zu einer internationalen Krise zuspitzt (vgl. die Krisen-Definition von Phil Williams, 1976, S. 25). Das Konfliktpotential, aus dem sich Krisen beiden Typs entwickeln konnten, war nach 1945 beträchtlich – nicht zuletzt wegen der Auflösung der Kolonialreiche und wegen sozialer Umwälzungen in den neuen Staaten. Robert L. Butterworth (1976) hat für den Zeitraum 1945–1974 insgesamt 247 Konflikte von zwischenstaatlich sicherheitspolitischer Bedeutung ermittelt, von denen allerdings nur 48 (ca. 19%) primär und direkt einen Bezug zum Kalten Krieg (d. h. zur Auseinandersetzung zwischen kommunistischen und nicht-kommunistischen Tendenzen und Gruppierungen) hatten. Darüber hinaus bestanden jedoch in vielen Fällen indirekte und vermittelte Beziehungen zu dem strukturbestimmenden Ost-West-Konflikt. Denn einerseits ruft die Neigung einer lokal-regionalen Konfliktpartei, sich bei de Hilfsgesuche der Gegenpartei bei einer anderen Großmacht hervor; andererseits neigen die Großmächte dazu, derartige lokale Konflikte für die eigene Einflußerhaltung oder -erweiterung zu nutzen oder doch zumindest der antagonistischen Großmacht eine Einflußsteigerung zu verwehren. Nicht nur die Großmächte, sondern auch mittlere Mächte nehmen an diesem weltweiten Wettlauf um Einfluß teil; kompetitive und konfliktorientierte Verwicklungen sind unter den Bedingungen des bestehenden Staatensystems (siehe Kapitel I) an der internationalen Tagesordnung (vgl. Spiegel, 1972, S. 154 ff.). Und die beiden Großmächte, die USA und die UdSSR, haben aufgrund ihrer Machtposition und ihres Ressourcenreichtums einen Hauptanteil an diesen Verwicklungen; durch ihr Handeln stellen sie häufig eine Verbindung zwischen lokalregionalen Konflikten und dem Ost-West-Konflikt her, wodurch nicht selten die Tendenz zur krisenhaften Zuspitzung steigt. Der Indochina- und Vietnam-Krieg, der Nahost-Konflikt sowie seine kriegerischen Eskalationen, die Konflikte zwischen Indien und Pakistan (1965 und 1971) und eine Serie von Konflikten in Afrika (von der Kongo-Krise bis zum Konflikt zwischen Somalia und Äthiopien) sind die schwerwiegendsten Fälle einer derartigen Entwicklung.

Der *Indochina- und Vietnam-Konflikt,* dessen Verlauf hier nicht nachgezeichnet werden kann (vgl. den Überblicksaufsatz und die Literaturhinweise von K. M. Kreis in: W. Woyke, 1977, S. 325 ff.), war zunächst eine regionale Konkretisierung der globalen Entkolonialisierungstendenz. Erst durch das Bündnis der nationalistisch-revolutionären Befreiungsbewegung Vietnams mit den sozialistischen Staaten UdSSR und Volksrepublik China

und durch die amerikanische Unterstützung der französischen Imperialpolitik in der Hochphase des Kalten Krieges wurde er in das Koordinatensystem des Ost-West-Konflikts transponiert. Die Versuche zur einvernehmlichen Regelung wurden jeweils in den Phasen einer Ost-West-Entspannungspolitik unternommen. Der erste Versuch erfolgte auf der Genfer Indochina-Konferenz (Mai/Juni 1954); der Waffenstillstand sah eine vorübergehende zonale Trennung von Nord- und Südvietnam entlang des 17. Breitengrades und gesamtvietnamesische Wahlen im Jahre 1956 vor. Diese gemischt regressiv-integrative Politik scheiterte ebenso wie die Semi-Détente von 1954/55, in die sie eingebettet war. Die gewaltsame Konfliktaustragung eskalierte in den sechziger Jahren: einerseits zunehmende Infiltration Südvietnams durch Nordvietnam bis zur Entsendung von Kampfverbänden und andererseits massive militärische Unterstützung Südvietnams durch die USA mit Waffen und mit Kampftruppen (1969: 540500 Soldaten) bis hin zur Bombardierung und Seeblockade Nordvietnams sowie der Ausweitung der Kampfhandlungen auf Laos und Kambodscha. Die aktive Unterstützung der UdSSR und der Volksrepublik China für Nordvietnam beschränkte sich auf Waffenlieferungen. Die Risikobereitschaft beider Länder blieb bemerkenswert niedrig. Als sich Anfang der siebziger Jahre die Détente-Politik im sowjetisch-amerikanischen und chinesisch-amerikanischen Verhältnis trotz der Eskalation des Vietnam-Krieges durchsetzte, konnte eine Konfliktbeilegung auf dem Verhandlungswege erreicht werden. Das Pariser Abkommen von 1973 ermöglichte den USA den Rückzug aus einer hoffnungslosen Selbstverstrickung, konnte jedoch nicht verhindern, daß die vietnamesischen Kommunisten anschließend einseitig und gewaltsam ihren Herrschaftsanspruch in Gesamtvietnam durchsetzten (1975/76). Gleichzeitig eroberten die Kommunisten in Kambodscha und Laos die Macht. Die Zuspitzung der sowjetisch-chinesischen Konkurrenz in dieser Region, die Gegenmachtpolitik der Assoziation Südostasiatischer Nationen (ASEAN), das »niedrige Profil« der amerikanischen Präsenz (Nixon-Doktrin) und der gestiegene Einfluß Japans charakterisieren die neue politische Konstellation in Südostasien, die weniger denn je direkter Ausdruck des Ost-West-Konflikts ist.
Der *Nahost-Konflikt* hat sich zunächst ebenfalls unter den Bedingungen der Entkolonialisierung, speziell im Zuge der Erosion der britischen Imperialmacht, entwickelt. Die Gründung des Staates Israel nach Abzug der Mandatsmacht (1948) und der Kampf der arabischen Staaten und der Palästinenser gegen diesen Staat haben den jahrzehntelangen jüdisch-arabischen Konflikt in einen zwischenstaatlichen Konflikt verwandelt, aber nicht unmittelbar in den Kalten Krieg eingefügt. Erst relativ spät, nämlich seit 1954/55 (insbesondere nach dem gescheiterten französisch-britisch-israelischen Suez-Abenteuer von 1956), hat die Konkurrenz zwischen den beiden Hauptantagonisten des Ost-West-Konflikts auf den Nahen Osten übergegriffen und den Konflikt wesentlich mitbestimmt (vgl. den Übersichtsartikel und die Literaturhinweise von R. Robert, in: W. Woyke, 1977, S. 230–235). In den Phasen der kriegerischen Zuspitzung des israelisch-arabischen Konflikts haben beide Supermächte darauf geachtet, daß die Unterstützung ihrer jeweiligen Klientelstaaten nicht zu einer direkten

amerikanisch-sowjetischen Konfrontation eskalierte. Die USA und die UdSSR haben wiederholt und erfolgreich ein Krisen- und Kriegsbeschränkungsmanagement praktiziert, aber trotz einiger Ansätze (Genfer Nahost-Friedenskonferenz) keine gemeinsame Friedenspolitik betrieben. Vielmehr haben die USA versucht, ohne die Mitwirkung der UdSSR einen Frieden im Nahen Osten zu stiften. Aufbauend auf den Teilerfolgen der Kissinger-Diplomatie, ist nach dem endgültigen Frontenwechsel des ägyptischen Präsidenten Sadat zwar mit amerikanischer Vermittlung (Camp David, September 1978) ein ägyptisch-israelischer Separatfriedensvertrag zustande gekommen (26. 3. 1979). Dadurch ist jedoch der Konflikt zwischen Israel und den Ablehnungsstaaten, die von der Sowjetunion unterstützt werden, verschärft worden. Die zentrale Rolle des Palästinenser-Problems im arabisch-israelischen Konflikt verweist einerseits darauf, daß der Nahost-Konflikt trotz der Verzahnung zwischen den regionalen und globalen Konfliktparteien keine Konkretisierung des Ost-West-Konflikts ist. Andererseits ist eine friedliche Gesamtregelung des Nahost-Konflikts in Anbetracht des Engagements der USA und der UdSSR in dieser Region nur im Rahmen einer Verständigung zwischen den beiden Kontrahenten des Ost-West-Konflikts denkbar. Bis dahin ist stets die Gefahr latent, daß ein Scheitern des regionalen Krisenmanagements zu einem direkten amerikanisch-sowjetischen Zusammenstoß führt.

Für das globale System waren bzw. sind diejenigen Krisen am gefährlichsten, bei denen die Hauptantagonisten des Ost-West-Konflikts die *originären* Konfliktparteien sind und *direkt* aufeinanderstoßen. Vier solche Krisensituationen kennzeichneten die Höhepunkte des Kalten Krieges (vgl. die Graphik bei Bergeron, 1971, S. 208):
- die Berlin-Blockade (1948/49),
- der Korea-Krieg (1950–53),
- die Berlin-Krise (1958–61) und
- die Kuba-Krise (1962).

Die asymmetrische Bipolarität des internationalen Systems und die nuklear-strategische Vormachtstellung einer Großmacht (der USA) setzten bisher die Rahmenbedingungen für das Krisenverhalten (Snyder und Diesing, 1977, S. 419 ff.). Unter den Bedingungen nuklearer Abschreckung war es bei den Krisen nicht rational, die Krise bzw. den lokal-regionalen Krieg zu einem Krieg zwischen den Großmächten zu eskalieren; die zu erwartenden Kosten wären unakzeptabel gewesen. Trotzdem hat in den vier genannten Fällen eine Transformation des Krisenrisikos in ein Kriegsrisiko stattgefunden; die UdSSR und die USA begaben sich in einem Wettbewerb der eskalierenden Risikobereitschaft (Adomeit, 1973, S. 5). Daher hat das amerikanisch-sowjetische Krisenmanagement zentrale Bedeutung erlangt. Es zielte und zielt darauf ab, den Kriegsausbruch zu verhindern oder die kriegerische Auseinandersetzung geographisch und in Zielsetzung und Mittelanwendung zu begrenzen. Pointiert ausgedrückt: das Krisenmanagement (nicht die Krise selbst, wie Glenn Snyder, 1972, S. 220, mißverständlich formuliert) ist im Nuklearzeitalter an die Stelle des Großmächtekriegs als Konfliktlösungsmodus getreten und hat bei der Austragung des Ost-West-Konflikts eine »Surrogat-Funktion« erlangt.

Das krisenpolitische Verhaltensmuster der USA und der UdSSR ist in der Literatur insbesondere von P. C. Fielder (1969), Adomeit (1973) und Phil Williams (1976) herausgearbeitet worden (in der deutschen Literatur s. J. H. Kaiser, 1973; zur theoretischen Erörterung vgl. Thomas C. Schelling, 1960); und die vier kritischen Höhepunkte des Kalten Krieges sind durch zahlreiche Studien hinreichend erhellt worden, so daß eine zusammenfassende Aussage möglich ist: die Sowjetunion versuchte jeweils ihren Einfluß über die bei Kriegsende geschaffene Demarkationslinie hinaus zu erweitern, während die USA dagegen Widerstand leisteten und mit Erfolg die Erhaltung bzw. Wiederherstellung des Status quo betrieben. Die Krisen wurden bis an den Rand des direkten Krieges zwischen den USA und der Sowjetunion – aber nicht darüber hinaus! – eskaliert:

(a) *Bei der Berlin-Blockade (1948/49)* operierte die Sowjetunion mit der Fiktion, daß »technische Schwierigkeiten« für die Unterbrechung des Berlin-Zugangs auf dem Landwege verantwortlich seien; die USA – sowie Großbritannien und Frankreich – verzichteten auf den Versuch, den Landzugang militärisch zu erzwingen; sie reagierten statt dessen mit der Einrichtung der Luftbrücke, was wiederum von der Sowjetunion toleriert wurde. Das Jessup-Malik-Abkommen stellte im wesentlichen den Status quo ante wieder her.

(b) *Der Korea-Krieg (1950–53)* wurde zweifellos mit Unterstützung und Billigung der Sowjetunion ausgelöst (vgl. Kalicki, 1975, S. 25–31), aber sie setzte keine eigenen Truppenkontingente ein; und die Volksrepublik China griff direkt (aber mit der Fiktion, es handele sich um Freiwilligenverbände) erst dann in die Kämpfe ein, als sich die unter amerikanischem Oberbefehl operierenden UN-Truppen nach Überschreitung der Demarkationslinie zwischen Nord- und Südkorea (38. Breitengrad) der chinesischen Grenze näherten; die USA operierten ihrerseits mit der Fiktion, die UNO sei der eigentliche Akteur und sie vermieden es, die Kriegshandlungen auf das Territorium der Volksrepublik China auszudehnen oder taktische Nuklearwaffen einzusetzen (obwohl entsprechende Drohungen im Frühjahr 1953 zur Erreichung eines Waffenstillstands entlang der alten Demarkationslinie ausgesprochen wurden). Der Krieg blieb begrenzt und endete ebenfalls im wesentlichen mit der Wiederherstellung des Status quo ante durch den Waffenstillstandsvertrag vom 27. 7. 1953.

(c) *Die zweite Berlin-Krise (1958–61)*, die im November 1958 durch die ultimative Forderung der Sowjetunion nach Abzug der westlichen Besatzungsmächte und Umwandlung West-Berlins in eine »Freie Stadt« ausgelöst wurde, eskalierte im Sommer 1961; beide Seiten waren bereit, ein hohes Kriegsrisiko einzugehen; durch den Bau der Mauer (13. 8. 1963), der primär die Unterbindung des Flüchtlingsstroms zum Ziele hatte, wurde zwar der Viermächtestatus Gesamt-Berlins verletzt; die Westmächte enthielten sich einer gewaltsamen Beseitigung der Mauer, aber sie demonstrierten zugleich durch die Verstärkung ihrer Truppen, daß sie entschlossen waren, an ihren Zugangs- und Präsenzrechten festzuhalten; die westalliierte Präsenz in Berlin und damit die Freiheit West-Berlins blieb erhalten (einschließlich des westlichen Rechtsanspruches bezüglich Groß-Berlins).

(d) *Die Kuba-Krise (1962)* brachte bekanntlich die gefährlichste Eskalation des Ost-West-Konflikts bis unmittelbar an den Rand des Nuklearkrieges. Vorausgegangen war die Ausweitung des sowjetischen Einflusses durch die Unterstützung des Castro-Regimes, gegen das die USA nur indirekt und erfolglos interveniert hatten (Unterstützung der Schweinebucht-Invasion der Exilkubaner im April 1961). Den entscheidenden sowjetischen Eskalationsakt, die heimliche Errichtung von Raketenstützpunkten auf Kuba, beantworteten die USA durch die Verhängung der See-Blockade und durch die Forderung nach Demontage der Abschußrampen und nach Abzug der Raketen (22. 10. 1962). Die Alternative, durch einen amerikanischen Luftangriff die Raketenstellungen zu zerstören, wurde verworfen, und das erste Anzeichen eines sowjetischen Einlenkens (Brief Chruschtschows an Kennedy vom 26. Oktober) wurde positiv aufgegriffen, obwohl ein amerikanisches Aufklärungsflugzeug am folgenden Tag über Kuba abgeschossen wurde. Die Krise endete, indem der Abzug der sowjetischen Raketen gegen den amerikanischen Verzicht auf eine Kuba-Invasion vereinbart wurde, so daß auch in diesem Fall im wesentlichen der Status quo ante wiederhergestellt wurde. Der Abbau veralteter amerikanischer Raketen in der Türkei erfolgte ein Jahr später und war nicht offizieller Bestandteil der Kuba-Vereinbarung (vgl. den Briefwechsel zwischen Kennedy und Chruschtschow, abgedruckt in: Department of State Bulletin, 19. 11. 1973, S. 635–655).

In allen vier Fällen war die Wahrscheinlichkeit eines Weltkrieges relativ hoch. Aber es läßt sich vermuten, daß die Initiative zur

krisenhaften Zuspitzung aufgrund einer sowjetischen Einschätzung erfolgte, die das Kriegsrisiko anfangs gering erscheinen ließ:
1948 gab es in den westlichen Demokratien (einschließlich der USA) Tendenzen, die angesichts der anormalen geographischen Lage Berlins eine »Frontbegradigung« durchaus in Erwägung zogen, um eine kriegerische Auseinandersetzung mit der Sowjetunion im Lande des ehemaligen gemeinsamen Kriegsgegners zu vermeiden. Südkorea war 1949/50 nach dem Rückzug der Besatzungstruppen in öffentlichen Stellungnahmen von General MacArthur und Außenminister Acheson nicht ausdrücklich in die amerikanische Verteidigungslinie (defensive perimeter) einbezogen worden (Halle, 1967, S. 206), so daß die Wahrscheinlichkeit einer direkten militärischen Konfrontation mit den USA kommunistischerseits gering eingeschätzt wurde (Kalicki, 1975, S. 20 ff.). Die Reaktion auf das sowjetische Berlin-Ultimatum vom November 1958 ließ die Interpretation zu, daß die westliche Garantie sich nur auf West-Berlin bezog und eine einseitige Übertragung der sowjetischen Rechte in Berlin bzw. der Kontrollrechte auf den Zugangswegen nach Berlin auf die DDR pragmatisch behandelt würde (vgl. das sogenannte Agenten-Konzept von Außenminister Dulles). Schließlich konnte die Tatsache, daß die USA die Umwandlung Kubas in einen politischen Alliierten der Sowjetunion ohne entschiedenen Widerstand hinnahmen, die Vermutung entstehen lassen, daß auch der Ausbau Kubas zur sowjetischen Militärbasis möglich sein könnte, ohne die Auslösung eines Atomkrieges zu riskieren. (Über die Motive und Ziele, die Chruschtschow mit der Stationierung von Mittelstreckenraketen auf Kuba verband, gibt es keine sichere Erkenntnis; am wahrscheinlichsten ist die Erklärung, daß er das amerikanische Übergewicht an Interkontinental-Raketen habe ausgleichen wollen; vgl. Quester, 1970, S. 233 ff., Ruehl, 1974, S. 77 ff.; Allison, 1971).

Bei den vier Hauptkrisen lagen also die sowjetischen Risikoeinschätzungen anfangs wahrscheinlich unterhalb der Weltkriegsschwelle, und als sich diese Einschätzung angesichts des amerikanischen Widerstandes jeweils als falsch erwies, korrigierte die Sowjetunion ihre Politik, um das Überschreiten dieser Schwelle zu verhindern. Umgekehrt waren auch die USA in ihren Reaktionen auf die sowjetische Kriseneskalation bestrebt, unterhalb dieser Schwelle zu agieren und der UdSSR die Kurskorrektur zu ermöglichen. Ein ähnliches Muster zeigt das amerikanisch-chinesische Krisenverhalten in den fünfziger Jahren in Korea, Indochina und in der Straße von Formosa (vgl. Kalicki, 1975).

Auf diese Weise bildeten sich – wie Fielder, Williams und Kaiser unabhängig voneinander ermittelt haben – kumulativ »Verhaltensnormen« oder »Regeln«, die von beiden Seiten beachtet wurden, nämlich

- Minimalisierung der Mittel, d. h. zunächst die geringsten Mittel einzusetzen
- dem Gegner eine Rückzugslinie offenzuhalten und ihn nicht vor die Alternative »totaler Krieg oder totale Kapitulation« zu stellen und
- die Spannungen nicht über eine noch als zumutbar und kontrollierbar erachtete Höhe zu steigern und die vitalen Interessen des Gegners zu respektieren.

Freilich sind diese informellen Verhaltensnormen – wie übrigens von Phil Williams (1976, S. 200) ausdrücklich vermerkt wird – kaum mehr als alte Grundregeln kluger Diplomatie und Staatskunst. Es ist jedoch aufschlußreich, daß sie entgegen landläufiger Meinung auch im Kalten Krieg sorgfältig beachtet wurden. Die Erfahrungen der Kriegsgefahr und des gemeinsamen Krisenmanagements förderte die Einsicht der Hauptkontrahenten, daß sie trotz unüberwindlicher Gegensätze auch ein gemeinsames Interesse an der Krisenbeherrschung und Konfliktdeeskalation haben. Die Kuba-Krise vom Oktober 1962 ist in dieser Hinsicht eine Wendemarke, und zwar – wie Fielder (1969, S. 504) treffend formuliert hat – nicht weil irgendeine neue Technik des Krisenmanagements angewandt wurde (das Krisenmanagement entsprach vielmehr dem Verhalten in den vorausgegangenen Krisen); die eigentliche Bedeutung der Kuba-Krise lag vielmehr in der Tatsache, daß sie um ein Haar der Kontrolle entglitten wäre. Der Krisenverlauf machte beiden Seiten bewußt, wie gefährlich eine Eskalation und wie klein der Spielraum für diplomatischen Irrtum war, so daß in der Folgezeit weder die Sowjetunion noch die USA ähnlich hohe Eskalationsrisiken eingingen. D.h. »bedeutsam waren die politischen Konsequenzen und nicht die Art und Weise, wie der Krisenfall behandelt wurde« (Fielder).
Nicht ein »Plan«, sondern eine politische Methode förderte die Weiterentwicklung des Krisenmanagements und den Beginn von ernsthaften Verhandlungen über konkrete Abkommen zur Konfrontations- und Krisenvermeidung. Die Politik der schrittweisen Deeskalation des Ost-West-Konflikts, die von dem amerikanischen Präsidenten Kennedy im Zusammenspiel mit dem sowjetischen Partei- und Regierungschef Chruschtschow im Sommer 1963 eingeleitet wurde, entsprach der Strategie des Gradualismus (siehe oben Kapitel I), dessen Grundzüge Charles Osgood schon 1960

veröffentlicht hatte und die Kennedy und seinen außenpolitischen Beratern bekannt waren.

Ausgangspunkt und Anstoß des sogenannten Kennedy-Experiments (Etzioni, [2]1970) war die Friedensrede des amerikanischen Präsidenten vor der American University in Washington, D. C., am 10. Juni 1963.

Kennedy forderte nicht nur die Sowjetunion, sondern ausdrücklich auch die USA – sein eigenes Land und seine Mitbürger – auf, ihre bisherigen Einstellungen zum Kalten Krieg und zur Sicherung des Friedens und der Freiheit sowie die Einstellung beider Länder zueinander grundlegend zu überprüfen und zu verändern, »sich nicht nur ein verzerrtes und verzweifeltes Bild von der anderen Seite zu machen, den Konflikt nicht als etwas Unvermeidliches und den Ausgleich als unmöglich anzusehen und nicht jede Kommunikation lediglich als Austausch von bloßen Worten und Drohungen zu betrachten«. Trotz aller Differenzen hätten beide Seiten ein »gemeinsames tiefes Interesse« an einem gerechten und wirklichen Frieden, der prozeßhaft durch »eine Reihe von konkreten Maßnahmen und wirksamen Übereinkünften, die im Interesse aller Betroffenen liegen«, konsequent verfolgt werden müßten. Schließlich gab der Präsident bekannt, daß die (bisher erfolglosen) Drei-Mächte-Gespräche über die Einstellung der Kernwaffenversuche in Kürze in Moskau auf hoher Ebene fortgesetzt würden, und er erklärte – als Geste des guten Willens der USA –, »daß die Vereinigten Staaten nicht beabsichtigen, Kernwaffenversuche in der Atmosphäre durchzuführen, solange andere Staaten dies nicht tun«.

Es war ungewöhnlich und bemerkenswert, daß diese Rede von der sowjetischen Presse im vollen Wortlaut abgedruckt und damit Millionen von Sowjetbürgern bekanntgemacht wurde. Zugleich begrüßte Chruschtschow in einer Rede und in einem Interview die Initiative Kennedys und kündigte – gewissermaßen als Gegengeste – den Produktionsstopp für strategische Bomber an. Es kam ein Prozeß von wechselseitigen Entspannungsgesten und -aktionen in Gang, der die verschiedensten Problemfelder betraf:

- der Abschluß des teilweisen Atomteststopp-Abkommens am 5. August und dessen rasche Ratifikation durch den amerikanischen Senat, wobei die Hearings zu einer beachtlichen Mobilisierung der amerikanischen Bevölkerung zugunsten der Verständigungspolitik (81%) führte;
- die Einigung über die Nichtverbringung nuklearer Waffen in den Weltraum (UN-Resolution vom 19. Oktober);
- die Einigung über die Errichtung eines »heißen Drahtes« zwischen der amerikanischen und der sowjetischen Führungszentrale am 20. Juni;
- der Verzicht der Sowjetunion, die Entsendung von UN-Beobachtern in den Jemen zu verhindern, und der Verzicht der USA, die Wiederzulassung der ungarischen UN-Delegation zu blockieren, und schließlich

- die amerikanische Genehmigung für den Ankauf von Weizen im Werte von 65 Millionen Dollar durch die Sowjetunion.

Die Ergebnisse waren zwar bescheiden, hatten aber nicht bloß symbolischen Charakter. Sie bestätigten – im Zusammenhang betrachtet (vgl. Etzioni, [2]1970) – die Brauchbarkeit des Gradualismus als Strategie zur *Einleitung* der Deeskalation im Ost-West-Konflikt. Die verschiedenen innenpolitischen und internationalen Faktoren, die die Stagnation dieses Prozesses der Semi-Entspannung verursacht haben mögen, sind in der Literatur eingehend erörtert worden (vgl. Etzioni, 1968, S. 160 ff.; Groten, 1977). Weil die Erwägungen der sowjetischen Führung nicht bekannt sind, werden die inneramerikanischen Widerstände meist überbewertet. Bedeutsamer als interne Faktoren dürfte die Tatsache gewesen sein, daß die USA zu diesem Zeitpunkt noch eine strategische Überlegenheit besaßen (vgl. Slocombe, 1971) und die Sowjetunion – entgegen der Annahme von Präsident Kennedy (siehe Sorensen, 1966, S. 720) – nicht bereit war, sie hinzunehmen. Der Entspannungsprozeß erhielt unter den Nachfolgern Kennedys und Chruschtschows – *nach* der Herstellung ungefährer strategischer Gleichheit – neue Impulse und dabei wurde die gradualistische Strategie erneut (und zwar durchgängig) angewendet (siehe die Darstellung in »Internationale Politik«, 1966/67 und 1968/69). Im Lichte dieser Entwicklung relativieren sich vorschnelle Urteile. Die gradualistische Annahme einer relativ großen Flexibilität im gegebenen Status quo, die einst von »kritischen Friedensforschern« als »kurzsichtig« abgewertet wurde (Senghaas, 1969, S. 287), ist insgesamt am deutlichsten durch die Weichenstellung der Regierung Nixon-Kissinger (einschließlich der grundsätzlichen Änderung des amerikanisch-chinesischen Verhältnisses) eher bestätigt als widerlegt worden (vgl. unten). Der Durchbruch der Entspannungspolitik erfolgte freilich erst, als auch die Sowjetunion eindeutig eine Zweitschlagfähigkeit besaß (siehe oben Kapitel III. 7.2.).

Als Zwischenresümee ergibt sich, daß die Kuba-Krise den Bemühungen Auftrieb gab, die regressive Konfliktregulierung (Rückbildung der Beziehungen und gegenseitige Blockbildung) durch Krisenmanagements zu entschärfen und sie mit Elementen integrativ-kooperativer Konfliktregulierung (Verhandlungen und Vereinbarungen zwischen den Blöcken im Sinne einer antagonistischen Kooperation) zu verbinden. Die Entspannungspolitik – die punktuell und ansatzweise bereits im Österreich-Vertrag (1954/55) und bei der Genfer Viermächtekonferenz (1955) sowie bei dem Treffen zwischen Eisenhower und Chruschtschow in Camp David (1959) sichtbar geworden war – hatte im Kennedy-Experiment einen ersten systematischen Anwendungsversuch erfahren und wurde dann trotz aller Unterbrechungen weiterentwickelt. Zunächst wurde in Anknüpfung an die Vereinbarungen vom Sommer 1963 (vgl. die Einrichtung des heißen Drahtes und dessen intensive Nutzung im arabisch-israelischen Sechs-Tage-Krieg von 1967) das Krisenmanagement zur Krisenvermeidungspolitik *informell* ausgebaut, und dann wurden – ebenfalls an die nuklearpolitische Vereinbarung von 1963 (Atomteststoppvertrag) anknüpfend – vertragliche Regelungen zur Konfrontations- und Krisenvermeidung und zur kooperativen Rüstungskontrolle ausgehandelt (zu diesen letztgenannten Punkten siehe das folgende Kapitel).

Den *informellen* Ausbau der krisenpolitischen Verhaltensregeln kann man – mit Fielder (1969), Buchan (1974) u. a. – an zwei Tendenzen ablesen:

(1) Die Respektierung der beiderseitigen *eindeutig* definierten Interessensphären, die schon in den fünfziger Jahren sowohl das Verhalten der Sowjetunion (z. B. bei dem Sturz der Arbentz-Regierung in Guatemala 1954) als auch das Verhalten der USA (z. B. bei der militärischen Intervention in Ungarn 1956) bestimmte, wurde nunmehr teilweise positiv bewertet. Die Einsicht wuchs, daß diese Politik zur Stabilisierung der Beziehungen beitrug und insofern zu begrüßen sei. Die Zulassung der ungarischen UN-Delegation 1963 war ein ebenso deutliches Zeichen wie die Tatsache, daß die militärische Intervention der Sowjetunion und ihrer Verbündeten gegen das Reformregime der CSSR 1968 nur zu einer kurzen Unterbrechung der amerikanisch-sowjetischen Rüstungskontrollverhandlungen führte. Drei Jahre zuvor (1965) hatte die Sowjetunion die amerikanische Intervention in der Dominikanischen Republik toleriert. Schließlich hat die Sowjetunion im Vorfeld der KSZE davon abgesehen, den Entspannungsprozeß in Europa mit dem Versuch zu verbinden, die USA aus Europa herauszudrängen. Die Helsinki- und Folgekonferenzen dokumentieren, daß einerseits die USA als Bestandteil eines stabilen europäischen Regionalsystems und andererseits der territoriale Status quo in Ost- und Mitteleuropa anerkannt wird. Schließlich zeigt die sogenannte Sonnenfeldt-Doktrin, daß man auch in der amerikanischen Regierung eine echte, »organische« politische Stabilität der sowjetischen Einflußsphäre in Osteuropa zu schätzen weiß; eine »unorganische, unnatürliche Beziehung«, die lediglich auf schierer militärischer Macht beruhe, wird als eine größere Gefahr für den Weltfrieden angesehen als der Ost-West-Konflikt (Ausführungen des ehemaligen Beraters des amerikanischen Außenministers Kis-

singer vor einer Botschafterkonferenz in London, zusammengefaßt in einem Memorandum vom 12. Februar 1976). Freilich ist diese Einschätzung heftig umstritten (vgl. US Congress, United States National Security Policy, 1976).

(2) In *nicht* klar zugeordneten Regionen blieb die Neigung zur konkurrierenden Verwicklung zwar erhalten, wurde aber in den sechziger Jahren durch eine Gegentendenz moderiert; d. h. tendenziell entstand ein gemeinsames Interesse, in einigen Regionen beiderseitige Verwicklungen zu vermeiden, zu verringern oder deren Auswirkungen auf das Gesamtverhältnis zu kontrollieren (vgl. Fielder):

- im indisch-pakistanischen Krieg (1965/66) blieben die USA trotz ihrer vertraglichen Bindungen an Pakistan neutral und die Sowjetunion betrieb trotz ihrer pro-indischen Grundeinstellung eine Vermittlungspolitik (im engen geheimen Zusammenwirken mit den Vereinigten Staaten);
- im Biafra-Konflikt (1967–70) wurde (im Gegensatz zur Kongo-Politik in der Vor-Kuba-Zeit) keine Verbindung zum Ost-West-Konflikt hergestellt;
- im arabisch-israelischen Sechs-Tage-Krieg (1967) fand trotz der Unterstützung der jeweiligen Gegenpartei durch die USA bzw. die Sowjetunion ein Zusammenwirken bei den Waffenstillstandsbemühungen statt – mit dem anschließenden Treffen zwischen Johnson und Kossygin in Glassboro;
- in Vietnam wurde die direkte bzw. indirekte Verwicklung der USA bzw. der Sowjetunion in den Krieg von beiden Seiten zunehmend als hinderlich für die Fortsetzung ihrer globalen Verständigungsversuche empfunden; die amerikanisch-sowjetische Verständigung ebnete den Weg für das Vietnam-Abkommen (1973).

Lokal-regionale Krisen, insbesondere der Vietnam-Krieg, störten die bilaterale Entspannungspolitik der Supermächte. Aber es ist aufschlußreich, daß sogar kurz nach der Eskalation des Vietnam-Krieges durch die Verminung des Hafens von Haifong beide Staaten über das informelle Krisenmanagement hinausgingen (vgl. Williams, 1976). Die gemeinsame sowjetisch-amerikanische Erklärung vom 29. 5. 1972 über die »Grundsätze für die Beziehungen zwischen den Vereinigten Staaten von Amerika und der Union der Sozialistischen Sowjetrepubliken« fixierte und formulierte das kooperative Krisenmanagement:

»Die USA und die UdSSR legen größten Wert darauf, das Entstehen von Situationen zu verhindern, die zu einer gefährlichen Verschlechterung ihrer

Beziehungen führen können. Sie werden daher ihr Äußerstes tun, um militärische Konfrontationen zu vermeiden und den Ausbruch eines Nuklearkrieges zu verhindern. Sie werden in ihren gegenseitigen Beziehungen stets Zurückhaltung üben, und sie werden bereit sein, zu verhandeln und Meinungsverschiedenheiten mit friedlichen Mitteln beizulegen. Gespräche und Verhandlungen über offenstehende Fragen werden in einem Geist der Gegenseitigkeit, des beiderseitigen Entgegenkommens und des beiderseitigen Vorteils geführt werden. Beide Seiten erkennen an, daß Bestrebungen, direkt oder indirekt einen einseitigen Vorteil auf Kosten des anderen zu erreichen, nicht im Einklang mit diesen Zielen stehen.«

Diese Grundregeln waren bereits im Abkommen über Maßnahmen zur Verhinderung der Gefahr des unbeabsichtigten Ausbruchs eines Nuklearkrieges (30. 9. 1971) vorgeprägt worden und wurden in dem Abkommen zur Verhütung von Atomkriegen (22. 6. 1973) nochmals bestätigt (vgl. Artikel 1 und Artikel 4 des Abkommens). Damit war allerdings nicht gesichert, daß sie allgemeine Gültigkeit erhielten und durchgängig das sowjetische und amerikanische Verhalten bestimmten.

Die wohlklingende Rhetorik der sowjetisch-amerikanischen Prinzipienerklärung überhöhte propagandistisch die Gemeinsamkeiten und übertönte die realen Gegensätze. Zur gleichen Zeit, als beide Seiten Zurückhaltung gelobten und dem Streben nach einseitigen Vorteilen verbal abschworen, taten sie unilateral das genaue Gegenteil:

- Die Moskauer Gipfelkonferenz fiel zusammen mit der Eskalation der amerikanischen Intervention in Nordvietnam.
- Wenige Wochen vor der Gipfelkonferenz, nämlich vom 14.–23. März 1972, hielt sich der afghanische Ministerpräsident Abdul Zahir in Moskau auf; die sowjetische Führung sagte Afghanistan nicht nur (wie bisher) wirtschaftliche Unterstützung, sondern auch »politische Hilfe« zu (Bräker, 1979); von hier führt eine gerade Linie zu dem Freundschaftsvertrag, der nach der kommunistischen Machtergreifung im April 1978 geschlossen wurde und der die pseudo-legale Basis für den Einmarsch der Roten Armee in Afghanistan Ende 1979 abgab.
- Am 6. April 1972 wurde der sowjetisch-irakische Freundschaftsvertrag unterzeichnet, der den weiteren Ausbau des sowjetischen Einflusses und der sowjetischen Basen direkt am Persischen Golf sicherstellte.
- Nach dem Moskauer Gipfeltreffen reiste Präsident Nixon nach Teheran und verpflichtete sich zu einer massiven militärischen Unterstützung des Irans, um – nach dem Rückzug der Briten aus Aden – ein regionales Gegengewicht zu dem mit der UdSSR verbündeten Irak zu erhalten (vgl. Szulc, 1978, S. 282 ff.); als 1979 mit dem Sturz des Schah-Regimes eine Destabilisierung der Region einsetzte, wurde diese Machtkonkurrenz kritisch; sie wirkte sich dann, vermittelt durch die Afghanistan-Krise, auf das Gesamtverhältnis der Supermächte aus (siehe Kapitel V).

Bis dahin kam es in der Phase der Détente-Politik, vor und nach der Fixierung der krisenpolitischen Regeln, entweder nicht zu einer sowjetisch-amerikanischen Kriseneskalation, weil die herausgeforderte Großmacht nicht entsprechend reagierte, oder das Krisenmanagement wurde erfolgreich angewandt:

- Die Intervention Syriens, des sowjetischen Verbündeten, zugunsten der Palästinenser im jordanisch-palästinensischen Bürgerkrieg im September 1970, wurde unter anderem durch den amerikanischen Druck auf die sowjetische Schutzmacht und die Androhung einer amerikanischen Intervention abgewehrt; die Sowjetunion vermied es, mit einer gesteigerten Risikobereitschaft zu antworten.
- Der Versuch der UdSSR, die Kennedy-Chruschtschow-Vereinbarung von 1962 zu unterlaufen und den kubanischen Hafen Cienfuegos im Sommer/Herbst 1970 zu einem Stützpunkt für atomar bewaffnete U-Boote auszubauen, eskalierte erst gar nicht zu einer Krise; denn die Sowjetunion erfüllte die amerikanische Forderung, die auf diplomatischem und nicht-öffentlichem Wege erhoben wurde: sie stellte den Ausbau am 22. Oktober 1970 ein. Eine zweite Kuba-Raketen-Krise fand nicht statt*.
- Im zweiten indisch-pakistanischen Krieg von 1971 kam es zur wechselseitigen Machtdemonstration der amerikanischen und der sowjetischen Flotte im Golf von Bengalen; d. h. beide Seiten zeigten eine gewisse Risikobereitschaft, aber eine weitere Eskalation zwischen ihnen wurde vermieden; Indien stimmte schließlich, offenbar auf Zuraten der Sowjetunion, einem Waffenstillstand zu.
- Die Seeblockade und die Verminung des Hafens von Haifong im Mai 1972, die den sowjetischen Nachschub unmittelbar traf, wurde von der UdSSR nicht als Herausforderung angenommen; im Gegenteil, die USA und China verstärkten ihren Druck auf Nordvietnam, um es zum Einlenken zu bewegen.
- Beim Yom-Kippur-Krieg im Oktober 1973 unterstützten beide Großmächte ihre jeweiligen Verbündeten, praktizierten dann jedoch gemeinsam ein Krisenmanagement, das mit dem Kissinger-Besuch in Moskau (20. Oktober) begann und in der gemeinsam eingebrachten Resolution des Sicherheitsrates zur Herstellung des Waffenstillstands gipfelte; als die sowjetische Bereitschaft erkennbar wurde, unilateral mit eigenen Truppen der ägyptischen Armee zur Hilfe zu kommen, wurden die amerikanischen Streitkräfte in Alarmbereitschaft versetzt (25. Oktober); vor dem Hintergrund dieser beidseitigen Risikobereitschaft konnte der Waffenstillstand kooperativ durchgesetzt und die UN Emergency Force zu seiner Überwachung gebildet werden.

---

* Die »Entdeckung« einer sowjetischen Kampfbrigade auf Kuba im Herbst 1979 war weniger ein Element einer internationalen Krise als ein Beiprodukt inneramerikanischer Parteipolitik bzw. der Einflußnahme auf die gleichzeitig stattfindende Gipfelkonferenz der blockfreien Staaten in Havanna.

- Die kubanisch-sowjetische militärische Interventionspolitik in Angola (1975/76) und Äthiopien (1977) war ein eklatanter Verstoß gegen die vereinbarten Verhaltensregeln; die USA nahmen jedoch die Herausforderung nicht an; die Gründe dafür sind vielfältig und im Falle Angolas gründlich analysiert worden: nicht nur die inneramerikanischen Widerstände in der Öffentlichkeit und im Kongreß (Vietnam-Trauma und Schwächung der Präsidialmacht infolge des Watergate-Skandals), sondern auch und in weit höherem Maße die lokal-regionale Konstellation sprachen gegen ein amerikanisches Engagement (vgl. Griffith, 1976).

Das Krisenverhalten der Supermächte verweist mithin auch in der Détente-Phase der siebziger Jahre auf die zentrale Bedeutung der machtpolitischen Rahmenbedingungen. Wenn die Wahrscheinlichkeit besteht, unbehindert und ohne Krisenrisiko einseitige Vorteile erzielen zu können, werden die vereinbarten Verhaltensregeln in ihrer Wirksamkeit abgeschwächt oder gar außer Kraft gesetzt. Denn wenn die Entstehung einer Krise zwischen den Supermächten unwahrscheinlich ist, sind Regeln zur Krisenvermeidung oder zum Krisenmanagement irrelevant. Der Krisenverlauf und die Einhaltung der vereinbarten Regeln hängen ab von der machtpolitischen Situation und von der Bereitschaft *beider* Seiten, ein Krisenrisiko einzugehen (vgl. Adomeit, 1973; Williams, 1976). Wirksamkeit oder Unwirksamkeit der gegenseitigen Abschreckung und des Machtgleichgewichts sind entscheidend. Dieser Sachverhalt hat sich auch bei der Afghanistan-Krise bewahrheitet (vgl. unten Kapitel IV).

10. Integrative Elemente im Ost-West-Konflikt

10.1. Der entspannungspolitische Bilateralismus der Supermächte

Daß zwischen den Gegnern des Ost-West-Konflikts nicht nur eine Formalisierung des Krisenmanagements und der Krisenvermeidung versucht, sondern auch ein Netz kooperativer Vereinbarungen geknüpft wurde – bei gleichzeitigem Fortbestand der Abgrenzungs- und Abschreckungspolitik! –, charakterisiert die Entspannungspolitik als eine Mischung aus kooperativ-integrativen und konfrontativ-regressiven Elementen der Konfliktregulierung. Historisch betrachtet, handelte es sich um den zweiten Versuch einer antagonistischen Kooperation. Der erste Versuch war angesichts gemeinsamer Gegner begonnen worden; nach der Niederwerfung der Achsenmächte war ihre Fortsetzung unter den Bedingungen extremer machtpolitischer Asymmetrien gescheitert. Die Verringerung und Beschränkung der Beziehungen und des Austauschs (d. h.

Regression) wurde für die Zeit des Kalten Krieges das bestimmende Muster. Die zweite antagonistische Kooperation entwickelte sich – verglichen mit dem ersten Kooperationsversuch – unter einer grundsätzlich andersartigen Konstellation, nämlich unter folgenden internationalen Bedingungen:

- symmetrische Bipolarität (Gleichgewicht) zwischen den USA und der UdSSR auf der nuklear-strategischen Ebene aufgrund beiderseitiger Zweitschlagfähigkeit;
- geringere Asymmetrie in der Verteilung der materiellen Machtpotentiale zwischen beiden Supermächten;
- Globalisierung der (vormals primär regionalen) Politik der UdSSR;
- Übergang von der machtpolitischen Bipolarität zur (allerdings noch nicht voll ausgeprägten) Tripolarität auf der nicht-nuklearen Ebene durch den Hinzutritt der Volksrepublik China in die Gruppe der Großmächte und damit die Entstehung eines Konkurrenzdreiecks Sowjetunion – China – USA;
- Überlagerung des Ost-West-Konflikts durch den Nord-Süd-Konflikt (s. dazu Kap. IV).

Diese strukturellen Faktoren bedingten maßgeblich die bilateralen Vereinbarungen zwischen den USA und der UdSSR, die (1) auf der strategischen Ebene und (2) in nicht-militärischen Sektoren in den siebziger Jahren getroffen wurden.

(1) Auf dem *strategischen Sektor* war 1946/47 die maßgebliche Entscheidung gegen die Fortsetzung der ersten antagonistischen Kooperation und für den Übergang zur regressiven Konfliktregulierung (Kalter Krieg) gefallen, da die strategische Asymmetrie eine gleichberechtigte Kooperation ausschloß. Auf demselben Sektor wurde nunmehr unter den Bedingungen annähernden Gleichgewichts der Durchbruch zur zweiten antagonistischen Kooperation erzielt. Der Vertrag über die Nicht-Weiterverbreitung der Kernwaffen von 1968, der 1970 in Kraft trat, setzte die Politik der bilateralen Zusammenarbeit der Supermächte fort, die mit dem teilweisen Teststoppabkommen von 1963 und mit dem Vertrag über die Nicht-Verbringung von Kern- und Massenvernichtungswaffen in den Weltraum von 1967 begonnen worden war (s. oben) und eröffnete zugleich den Weg für bilaterale Gespräche über die Begrenzung strategischer Waffen (vgl. die diesbezügliche Absichtserklärung im Nicht-Weiterverbreitungs-Vertrag). Der Versuch, das internationale System durch die Schließung des Atom-Klubs auf der Basis der bestehenden Großmächte-Hierarchie zu stabilisieren, mündete in die Politik der Stabilisierung der Beziehungen zwischen den beiden Supermächten auf der Basis eines ungefähren strategi-

schen Gleichgewichts, wofür die »kooperative Rüstungssteuerung« die geeignete Methode zu bieten schien (zu den unterschiedlichen Konzepten und Zielsetzungen siehe Heisenberg, in: Forndran und Friedrich, 1979).

Die langwierigen bilateralen Gespräche zur Begrenzung der strategischen Waffen (SALT) wurden bereits 1966/67 von Präsident Johnson eingeleitet, 1969/72 von Präsident Nixon in einen größeren politischen Rahmen (»shaping a durable peace«) konzeptionell eingefügt (vgl. Hackem, 1979) und von den Präsidenten Ford und Carter fortgesetzt – jeweils im Zusammenspiel mit dem sowjetischen Parteichef Breschnew. Die Kontinuität zeigt anschaulich, daß die Bemühungen um eine kooperative Rüstungssteuerung einer von individuellen Präferenzen unabhängigen Interessenlage beider Supermächte entspricht. Sie fanden 1972 eine erste vertragliche Fixierung in zwei Abkommen, die als SALT I bezeichnet werden (vgl. die detaillierte Studie von John Newhouse, 1973):

(a) In dem unbefristeten ABM-Vertrag vereinbarten die USA und die UdSSR, nur zwei Anti-Ballistische Flugkörpersysteme aufzubauen (1974 wurde eine weitere Begrenzung auf nur ein ABM-System vorgenommen), um somit die gegenseitige Verletzbarkeit zu sichern und keinen Anreiz für einen Präventivschlag entstehen zu lassen, d.h. die Zweitschlagfähigkeit für beide Seiten zu erhalten.

(b) In dem Interimsabkommen, das zunächst auf fünf Jahre befristet war, aber schließlich bis zum Abschluß von SALT II verlängert wurde, einigten sich beide Seiten auf eine quantitative Begrenzung der strategischen Offensivwaffen, die den USA 1054 landgestützte ballistische Interkontinentalraketen (ICBM) sowie 656 seegestützte ballistische Raketen (SLBM) und der UdSSR 1618 ICBMs und 740 SLBMs zugestand. In einem Zusatzprotokoll wurde eine Umrüstung auf seegestützte Raketen zu Lasten der ICBMs gestattet, und zwar bis zu einer Maximalhöhe von 44 U-Booten mit 710 Raketen für die USA und 62 U-Booten mit 950 Raketen für die UdSSR.

Damit war das zentrale Problem, wie eine Begrenzung der Abwehr- *und* der Offensivwaffen zur Erhaltung beiderseitiger Abschreckungsfähigkeit erreicht werden könnte, nur höchst unvollständig gelöst, weil nämlich – angesichts des technologischen Vorsprungs der USA – über die Bestückung der Raketen mit den neu entwickelten Mehrfachsprengköpfen (Multiple Independently Targetable Re-entry Vehicles – MIRV) keine Vereinbarung erreicht werden konnte und die Klärung dieser Frage einer neuen SALT-Runde vorbehalten blieb. Im November 1974 wurde bei dem Ford-Breschnew-Treffen in Wladiwostok die Absprache getroffen, die

Abschußvorrichtungen von interkontinentalen land- und seegestützten Raketen und die Zahl der strategischen Bomber für beide Seiten auf 2400 zu begrenzen, von denen nicht mehr als 1320 mit MIRV bestückt werden dürften. Der Versuch Präsident Carters, ein niedrigeres Niveau auszuhandeln, schlug fehl (vgl. Ruehl, in: Forndran und Friedrich, 1979).

Auf der in Wladiwostok in Aussicht genommenen relativ hohen Basis der Parität schlossen schließlich die USA und die UdSSR im Juni 1979 ein bis zum 31. Dezember 1985 befristetes Abkommen (SALT II), das folgende Höchstzahlen für Interkontinentalraketen (einschließlich strategischer Bomber und Bomber jeder Art, die mit Marschflugkörpern oder mit ballistischen Luft-Boden-Raketen von mehr als 600 km Reichweite bewaffnet sind) für beide Supermächte festsetzt:

– Gesamtzahl nuklear-strategischer Trägermittel sechs Monate nach Vertragsbeginn	2400
– Gesamtzahl nuklear-strategischer Trägermittel nach dem 31. Dezember 1981	2250
– davon nuklear-strategische Trägermittel mit Mehrfachsprengköpfen (MIRV)	1320
– davon nuklear-strategische Raketen mit Mehrfachsprengköpfen (MIRV)	1200
– davon landgestützte nuklear-strategische Raketen mit Mehrfachsprengköpfen	820

Die Vertragsparteien können über die Zusammensetzung ihres nuklear-strategischen Potentials im Rahmen dieser Begrenzungen frei entscheiden (Weißbuch 1979, S. 71).

Unter den zahlreichen weiteren Detailvereinbarungen (siehe dazu die Dokumentation im Europa-Archiv, 34, 1979, H. 15) sind folgende Bestimmungen besonders wichtig: Abschußvorrichtungen für leichte ICBMs dürfen nicht in solche für schwere ICBMs umgewandelt, und luftgestützte Marschflugkörper mit MIRV, die eine Reichweite über 600 km haben, dürfen nicht entwickelt werden; beiden Seiten ist nur die Einführung *eines* neuen ICBM-Typs, der mit maximal zehn Mehrfachsprengköpfen bestückt sein darf, erlaubt. In einem befristeten Zusatzprotokoll verpflichten sich die Vertragspartner u.a., bis zum 31. Dezember 1981 keine mobilen ICBM-Abschußvorrichtungen und keine Marschflugkörper (cruise missiles) mit Reichweiten über 600 km zu dislozieren, sowie ballistische Luft-Boden-Raketen weder zu testen noch zu dislozieren.

Ähnlich wie 1972 die ungleiche Entwicklung der neuen MIRV-Technologie einer längerfristigen qualitativen Rüstungsbeschränkung im Wege stand, so schloß 1979 die neue Waffe der Marschflugkörper eine umfassende und langfristige Regelung aus, zumal gerade bei dieser neuen Waffe eine exakte Trennung zwischen strategischen und regionalen Systemen nicht möglich ist. Gleichermaßen umstritten ist die Bewertung des neuen sowjetischen Langstreckenkampfflugzeugs TU-22M (im NATO-Jargon »Backfire« genannt). Diese regionalen Waffen und die sowjetischen Mittelstreckenraketen (insbesondere SS 20) sind in SALT II ausgeklammert worden und stehen auch nicht bei den Wiener Truppenreduzierungsverhandlungen auf der Tagesordnung (Grauzonenwaffen). SALT II berücksichtigt also nicht die regionalen Disparitäten und beschränkt sich bewußt auf die Stabilisierung der strategischen Parität. Trotz der Einbeziehung einer qualitativen Komponente, nämlich durch die Begrenzung der MIRV-Bestückung und durch die Interimsbestimmungen über die Marschflugkörper, ist die technologisch-qualitative Rüstungskonkurrenz keineswegs unter Kontrolle gebracht worden. Der Gefahr, daß die Sowjetunion mit ihren schweren Raketen des Typs SS 18 – nach der Entwicklung der MIRV-Technologie mit großer Zielgenauigkeit – die amerikanischen Minuteman-Silos im Erstschlag ausschalten könnte, werden die USA durch die Installierung der beweglichen MX-Raketen in sogenannten Pferderennbahnen begegnen. SALT II ist der widersprüchliche Versuch beider Seiten, sich möglichst viele strategische Optionen offenzuhalten und zugleich das »dynamische Gleichgewicht« kooperativ zu stabilisieren:

»Die USA können mit ihren nuklear-strategischen Langstreckenwaffen insgesamt 9200 nukleare Sprengköpfe einsetzen – davon mehr als 5000 Sprengköpfe mit ihrem unverwundbaren SLBM-Potential. Darin drückt sich die gesicherte Zweitschlagfähigkeit der USA aus.
Die Sowjetunion verfügt demgegenüber über 5000 nukleare Sprengköpfe. Aber mehr als 2600 Sprengköpfe dieser Gesamtzahl sind dem sowjetischen ICBM-Potential zuzuordnen, dessen Schlagkraft mit Einführung von Raketen der 4. Generation stärker wird. Die USA rechnen für die kommenden Jahre mit numerischem Gleichstand der Sprengköpfe bei nuklear-strategischen Systemen beider Seiten« (Weißbuch 1979, S. 102).

Ohne SALT II würde die Entwicklung der nuklear-strategischen Potentiale der beiden Supermächte wahrscheinlich eine enorme Steigerung – mit destabilisierenden Auswirkungen! – erfahren, wobei nach den derzeitigen Zielprojektionen (siehe IHT, 1. 2. 1980) wahrscheinlich ein Übergewicht des sowjetischen Potentials entstünde. Insofern kann SALT II als Indiz dafür gelten, daß beide Kontrahenten *zur Zeit* ernsthaft keine strategische Überlegenheit, sondern eine Stabilisierung des dynamischen Gleichgewichts anstreben. Viele Analytiker sind allerdings der Meinung, daß die USA schon jetzt in eine ungünstige strategische Position geraten sind (Collins, 1978; vgl. oben S. 143). SALT I und II sind Ausdruck einer »Sicherheitspartnerschaft« (Ruehl) der beiden antagonistischen Weltmächte, in der die integrativen Elemente auch dadurch zusätzlich sichtbar werden, daß eine gemeinsame Ständige Beratungskommission zur Durchführung und Weiterentwicklung der SALT-Vereinbarungen eingesetzt und tätig wurde; und daß ferner die gegenseitige Verpflichtung übernommen wurde, die Verifikation der Einhaltung der Vertragsbestimmungen durch nationale technische Mittel nicht zu stören und keine Tarnmaßnahmen zur Behinderung der Verifikation vorzunehmen.

Damit ist die antagonistische Kooperation auf strategischer Ebene institutionalisiert. Selbst in dem Kern des zentralen »Konfrontationssystems« (Ruehl), d. h. im rüstungsstrategischen Bereich, sind Elemente eines »Kooperationssystems« eingebaut worden. Die gesamtpolitische Einbettung erfolgte in der Grundsatzerklärung vom 29. Mai 1972 und in den beiden Abkommen über die Verhinderung von Zwischenfällen auf und über hoher See und über die Verhinderung von Atomkriegen vom 22. Juni 1973, die die Politik der kooperativen Krisenvermeidung und des Krisenmanagements formalisieren (siehe oben).

(2) Die bilateralen Vereinbarungen über eine amerikanisch-sowjetische Zusammenarbeit in *nicht-militärischen Bereichen* eröffneten den gesellschaftlichen Gruppen und Individuen (insbesondere den Geschäftsleuten) die Möglichkeit, im Schatten dieses strategischen Gleichgewichts den Spielraum für transnationale integrative Verbindungen und Austauschbeziehungen zu nutzen und auszuweiten.

Die Voraussetzungen dafür wurden sowjetischerseits durch die grundsätzliche Öffnung der sozialistischen Volkswirtschaften zum Weltmarkt geschaffen. Die theoretische und politische Maxime vom »Zerfall des einheitlichen Weltmarktes« (Stalin), von der Trennung in »sozialistischen Weltmarkt« und »kapitalistischen Weltmarkt«, die den strukturellen Charakter des Ost-West-Konfliktes auch im weltwirtschaftlichen Bereich zum Ausdruck brachte, wurde seit Mitte der sechziger Jahre aufgegeben und durch die Auffassung ersetzt, »daß es eine einheitliche Weltwirtschaft gibt«. Nach dem Auftakt des 23. Parteitages der KPdSU im April 1966, der bereits eine erste Welle ost-westeuropäischer Zusammenarbeit im ökonomischen Bereich auslöste (vgl. Wilczynski, 1969), wurde auf dem 24. Parteitag im März/April 1971 mit der Verabschiedung des neunten Fünf-Jahres-Planes die neue »prinzipielle Linie«, die Politik der Reintegration in den Weltmarkt durch langfristige

Wirtschaftsbeziehungen mit den »industriell entwickelten kapitalistischen Ländern«, verbindlich gemacht. Westlicherseits war die Bereitschaft zum Osthandel in den europäischen Ländern aus ökonomischen und politischen Gründen gleichzeitig gestiegen, und auch in den USA setzte sich Ende der sechziger Jahre allmählich eine positive Einstellung zum Osthandel durch. Die Exportkontrollen und Kreditrestriktionen wurden schrittweise (wenn auch nicht ohne gegenläufige Bewegungen) gelockert (vgl. Goldman, 1975, S. 49ff.). Die definitive Öffnung der Sowjetunion Anfang der siebziger Jahre fiel mit einer Periode der Hochkonjunktur im Westen zusammen, in der sowohl das Exportangebot als auch die Importnachfrage zunahmen. In der Rezession von 1974/75 stieg sogar noch die Attraktion des Ostmarkts für westliche Unternehmen, da so Arbeitsplätze erhalten werden konnten (vgl. unten).
Bilateral wurden die politischen Rahmenbedingungen für »Kooperationssysteme« anläßlich des Nixon-Besuches in Moskau im Mai 1972, des Breschnew-Besuches in Washington im Juni 1973 und des zweiten Nixon-Besuches in Moskau im Juni/Juli 1974 geschaffen; nämlich Abkommen über die Zusammenarbeit auf dem Gebiet des Umweltschutzes, der medizinischen Forschung und des öffentlichen Gesundheitswesens, der Erforschung und Nutzung des Weltraums für friedliche Zwecke, der Wissenschaft und der Technologie, der Landwirtschaft, der friedlichen Nutzung der Kernenergie, des Studiums der Weltmeere, des Verkehrswesens, sowie ein allgemeines Abkommen über Kontakte, Austausch und Zusammenarbeit, eine Konvention über Besteuerungsangelegenheiten und Protokolle über eine amerikanisch-sowjetische Handelskammer, über Handelsniederlassungen und über Fragen der Ausweitung des Luftverkehrs (diese Abkommen sind abgedruckt bei Timberlake, 1978). Zwischen beiden Gipfeltreffen – im Oktober 1972 – unterzeichneten beide Staaten einen Handelsvertrag (mit einem Abkommen über die seit den Leih-Pacht-Lieferungen ausstehenden amerikanischen Forderungen), der jedoch wegen der Politik des amerikanischen Kongresses (Bindung der Meistbegünstigung an eine liberale Emigrationspolitik der Sowjetunion) sowjetischerseits 1975 annulliert wurde. Im Netz einer geregelten funktionalistischen Zusammenarbeit ist dadurch eine Lücke offengeblieben, die jedoch z.T. mit Hilfe handelspolitischer Spezialabkommen geschlossen wird; auch das amerikanisch-sowjetische Kooperationsabkommen blieb in Kraft. Gemeinsame Kommissionen, die mindestens einmal jährlich zusammentreten, übernehmen die konkrete Ausgestaltung der meisten sektoralen Kooperationsabkommen, die von einem längerfristigen Kulturabkommen abge-

stützt werden. So ist (um im Bild zu bleiben) ein Netz sektoraler Zusammenarbeit von geradezu umfassender und dichter Webart (mit nur einem kleinen Webfehler) zustande gekommen; d.h. sämtliche gesellschaftlichen Bereiche sind erfaßt und damit sind auch (mit der bemerkenswerten Ausnahme der Gewerkschaften) die wichtigsten gesellschaftlichen Gruppen der USA in den Austausch- und Kooperationsprozeß mit der Sowjetunion und den osteuropäischen Staaten einbezogen – eine Entwicklung, die von der amerikanischen Regierung bewußt eingeleitet worden war (vgl. Nixon, 1973; Nerlich, 1978).
Wie stark sich die transnationalen Beziehungen in der Détente-Phase tatsächlich entwickelt haben, läßt sich an einigen Statistiken ablesen (vgl. u.a. Goldman, 1975, und Dörr, 1980):

Die Exporte der USA in die UdSSR hatten in der Hochphase des Kalten Krieges 1951–1955 im Durchschnitt ca. 100000 Dollar pro Jahr betragen; sie stiegen 1956–1960 auf einen Jahresdurchschnitt von 11,3 Millionen Dollar; nach den beachtlichen Steigerungen der Jahre 1961 und vor allem 1964 ging das Exportvolumen in den jeweils folgenden Jahren wieder zurück, stieg dann seit 1969 kontinuierlich an und erreichte 1972 und 1973 mit jeweils sprunghaften Zuwächsen (Steigerungsraten von 235% und 120%) ein ungeahntes Niveau.
Die Entwicklung der amerikanischen Importe aus der UdSSR zeigt – ausgehend von einem höheren Niveau – eine ähnliche Tendenz; das durchschnittliche Jahresvolumen betrug 1951–1955 16,8 Millionen Dollar, 1956–1960 21,9 Millionen Dollar, 1961–1963 20 Millionen Dollar, 1964–1968 42,4 Millionen Dollar und 1969–1973 98,3 Millionen Dollar (siehe das Schaubild).
Auf dem Gebiet der industriellen Kooperation ist ebenfalls im Zuge der amerikanisch-sowjetischen Vereinbarung 1972 ein gewaltiger Anstieg erfolgt, der auch nicht durch das Scheitern des Handelsvertrages beeinträchtigt wurde: während es 1965/67 nur vier Kooperationsverträge zwischen amerikanischen Firmen und staatlichen Unternehmen bzw. Behörden der RGW-Länder gab (Wilczynski, 1969, S. 379ff.), existierten 1975 bereits 389 derartige Verträge, davon mindestens 136 (in 30 Fällen ist das Land des Kooperationspartners nicht bekannt) mit der UdSSR (Stankovsky, in: Grünbuch, S. 297f.; Goldman, 1975, Appendix II).
Mit der Verdichtung der Handels- und Kooperationsbeziehungen ging einher die Steigerung der Kommunikation und des Reiseverkehrs (siehe Schaubild). Die gesellschaftlichen Akteure setzten also die Regierungsvereinbarungen in die ökonomische Realität um. Dadurch hat die Entspannungspolitik eine transnationale und innergesellschaftliche Abstützung erfahren. Zugleich ergibt sich jedoch eine Asymmetrie in der Steuerungsmöglichkeit (vgl. Nerlich): während in den sozialistischen Staaten auch die Außenaktivitäten in den genannten funktionalen Sektoren staatlicher Natur sind oder staatlicher Kontrolle unterliegen, genießen gesellschaftliche

Gruppen in den USA und in den westlichen Demokratien eine relativ große Handlungsfreiheit und Autonomie im Rahmen der vereinbarten Abkommen. Das zeigt sich nicht nur dann, wenn (wie im Frühjahr 1980) die Regierung eine Verringerung der Handelsbeziehungen aus politischen Gründen anstrebt, sondern auch bei dem offiziellen Wunsch nach einer Handelsintensivierung. Den *Abschluß* der sektoralen Kooperationsabkommen hatte die Regierung Nixon noch in das Gesamtkonzept einer politischen Entspannung einbinden können (»linkage«); die praktische Durchführung konnte jedoch nur sehr schwer politisch kontrolliert werden; die gesellschaftlich-ökonomischen Interessen entwickeln, nachdem sie politisch freigesetzt sind, ihr eigenes Gewicht. So lehnten z. B. die am Rußland-Geschäft beteiligten großen Firmen jedwede Verbindung ihrer Geschäftsbeziehungen mit politischen Fragen strikt ab. Es bleibt mithin nur die Hoffnung auf indirekte Wirkungen, daß nämlich die transnationalen Beziehungen zwischen den USA und der Sowjetunion, insbesondere die Handelsbeziehungen, die innere Entwicklung und das außenpolitische Verhalten der Sowjetunion langfristig so beeinflussen, daß das Interesse an einer kooperativen Friedenspolitik wächst. Ob eine derartige Wirkung wahrscheinlich ist, ist umstritten (vgl. dazu auch die weiteren Erörterungen im Exkurs). Speziell für das amerikanisch-sowjetische Verhältnis ist zu bedenken, daß der Interdependenzgrad (im Sinne der relativen Verletzbarkeit) trotz der Verdichtung der Beziehungen und Interessenverbindungen in den siebziger Jahren noch relativ niedrig ist.
Gemessen am amerikanischen Gesamtexport bzw. -import betrug 1972 der Export in die Sowjetunion nur 1,11% und der Import aus der Sowjetunion 0,18%. Die russischen Exporte in die USA machten 0,62% und die russischen Importe aus den USA 3,38% des gesamten Exports bzw. Imports der Sowjetunion aus. Im selben Jahr trug der amerikanisch-sowjetische Warenaustausch mit 0,06% zum amerikanischen Bruttosozialprodukt und mit 0,11% zum (geschätzten) sowjetischen Bruttosozialprodukt bei (die Statistiken und Berechnungen von W. Dörr, Tabelle A 3 und A 4) (s. Abb. auf S. 177–178).

Die Kosten einer einseitigen Einstellung der Kooperation im ökonomischen Sektor sind für beide Seiten also noch relativ niedrig. Ebenso wie die politische Annäherung die transnationalen Beziehungen förderte, könnte die erneute Verschärfung der politischen Gegensätze auch leicht eine Regression der transnationalen Beziehungen zur Folge haben. Die Handelsrestriktion, die die amerikanische Regierung wegen der sowjetischen Invasion in Afghanistan Anfang 1980 vorgenommen hat, bestätigt diese Annahme (s. unten Kap. IV). Erst wenn ein höherer Grad transnationaler Interdependenz erreicht ist und sich kooperative Verhaltensregeln stabilisiert haben, könnte davon ausgegangen werden, daß eine langfristig wirksame gesellschaftliche und politische Fundierung der kooperativen Konfliktregulierung existiert. D. h. nur eine Fortsetzung und

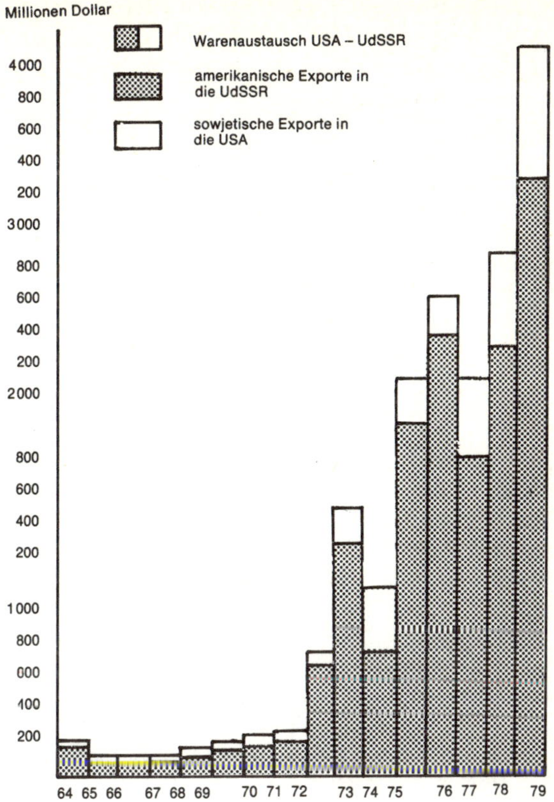

Quellen: U.S. Department of Commerce, Statistical Abstracts 1975–1979; 1979: Angaben enthalten nur Januar–November, aus: Survey of Current Business (Hrsg. v. U.S. Department of Commerce, US Bureau of the Census)

eine lange Dauer der Entspannungspolitik könnte allmählich die Voraussetzungen für eine integrative Lösung des Ost-West-Konflikts schaffen. Derzeit ist *beiderseitige* Verletzbarkeit durch Aufkündigung oder Bruch der Kooperation lediglich im nuklearen strategischen Bereich essentiell. Dieser Sachverhalt ist der Grund dafür, daß den Bemühungen um kooperative Rüstungssteuerung von beiden Seiten ein eigenständiger Wert beigemessen wird, dessen Realisierung unabhängig von entspannungspolitischen Fortschritten in anderen Bereichen versucht wird.

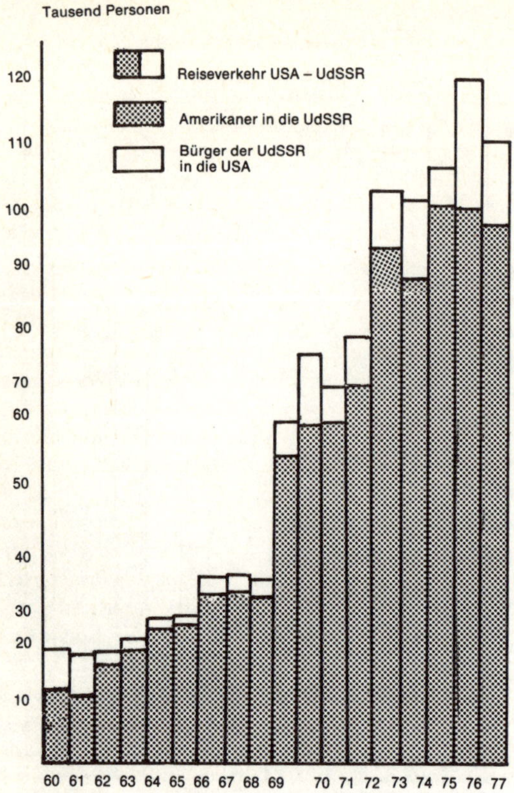

Quellen: Amerikaner: UN Statistical Yearbook ed. 1968 – 1978; Bürger der UdSSR: 1960 – 1973 lt. Angaben von Intourist, 1974 – 1977 lt. Statistical Abstracts (U.S. Department of Commerce 1975 – 1979). Die Angaben für Einreisen in die USA 1974 – 1977 enthalten auch diplomatische Reisen sowie Einreisen von Personen, die in der UdSSR geboren sind und in anderen Ländern leben. Die Differenz zu den Angaben für 1960 – 1973 beträgt jährlich etwa 3000 – 5000.

Die »Linkage«-Problematik ergibt sich jedoch nicht nur hinsichtlich der Frage, wie nuklear-strategische Kooperation mit der Kooperation in nicht-militärischen (vor allem ökonomischen) Sektoren zu verbinden ist. In einem umfassenderen Sinne geht es um das Problem, ob und gegebenenfalls wie bilaterale Kooperationsvereinbarungen im politisch-strategischen Bereich mit einem kooperativen Verhalten in bestimmten Regionen und Streitfällen konditional zu verbinden sind. Die Regierung Nixon hatte eine derartige Verbindung angestrebt und anfangs Erfolge bei SALT von Fortschritten bei »hervorragenden politischen Problemen« – wie insbesondere bei dem Vietnam-Konflikt – abhängig machen wollen (vgl. Nixon, 1978, S. 396; Marvin und Bernard Kalb, 1974, S. 94ff.; Newhouse, 1973, S. 140f.). Dieser Versuch mißlang 1972 bei SALt I ebenso wie bei späteren Anläufen (als der Sicherheitsberater von Präsident Carter, Brzezinski, Fortschritte bei SALT II an eine Änderung der sowjetischen Afrika-Politik binden wollte). Bei der Betonung der Menschenrechtsforderung vermied es Präsident Carter ausdrücklich, eine Verbindung (linkage) zu den SALT-Verhandlungen herzustellen. Linkage-Politik als konditionale, junktimartige Verknüpfung zwischen kooperativen Vereinbarungen in einem Beziehungsfeld und sowjetischem »Wohlverhalten« in anderen Bereichen ist – wie die historischen Erfahrungen zeigen – im Verhältnis zur Sowjetunion eher konterproduktiv. Die Kontrolle des nuklearen Rüstungswettlaufs ist ein übergreifendes *gemeinsames* Interesse. Dementsprechend legt die Carter-Administration auch angesichts der Afghanistan-Krise Wert darauf, daß die Ratifizierung von SALT II nur verschoben, aber nicht abgesetzt wird. Aber selbstverständlich hatte und hat die Entwicklung des kooperativen Bilateralismus eine Wirkung auf die Großmächtepolitik in anderen Regionen, weil sie Rahmenbedingungen ändert. Diese Wirkung ist von Stanley Hoffmann (1979/80) treffend als »self-linkage« bezeichnet worden. So hat der Moskau-Gipfel von 1972 die Verhandlungen über die Beendigung des Vietnam-Krieges zweifellos positiv beeinflußt. Umgekehrt können regionale Konflikte die strategischen Rüstungskontrollverhandlungen blockieren, wenn sie – wie seit Anfang 1980 die Afghanistan-Krise – für das Gesamtverhältnis zwischen Ost und West negativ bestimmend werden. Erfolge oder Mißerfolge des amerikanisch-sowjetischen Bilateralismus, insbesondere im zentralen strategischen Bereich, vermögen andere Ost-West-Verhandlungen zu fördern oder zu hemmen. Eine solche Verbindung gibt es besonders für die europäische Region und die dortigen entspannungspolitischen Bestrebungen.

10.2. Europa und die Multilateralisierung der Entspannungspolitik

Der entspannungspolitische Bilateralismus der Supermächte löste in Europa zunächst opponierende und konkurrierende Reaktionen aus; Ende der sechziger Jahre setzte sich analog zum amerikanisch-sowjetischen Bilateralismus das Muster bilateraler Entspannungspolitik zwischen einzelnen europäischen Staaten vorübergehend durch; und Anfang der siebziger Jahre verstärkten sich die Bemühungen, die europäische Entspannungspolitik zu multilateralisieren und in ein komplementäres Verhältnis zur Supermächte-Détente zu bringen. Neuerdings (1980) ist Westeuropa bemüht, die Entspannung in Europa gegenüber Außenstörungen (Afghanistan-Krise) abzuschirmen.

10.2.1. Erste europäische Reaktionen und Bilateralismen

Die gaullistische Ostpolitik Frankreichs und (wenn auch in einem geringeren Maße) die Westpolitik Rumäniens repräsentieren ansatzweise und tendenziell einen *konkurrierenden* Bilateralismus, der die Hegemonie der beiden Weltmächte über Ost- bzw. Westeuropa und damit die europäische Teilung zu überwinden trachtet. Er wird von der jeweiligen Gegengroßmacht partiell und zeitweise ermutigt: Die UdSSR versucht, die von de Gaulle begründete und von seinen Amtsnachfolgern fortgesetzte Praxis regelmäßiger Konsultationen auf höchster Ebene und in gemeinsamen russisch-französischen Kommissionen als »privilegierte Verbindung« (Gromyko) hervorzuheben; und die USA loben »die praktische Kooperation und die hilfreichen Konsultationen mit Rumänien, die sich in wechselseitigen Staatsbesuchen sichtbar darstellen« (vgl. Nixon, Report, 1973, S. 92 und G. Fischer, 1972). Die reale Machtverteilung setzt freilich den konkurrierenden Bilateralismen europäischer Staaten ebenso eine frühe Grenze wie das Schwergewicht der gemeinsamen Interessen der beiden Supermächte, das den entspannungspolitischen Großmächte-Bilateralismus prozeßbestimmend macht (vgl. Vahl, in: Schwarz und Meissner, 1979, S. 227ff.; Braun, 1978).
Die *opponierende* Reaktion in der Anfangsphase der amerikanisch-sowjetischen Entspannungspolitik war insbesondere bei den beiden deutschen Staaten ausgeprägt, weil sie sich in einem »Doppelkonflikt« – in einem weltweiten Systemkonflikt und in einem nationalen Identitätskonflikt – mit den jeweiligen globalen Hauptkontrahenten und ihren Verbündeten befanden (siehe oben). Die DDR opponierte gegen die Anfänge der Entspannungspolitik, weil – insbesondere im Zeichen der »Brückenschlagkonzeption« von Johnson und Schröder – die Gefahr der Isolierung heraufbeschworen und die Anerkennung ihrer staatlichen Souveränität nicht zur Vorbedingung von Entspannungsfortschritten gemacht wurde (Moreton, 1978). Die Bundesrepublik Deutschland opponierte gegen die Anfänge der Entspannungspolitik insoweit als die Wieder-

herstellung der nationalen Einheit nicht die Vorbedingung blieb; d.h. die Regierung Adenauer entwickelte sehr wohl konstruktive Rüstungsbeschränkungsvorschläge (vgl. den Heusinger-Plan), verband ihre Realisierung aber mit der Wiedervereinigungspolitik (Haftendorn, 1974).
Auf der Genfer Außenministerkonferenz (Oktober/November 1955), die die erste Phase einer Semi-Détente (Österreich-Vertrag vom 15. Mai 1955 und Genfer Gipfelkonferenz vom Juli 1955) abschloß, hatten die Westmächte darauf bestanden, vor Vereinbarungen über Abrüstung und europäische Sicherheit die Frage der deutschen Wiedervereinigung zu regeln. Die Auflösung dieses Junktims erfolgte aber schon vier Jahre später auf der Genfer Außenministerkonferenz (Sommer 1959) und bei den Besprechungen zwischen Chruschtschow und Eisenhower in Camp David (September 1959). Fortan wurde die Deutschland-Frage von der Rüstungskontrollpolitik, dem Herzstück der Supermächte-Détente, abgekoppelt, und ferner wurde durch die Vereinbarung gesonderter Berlin-Verhandlungen das Berlin-Problem aus dem Kontext der deutschen Frage herausgelöst (vgl. End, 1973).

Die Regierung Adenauer versuchte – unter Berufung auf die Verpflichtungen zur Unterstützung der deutschen Wiedervereinigung, die die westlichen Alliierten im Deutschland-Vertrag eingegangen waren – die Entwicklung aufzuhalten (vgl. Grewe, 1979; Etzioni, 1965, S. 260). Erst als deutlich erkennbar wurde, daß die Bundesrepublik Deutschland den entspannungspolitischen Bilateralismus der Supermächte nicht an deutschlandpolitische Vorbedingungen knüpfen konnte, setzte sich mit der Friedensnote der Regierung Erhard/Schröder vom März 1966 allmählich eine »Politik der Beweglichkeit« (Haftendorn) durch, die mit bilateralen Gewaltverzichtsverträgen die Anpassung an die globale Entspannungspolitik zu erreichen suchte, ohne eine Regelung der deutschen Frage negativ zu präjudizieren. Die Regierung der Großen Koalition (Dezember 1966) übernahm schon in ihrer Regierungserklärung die Prioritätensetzung zugunsten der Entspannungspolitik (vgl. Besson, 1970) – eine Änderung, die von Außenminister Brandt 1967/68 ausdrücklich hervorgehoben wurde.
Aus den folgenden Verhandlungen um ein »Netz von Gewaltverzichten« (Brandt) entwickelte sich dann die neue Ostpolitik, die von der sozialliberalen Koalition unter Einbeziehung der DDR konsequent verfolgt wurde, um den deutschen »Sonderkonflikt« zu lösen oder zumindest im Sinne eines modus vivendi zu regulieren – in der Hoffnung, daß die *Ergebnisse* der Entspannungspolitik einst eine neue Form deutscher Einheit ermöglichen würden. Praktisch handelt es sich um die bewußte Übertragung des amerikanischen Entspannungsprogramms auf die Ost- und Deutschlandpolitik: die gedankliche Weichenstellung, das Bahr-Konzept 1963 (»Wandel durch Annäherung«), war aus einer detaillierten Analyse des Kennedy-Programms hervorgegangen (Kaiser, 1968, S. 90). Der deutschlandpolitische

Vorbehalt wurde nur noch hinsichtlich des europäischen Entspannungsprozesses beibehalten und in die junktimartige Forderung gegossen, »daß das innerdeutsche Verhältnis geklärt wird, bevor es eine [...] Sicherheitskonferenz gibt« (Brandt in einer Rede auf dem Übersee-Tag in Hamburg am 7.5.1969).

Die deutsch-russischen, deutsch-polnischen und deutsch-deutschen Bilateralismen, die zusammen mit den späteren deutsch-tschechoslowakischen Verhandlungen die Ost- und Deutschland-Politik der sozialliberalen Koalition ausmachen (vgl. Whetten, 1971; Jahn und Rittberger, 1974; Schmid, 1979), liefen parallel zu dem amerikanisch-russischen Bilateralismus und dem konkurrierenden französisch-russischen Bilateralismus im Zeichen der Entspannungspolitik; formal wurde so die Entstehung eines »Entspannungsgefälles« (Brandt) verhindert, aber damit war keineswegs eine inhaltliche »Komplementarität« (Dettke) oder inhaltliche Vereinbarkeit (Kompatibilität) gewährleistet. Schon das schnelle Tempo der deutschen Ostpolitik und das Ausmaß entspannungspolitischer Eigenständigkeit der Bundesrepublik Deutschland schuf Irritationen in den USA und in Frankreich. Die Tendenz, daß sich der deutsch-russische Bilateralismus – ebenso wie der französisch-russische Bilateralismus – in Konkurrenz zum Großmächte-Bilateralismus entwickeln könnte, war vorübergehend vorhanden und wurde als Beginn eines »Wettlaufs Paris–Bonn nach Moskau« (McCloy, 1970, zit. bei Link, 1978, S. 161) kritisiert. Die Vorstellungen einer grundsätzlichen Neuordnung für Gesamteuropa, die von Bahr und Brandt mehr oder weniger offen thematisiert wurden, schienen Perspektiven zu eröffnen, die die Entwicklung der Entspannungspolitik in Europa der hegemonialen Führung und Kontrolle der USA hätten entziehen können (vgl. das Bahr-Memorandum von 1968, veröffentlicht in: Quick, 27.9.1973). Erst als deutlich wurde, daß die deutsche Ostpolitik in Gegenwart und absehbarer Zukunft im wesentlichen auf die Akzeptierung und Stabilisierung des Status quo hinauslief und die Zusammenarbeit nur auf dieser Grundlage und in diesem Rahmen ermöglicht werden würde, war inhaltlich eine Komplementarität zwischen der Legitimierung des nuklearen Status quo und des europäischen Status quo (Duchêne, 1970) hergestellt.

Konkret ausgedrückt: die Ostverträge gehen »von der in diesem Raum bestehenden wirklichen Lage« aus und schaffen einen modus vivendi zwischen der Bundesrepublik Deutschland und ihren östlichen Nachbarn auf der Basis des territorialen Status quo – einschließlich der Oder-Neiße-Grenze und der Grenze zwischen der Bundesrepublik Deutschland und der Deutschen Demokratischen Republik (Artikel 3 Moskauer Vertrag und

Artikel 1 Warschauer Vertrag sowie Beschluß der Fraktionen des Deutschen Bundestages über die gemeinsamen Grundansichten zur Deutschland- und Außenpolitik vom 17. 5. 1972). Daß diese vertraglichen Vereinbarungen mit dem Ziel der Wiedererlangung der deutschen Einheit »nicht im Widerspruch« stehen, wurde von der Bundesregierung zwar in einem Brief notifiziert; aber nicht das deklarierte Fernziel, sondern die Prägekraft der faktischen Zweistaatlichkeit bestimmt die praktische Politik.

Der Vertrag über die Grundlagen der Beziehungen zwischen der Bundesrepublik Deutschland und der Deutschen Demokratischen Republik vom 21. Dezember 1972 akzeptiert ebenfalls die »historischen Gegebenheiten«; obwohl der grundsätzliche Auffassungsunterschied über die nationale Frage ausdrücklich erwähnt wird (Präambel), erfolgt mit der Anerkennung der Staatlichkeit der DDR, mit der Beschränkung der »Hoheitsgewalt jedes der beiden Staaten auf sein Staatsgebiet« (Artikel 6) und mit dem Verzicht auf den Alleinvertretungsanspruch (Artikel 4) die Regulierung des deutsch-deutschen Konfliktes auf der Basis der Abgrenzung zwischen beiden deutschen Staaten, die zugleich die Voraussetzung für die Vereinbarung ist, die »Zusammenarbeit« zwischen ihnen auf den verschiedenen nicht-militärischen Sektoren »zu entwickeln und zu fördern« (Artikel 7). Trotz der zahlreichen Schwierigkeiten und Rückschläge in den deutsch-deutschen Beziehungen sind die tatsächlichen Verbindungen zwischen den Menschen der beiden Staaten (Besuche, Telefongespräche, Familienzusammenführung u. dgl.) und die Handelsbeziehungen erheblich angestiegen (vgl. Materialien zum Bericht der Bundesregierung zur Lage der Nation, 1971, 1972, 1974 sowie Bruno, 1979, und Arndt, 1979). Ebenso wie die politische Organisation in Deutschland im Kalten Krieg typisch für die regressive Konfliktregulierung zwischen den Großmächten war, ist nunmehr die Organisation der deutsch-deutschen Beziehungen der Prototyp der entspannungspolitischen Konfliktregulierung im internationalen System. Das heißt, Abgrenzung *und* Zusammenarbeit zwischen *klar abgegrenzten* Staaten, Regression und Integration sind auch in der Deutschland- und Ostpolitik die beiden Elemente der entspannungspolitischen Konfliktregulierung.

Das Viermächteabkommen über Berlin (1971) unterstreicht diesen Sachverhalt. Es basiert – ebenso wie die Ostverträge – auf der »bestehenden Lage in dem betreffenden Gebiet« und enthält die typische integrativ-regressive Vereinbarung, daß einerseits »die Bindungen zwischen den Westsektoren Berlins und der Bundesrepublik Deutschland aufrechterhalten und entwickelt werden« und andererseits »diese Sektoren so wie bisher kein Bestandteil (konstitutiver Teil) der Bundesrepublik Deutschland sind und auch weiterhin nicht von ihr regiert werden«. Es formuliert zugleich den Rahmen, den beide deutsche Staaten durch konkrete Vereinbarungen über den Post- und Fernmeldeverkehr, den Transitverkehr, den Reise- und Besucherverkehr und den Gebietsaustausch kooperativ ausfüllten. Nachträglich wurde schließlich noch ein doppeltes Junktim (zunächst von der Bundesrepublik Deutschland und dann – umgekehrt – von der Sowjetunion) zwischen dem Inkrafttreten des Berlin-Abkommens und der Ratifizierung der Ostverträge hergestellt.

Nach dieser Verbindung zwischen den deutschen Ostverträgen und dem Viermächteabkommen über Berlin war der Weg frei für die amerikanisch-russischen Gipfelabkommen vom Mai 1972 und für die anschließende (noch in Moskau getroffene) Vereinbarung zwischen Nixon und Breschnew, die Einberufung einer »europäischen Konferenz« vorzubereiten – »mit dem Ziel, die europäische Zusammenarbeit zu verbreitern« (Nixon, Report, 1973; vgl. Haftendorn, 1974) – und in einem gesonderten kleineren Gremium die Frage gegenseitiger und ausgewogener Truppenreduzierung in Europa zu behandeln (MBFR). Es waren also die beiden Hegemonialmächte, die die Entscheidung für die Europäisierung der Entspannungspolitik und für die Einberufung zweier getrennt (aber parallel) tagender Konferenzen aufgrund gemeinsamer Interesseneinschätzungen (vgl. Haftendorn, 1974, S. 269) trafen.

10.2.2. Die Multilateralisierung – KSZE und MBFR

Beide Konferenzen stehen nur scheinbar in einer Kontinuität mit den Diskussionen über eine europäische Sicherheitskonferenz in den fünfziger und sechziger Jahren (siehe die Dokumentationen von Schramm, Riggert, Friedel, 1972, und Jacobsen, Mallmann, Meier, 1973; vgl. Haftendorn, 1974). In dieser Phase wurde die Forderung der Sowjetunion nach Errichtung eines europäischen Sicherheitssystems verbal mit dem Hinweis auf die Gefahr des »Revanchismus« und »Militarismus« der Bundesrepublik Deutschland begründet; ihr eigentlicher Inhalt richtete sich jedoch auf die Verfolgung eines doppelten Zieles: »Liquidierung der NATO und Abzug der Amerikaner einerseits, Zementierung des Status quo andererseits« (Löwenthal, 1967; vgl. Wolfe, 1970 und Wettig, 1972). Die Erreichung dieses Ziels würde – so lautete die Begriffsprägung Richard Löwenthals – die Bundesrepublik und Westeuropa in eine »finnische Situation« bringen, d. h. in eine Situation, »in der Deutschland und Westeuropa zwar nicht besetzt, überrannt oder sowjetisiert würden, aber ähnlich wie Finnland heute, zur sowjetischen Machtsphäre gehören würden, mit sowjetischem Veto über die Regierungsbildungen, mit sowjetischem Zugriff auf die materiellen Hilfsquellen und mit entsprechender Wirkung auf das weltpolitische Gleichgewicht« (S. 347).
1967 mochte diese Zielperspektive – angesichts der Erosion der NATO (Austritt Frankreichs aus der militärischen Integration), der Bindung der USA im Vietnam-Krieg und der antiamerikanischen Reaktionen in Westeuropa – nicht unrealistisch sein. 1972/73 hatte sich die Ausgangssituation in wichtigen Grundzügen geändert:

- durch die Ostverträge war die Bundesrepublik als kooperativer Partner anerkannt worden: »die Sowjetunion konnte die europäische Sicherheitsfrage nicht länger als Frage nach Sicherheit vor Deutschland stellen« (Ruehl, 1974, S. 370);
- die NATO hatte die Initiative für die militärpolitischen Verhandlungen ergriffen (Signal von Reykjavik, 1968); sie stand nicht mehr zur Disposition, sondern wurde (Gegensignal des Warschauer Pakts von Tiflis, 1971) anerkannter Verhandlungspartner (vgl. Altmeppen, 1972);
- die USA (und Kanada) waren durch die Einbeziehung in die KSZE auch von den Warschauer Paktstaaten (Budapester Memorandum vom 22. Juni 1970) als Bestandteil der europäischen Sicherheit akzeptiert worden;
- durch die Ostverträge und das Berlin-Abkommen war bereits vor dem Beginn der Konferenz ein modus vivendi in Europa auf der Basis des territorialen Status quo bilateral bzw. multilateral vereinbart worden, ohne daß dadurch die Atlantische Allianz und die europäische Integration geschwächt worden waren. NATO und EG waren – im Gegenteil – erst dadurch in die Lage versetzt worden, eine aktive Ostpolitik zu betreiben. Die Europäische Politische Zusammenarbeit (EPZ) wurde im engen Zusammenhang mit der neuen Ostpolitik entwickelt und bestand auf der KSZE ihre erste Bewährungsprobe;
- die Politik kooperativer Rüstungssteuerung und funktionaler Zusammenarbeit zwischen den antagonistischen Führungsmächten hatte bereits zu ersten Vereinbarungen geführt; gerade im Interesse der Erhaltung des Bündnisses war eine Multilateralisierung erwünscht.

Die Einberufung einer *Konferenz über Sicherheit und Zusammenarbeit in Europa* war mithin 1972 realistischerweise nicht mehr mit dem Ziel zu verbinden, eine Alternative für die beiden Bündnissysteme und eine »Finnlandisierung« zu schaffen. Beide Führungsmächte gingen vom Fortbestand der Allianzstrukturen in Europa aus und zielten auf deren Stabilisierung. Gerade in Europa war nach dem maßgeblichen Willen der Großmächte Entspannungspolitik gleich Entspannung innerhalb des Status quo, und »Sicherheit durch Vereinbarungen« setzte die Anerkennung des Status quo voraus (Ruehl, 1974). Aber Sicherheit wurde jetzt in doppelter Weise angestrebt: durch gegenseitige Abschreckung und durch gegenseitige Abhängigkeit. Das bedeutete organisatorisch eine Konfliktregulierung, bei der die Regression des Kalten Krieges durch neue integrative Elemente ergänzt werden mußte. Gleichgewichtig neben die Politik des Gewaltverzichts zur Abschirmung der territorialen Herrschaft trat auch aus östlicher Sicht die Politik der wirtschaftlichen Zusammenarbeit, »mit dem Ziel, die politische Zusammenarbeit zwischen den europäischen Staaten zu entwickeln« (Prager Erklärung der Warschauer Paktstaaten vom 31. 10. 1969). Dieses funktionalistische Ziel wurde auch von westlicher Seite als wünschenswert angesehen (vgl. Groom, 1975, S. 30ff.). Im

weltpolitischen Kontext betrachtet, waren die auf der KSZE angestrebten gesamteuropäischen Kooperationsvereinbarungen als Ergänzung und Pendant der amerikanisch-russischen Kooperationsabkommen (siehe oben) gedacht (Dettke, 1976).
Schon bei der KSZE-Vorkonferenz in Helsinki, die im November 1972 begann und sich bis zum Juni 1973 hinzog, konnte angesichts des gemeinsamen Interesses an ökonomischer Zusammenarbeit (das auch von den neutralen und ungebundenen Teilnehmerstaaten geteilt wurde) über die Gestaltung dieses Tagesordnungspunktes vergleichsweise rasch eine Verständigung erzielt werden. Die Aufgabenstellung »Zusammenarbeit in den Bereichen der Wirtschaft, der Wissenschaft und der Technik sowie der Umwelt« wurde eingerahmt von dem Tagesordnungspunkt 1 (Fragen der Sicherheit in Europa) und dem Tagesordnungspunkt 3 (Zusammenarbeit in humanitären und anderen Bereichen).
Die anschließenden fast zweijährigen Verhandlungen in Genf füllten diese drei »Körbe« mit einem aufeinander abgestimmten Inhalt; das kompromißhafte Ergebnis der »blockübergreifenden Konferenzdiplomatie« wurde schließlich am 1. August 1975 feierlich als Schlußakte von Helsinki von den Staats- und Regierungschefs der 35 Staaten Europas und Nordamerikas unterzeichnet. Mit diesem Dokument wurde hinsichtlich der territorial- und grenzpolitischen Probleme ein (von den Ostverträgen vorgeprägter) modus vivendi in Europa multilateral vereinbart. Er läuft de facto auf die Legitimierung der bestehenden Macht- und Herrschaftssphären in Europa hinaus, schließt aber auch die Legitimierung der Rolle der USA als konstitutiver Bestandteil der europäischen Sicherheit ein. Die Schlußakte verzichtet auf den Entwurf einer gesamteuropäischen integrativen Neuordnung. Die Verbindung zwischen Anerkennung des territorialen Status quo in Europa und Überwindung des politischen Status quo ist nicht gelungen, ja wurde nicht einmal ernsthaft versucht. Die Schlußakte hat jedoch auch in die Zukunft weisende Aspekte; sie liegen vor allen Dingen darin, daß sie einen konsenshaft vereinbarten »Maßstab« anbietet, »an dem entspannungs- und kooperationskonformes Verhalten der KSZE-Teilnehmer gemessen werden kann« (Ropers, in: Grünbuch, 1977). Dessen praktische Anwendung ist freilich deshalb schwierig, weil die allgemeinen Prinzipien, Verhaltensregeln, Richtlinien und Empfehlungen einen komplexen Gesamtkompromiß darstellen, dessen einzelne Bestandteile im Kontext der entgegengesetzten Wert- und Ordnungssysteme unterschiedlich interpretiert und gewichtet werden – was insbesondere bei dem Prinzip VII (Achtung der Menschenrechte und Grundfreiheiten, einschließlich der Gedanken-,

Gewissens-, Religions- und Überzeugungsfreiheit) und bei Korb III (Zusammenarbeit in humanitären und anderen Bereichen) der Fall ist. Da ein gleichgerichtetes Interesse primär in der »institutionellen Stabilisierung« (Müller, in: Grünbuch, 1977) langfristiger Wirtschaftsbeziehung besteht, sind die diesbezüglichen Vereinbarungen in Korb II (abgesehen von der offenen Meistbegünstigungsfrage!) in ihrer Interpretation weniger kontrovers und nehmen den größten Platz ein (Erleichterung für ständige Vertretungen und Büros ausländischer Unternehmen, Förderung von Projekten industrieller Kooperation, Erweiterung der Kontakt- und Informationsmöglichkeiten, Schiedsverfahren, Grundsätze der Harmonisierung der technischen Normen, Methoden wissenschaftlicher Zusammenarbeit, Umweltschutz u. a. m.). Gleichwohl hat sich (vgl. den Exkurs) die KSZE auf die Ost-West-Wirtschaftsbeziehungen kurzfristig »nur marginal ausgewirkt (westliche Firmenvertretungen können z. B. gegenwärtig in allen Oststaaten gegründet werden, was früher nicht der Fall war)« (Stankovsky, in: Grünbuch, 1977, S. 306). Das Verhältnis zwischen EG und RGW ist nach wie vor ungeregelt (vgl. Schulz, 1977). Dadurch gewinnen die bilateralen langfristigen Kooperationsabkommen zwischen einzelnen westlichen und östlichen Staaten (insbesondere die Abkommen der UdSSR mit der Bundesrepublik Deutschland und Frankreich) an Gewicht. Die multilateralen Vereinbarungen von Helsinki geben aber den Bezugsrahmen dafür ab. »Materiell sind die positiven Elemente der Schlußakte im Wirtschaftsbereich darin zu sehen, daß in ihnen der Wille zur Zusammenarbeit dokumentiert wurde und auf diese Weise das gegenseitige Vertrauen – eine wichtige Voraussetzung für langfristige Wirtschaftsbeziehungen gefestigt wurde« (Stankovsky). Diese Bewertung verweist auf den inneren Zusammenhang, der Korb II mit Korb III und insbesondere mit dem Dokument über militär- und sicherheitspolitische Aspekte verbindet; in diesem Dokument werden auch ausdrücklich erste »vertrauensbildende Maßnahmen« (Manöverankündigungen, Austausch von Manöverbeobachtern) formuliert und verbindlich festgelegt (vgl. von Baudissin, in: Grünbuch, 1977, und DGFK-Jahrbuch 1979/80). Alle Verhaltensregeln der KSZE-Schlußakte sollen die Ambivalenz und Unsicherheit in den Erwartungshaltungen der östlichen und westlichen Akteure vermindern – ein Ziel, das nur bei längerer Zeit andauernder Einübung und Beachtung annäherungsweise erreicht werden kann (vgl. Kühne, in: Grünbuch, 1977; Simma und Blenk-Knocke, 1979).

Unter diesem zeitlichen Aspekt betrachtet, ist es bemerkenswert, daß die Fortsetzung der multilateralen Konferenzdiplomatie in

Helsinki beschlossen wurde, eine zweite Konferenz tatsächlich termingerecht (1977/78) stattfand und mit der Einberufung einer weiteren Folgekonferenz für 1980 endete. Es zeigte sich allerdings schon in der Vorphase der Belgrader Folgekonferenz, daß selbst die bescheidenen integrativen Vereinbarungen kurzfristig »Kooperationskonflikte« (Jütte, 1977) und destabilisierende Wirkungen erzeugten. Die Bürger- und Menschenrechtsbewegungen, die in der Sowjetunion und den anderen osteuropäischen Staaten durch die Bestimmungen der Schlußakte neue Impulse erhielten, und die Menschenrechtskampagne des amerikanischen Präsidenten Carter wurden und werden von den östlichen Führungseliten als interne und externe Bedrohung empfunden. Der Sache nach handelt es sich um die Anmahnung der gemeinsam übernommenen Verpflichtungen (und nicht etwa um eine Intervention). Trotzdem haben die sozialistischen Staaten mit zunehmender Repression und Abgrenzung reagiert. Mit anderen Worten: aus der vereinbarten Gemeinsamkeit ist eine Verschärfung der Gegensätze und eine Verschlechterung der Ost-West-Beziehungen entstanden, weil die inhaltliche Übereinstimmung und Vereinbarkeit der politischen Grundordnungen und Wertvorstellungen nicht vorhanden ist. Die Einsicht, daß die in Helsinki vereinbarten integrativen Maßnahmen den Grad der tatsächlichen Gemeinsamkeit zwischen den antagonistischen Systemen überstiegen und zunehmend kurzfristig eine Destabilisierung herbeiführten, hat die Schwierigkeit der Entspannungspolitik ins öffentliche Bewußtsein gehoben (vgl. Hans-Peter Schwarz und Boris Meissner, 1979). Die Dynamik, die Annäherungsprozesse entwickeln können, ist deutlich sichtbar geworden, aber auch die Entschlossenheit der politischen Führung, sie unter Kontrolle zu bringen. Der Effekt war nicht eine Ermutigung, sondern eine Desillusionierung. Er ist dadurch verstärkt worden, daß die Verschärfung der innenpolitischen Unterdrückung mit der Rüstungssteigerung und der externen Einflußausweitung der UdSSR einherging; statt Vertrauen ist ein Klima des Mißtrauens erzeugt worden.

Die Belgrader Nachfolgekonferenz (Oktober 1977 – März 1978) hat – obwohl 107(!) Einzelvorschläge unterbreitet wurden – keine neuen entspannungspolitischen Impulse und keine Verschiebung des integrativ-regressiven Mischverhältnisses zugunsten einer Annäherung gebracht, sondern eher die Stagnation der Entspannungspolitik dokumentiert. In den Reden der Konferenzteilnehmer ist die Menschenrechtsproblematik als eine Hauptquelle des Dissenses auszumachen; die Debatten über diesen Punkt führten zwar zu einer Konfrontation, belegten jedoch zugleich, daß »die internationale Behandlung innerstaatlicher Menschenrechtsfragen nicht nur von Rechts wegen zulässig, sondern auch – wie von der Schlußakte vorgegeben – unter dem Gesichtspunkt der Entspannungspolitik legitim ist« (Delbrück, in: DGFK-Jahrbuch 1979/80). Bemerkenswert ist ferner, daß sich der anfängliche Konsens in Fragen des Korbes II der Schlußakte stabilisiert und daß die Dimension der wirtschaftlichen Zusammenarbeit in der Einschätzung der Regierungen noch an Gewicht gewonnen hat (Frey und Ruloff, in: DGFK-Jahrbuch 1979/80).

Ob die jetzt stattfindenden Expertentreffen oder eine (oftmals vorgeschlagene) Ausdifferenzierung einzelner funktionaler Problemfelder in Spezialkonferenzen Fortschritte erzeugen können, ist fraglich. Die Zusammenarbeit auf dem Energiesektor, die bei Abschluß der Belgrader Konferenz rangmäßig an die Spitze der Aufmerksamkeit rückte, würde für eine solche Spezialkonferenz besonders geeignet sein, falls sie gesamtpolitisch eingebunden würde – etwa mit Hilfe eines »ökonomischen Gewaltverzichts« (Müller, in: DGFK-Jahrbuch 1979/80). Die Übereinkunft, im November 1980 in Madrid eine weitere Folgekonferenz durchzuführen, erhält den Konferenzrahmen und deutet in die Richtung einer Quasi-Institutionalisierung der KSZE (vgl. Willms, 1974); sie setzt ein festes Datum, an dem die Ergebnisse des europäischen Entspannungsprozesses erneut zu bilanzieren sind. Daß zur Zeit (März 1980) trotz der Détente-Krise beide Seiten ihr Interesse an der Abhaltung der Madrider Konferenz bekunden, zeigt die Bedeutung dieses Forums für einen geregelten Ost-West-Dialog (vgl. Ropers, in: DGFK-Jahrbuch 1979/80).

Die »prozeßorientierte Diplomatie« (Bertram) der KSZE-Serie hat sich bisher – ebenso wie die Entscheidung für ihre Eröffnung – als abhängig von dem Prozeßverlauf der Großmächte-Détente erwiesen. Dies gilt in noch höherem Maße für die *Verhandlungen über die Truppenreduzierung in Europa (MBFR)*, die nach Vorgesprächen im Januar 1973 seit Oktober 1973 in Wien geführt werden. Ein Ergebnis zeichnet sich noch nicht ab, obwohl inzwischen auch sowjetischerseits offiziell das Prinzip der Parität akzeptiert wurde (deutsch-sowjetische Gemeinsame Deklaration vom 6. Mai 1978). Abgesehen von der Schwierigkeit, diesen Begriff inhaltlich genau zu bestimmen, ist es fraglich, ob auf der Basis der Wiener Rahmenabsprachen (Protokoll vom 14. Mai 1973) eine Stabilisierung der militärischen Lage in Mitteleuropa (Ruth, in: Forndran und Friedrich, 1979) grundsätzlich erreichbar ist. Denn der Geltungsbereich – der »Reduzierungsraum« – ist auf Polen, die DDR, die CSSR, die Bundesrepublik Deutschland und die Beneluxstaaten (nach westlichem Wunsch sollte noch Ungarn hinzukommen) begrenzt:

»Eine Parität der Streitkräfte innerhalb dieses Raums hat vom militärstrategischen Gesichtspunkt aus wenig positive Wirkung, solange die Streitkräfte außerhalb dieses Gebietes unbegrenzt bleiben und für eine schnelle Rückführung oder politische Pression weiterhin zur Verfügung stehen. Hinzu kommt, daß sich die westliche MBFR-Position auch gegenwärtig noch vorrangig an der Personalstärke orientiert – an einer Größe also, die seit 1973 auf der östlichen Seite nur geringfügig verändert worden ist, während die Fähigkeiten der Sowjetunion vor allem im Bereich der Bewaffnung und Ausrüstung quantitativ und qualitativ erheblich zugenommen haben« (Schilling, in: Forndran und Friedrich, 1979, S. 214).

Eine Ausweitung des geographischen Bezugsrahmens könnte durch die Realisierung des französischen Vorschlages erfolgen, eine Konferenz über Abrüstung in Europa einzuberufen. Dieser Konferenzplan ist in Ost und West positiv kommentiert worden; er böte vielleicht einen Ausweg aus der konzeptionellen Sackgasse des Wiener Protokolls und könnte auch den »Geburtsfehler« von MBFR, nämlich die Nicht-Beteiligung Frankreichs, beheben.

Die Festschreibung der strategischen Parität zwischen den USA und der UdSSR (SALT I und II) und der weitere Ausbau der sowjetischen Mittelstreckenraketen (der freilich auch in Hinblick auf China erfolgt) haben Fortschritte bei der kooperativen Rüstungskontrolle in Europa zur Balancierung der regionalen Überlegenheit der UdSSR noch dringender gemacht; sonst bliebe – aus westlicher Sicht betrachtet – nur die Alternative einer erheblichen Nachrüstung. Der NATO-Rat hat im Mai 1979 als Leitlinie seiner Politik eine »Doppelstrategie« in Aussicht genommen und im Dezember 1979 definitiv beschlossen, nämlich die Stationierung amerikanischer Mittelstreckenraketen des Typs Pershing II und von Marschflugkörpern, die freilich frühestens 1983 den europäischen Verbündeten zur Verfügung gestellt werden können, und gleichzeitig ein Angebot für Rüstungsbeschränkungen. Diese Doppelstrategie trägt der komplexen Balance zwischen Abschreckung und Entspannung Rechnung. Ihre entspannungspolitische Brauchbarkeit schien sich zunächst zu bestätigen (vgl. die Ankündigung Breschnews vom 6. Oktober 1979, einseitig 20000 sowjetische Soldaten und 1000 Panzer aus der DDR abzuziehen und das Mittelstreckenraketenpotential zu vermindern – unter der Voraussetzung, daß die NATO auf die Stationierung amerikanischer Mittelstreckenraketen in Westeuropa verzichtet). Nach dem Dezember-Beschluß hat die UdSSR das Verhandlungsangebot abgelehnt, und die Afghanistan-Krise hat schließlich die Aussichten für Rüstungskontrollverhandlungen weiter verschlechtert.

MBFR ist als eine europäische multilaterale Ergänzung des bilateralen Sicherheitsdialogs zwischen den USA und der UdSSR gedacht; hier sollen die konventionellen Waffen und dort die strategischen Waffen einer kooperativen Rüstungskontrolle und -steuerung unterworfen werden. Die sowjetischen Mittelstreckenraketen, Backfire, Marschflugkörper und die in der europäischen Region dislozierten amerikanischen Nuklearwaffen liegen in der »Grauzone« zwischen beiden Verhandlungsebenen. Diese Grauzonenwaffen werden bei SALT III eine hervorragende Rolle spielen.
Dadurch wird die Koordinierungsfähigkeit der westlichen Staaten, die sich bisher durchaus bewährt hat (vgl. Link, in: DGFK-Jahrbuch 1979/80), und die Kompromißbereitschaft von Ost und West auf ihre härteste Probe gestellt werden. Die strikte Weigerung Frankreichs und die sichtbare Zurückhaltung Großbritanniens, ihre jeweiligen Nuklearwaffen in SALT III einbeziehen zu lassen, machen eine gemeinsame westliche Verhandlungsstrategie bereits im Ansatz unmöglich und geben der Sowjetunion eine Begründung für die Beibehaltung ihres Übergewichts bei den Grauzonenwaffen. Es dürfte sich herausstellen, daß es für das Problem der Grauzonenwaffen auf der Basis der Parität keine befriedigende Antwort gibt: Einerseits ist das Ziel einer euro-strategischen Parität politisch nicht erreichbar, andererseits könnte auf dem Wege dorthin (entgegen der westlichen Absicht!) gerade jene Gefahr real werden, die unter stabilitätspolitischem Aspekt unbedingt vermieden werden muß, nämlich die sicherheitspolitische Abkopplung Westeuropas von der strategischen Abschreckungsmacht der USA. Es ist diese Einsicht, die neuerdings westliche Politiker dazu veranlaßt haben dürfte, statt der Forderung nach Parität bei den eurostrategischen Waffen das Anfang der siebziger Jahre formulierte Prinzip der Hinlänglichkeit der Kräfte bzw. des ausreichenden Gegengewichts (Weißbuch 1971/72) zu betonen (so Bundeskanzler Schmidt, in: The Economist, 6. Oktober 1979) und die Stabilisierung der europäischen Sicherheit als Problem der »gesamtstrategischen Balance« (Apel) zu definieren. Die Einbeziehung der eurostrategischen Waffen in die SALT-Runden würde (wie auch immer die personelle Beteiligung der west- und osteuropäischen Alliierten aussehen würde) eine »inhaltliche« Multilateralisierung der bisherigen bilateralen kooperativen Rüstungskontrollverhandlungen bedeuten. Die Phase der Entspannungspolitik in Europa ist dadurch gekennzeichnet, daß die Multilateralisierung hinsichtlich der Regelung der Ost-West-Wirtschaftskooperation, nicht aber im militär- und sicherheitspolitischen Bereich gelungen ist.

10.2.3. Exkurs: Wirtschaftliche Zusammenarbeit und Entspannungspolitik

In Anbetracht der für die Entspannungspolitik charakteristischen Mischung von Annäherung und Abgrenzung wird oft von der Annahme ausgegangen, daß die Ost-West-Wirtschaftsbeziehungen die wichtigsten integrativen Elemente der Ost-West-Konfliktregulierung darstellen. Denn es handelt sich hier um materielle und personelle transnationale Austauschprozesse und Verflechtungen zwischen den antagonistischen Gesellschaften in Ost und West. Sie können daher als konstitutiv sowohl für die Entstehung als auch für die Fortsetzung des Entspannungsprozesses gewertet werden. Diese Annahme läßt sich im Lichte der Erfahrung der siebziger Jahre präzisieren und modifizieren.

Zusätzlich zu den (oben beschriebenen) politischen Entwicklungen sind folgende ökonomische Daten und Tendenzen zu beachten (Stankovsky und Müller, in: Grünbuch, 1977, und DGFK-Jahrbuch 1979/80) – (s. Abb. auf S. 193):

(1) Der Weltexportanteil des Ost-West-Handels (westliche Industriestaaten – kommunistische Staaten Osteuropas einschließlich UdSSR) ist in den siebziger Jahren überdurchschnittlich gewachsen, aber trotzdem nach wie vor relativ unbedeutend (1978 = 2,8% bzw. 2,3%) (Aspekt der Relativität);
(2) Der Ost-West-Handel konzentriert sich auf den Handel zwischen Ost- und Westeuropa; der Handel Osteuropas mit Industriestaaten außerhalb Europas machte 1978 nur 0,4% bzw. 0,3% des Weltexports aus; obwohl der Zuwachs der Ostexportquote in den siebziger Jahren für Westeuropa geringer war als für die USA und Japan, hat 1978 Westeuropa mit 74,5% nach wie vor den größten Anteil am Ostexport des Westens gegenüber einem Anteil der USA von 11,4% und Japans von 9,9% (Aspekt der Europäizität);
(3) Die Anteile des Ostexports bzw. Ostimports am Gesamtexport bzw. Gesamtimport betrugen bei Westeuropa nur 4,3% bzw. 4%, bei den USA sogar nur 2,6% bzw. 0,9% (1978); hingegen betrugen die Anteile des Westexports bzw. Westimports am Gesamtexport bzw. Gesamtimport bei den osteuropäischen Staaten (einschließlich der Sowjetunion) 26,2% bzw. 36,8%, bei der UdSSR 27,5% bzw. 36,3% (Aspekt der Asymmetrie);
(4) Der Anteil des Ostexports am Bruttosozialprodukt beträgt bei den westlichen Industriestaaten ca. 1%, der Anteil des Westexports am Bruttosozialprodukt bei den osteuropäischen Ländern ca. 2% – 4% (Aspekt der Asymmetrie);
(5) Die osteuropäischen Staaten (einschließlich der UdSSR) importieren aus den westlichen Industriestaaten vornehmlich Investitionsgüter (44,2%), während die westlichen Staaten hauptsächlich Brennstoffe (37,8%) und andere Rohstoffe (14,4%) aus den osteuropäischen Staaten importieren (1977) (Aspekt der Komplementarität);

Ost-West-Handel und Wirtschaftskonjunktur

	1970	1971	1972	1973	1974	1975	1976	1977	1978
Konjunkturdaten der OECD-Staaten[1]									
Bruttoinlandsprodukt	3,0	3,8	5,5	6,1	– 3,1	– 0,6	5,2	3,7	3,7
Industrieproduktion	3,5	2,2	7,0	9,2	0,0	– 7,9	8,6	4,0	4,4
Exporte der OECD-Staaten									
in die RGW-Staaten[2]	7	5	21	21	7	23	6	–10	2,5
in die UdSSR	5	– 2	33	22	8	35	10	–13	2,0
(zu konstanten Preisen)									
Importe der OECD-Staaten									
aus den RGW-Staaten[2]	– 1	6	11	11	–12	– 2,5	7,5	– 1	7,0
aus der UdSSR	– 8	1	8	24	– 7	– 3	9	0,5	6,5
(zu konstanten Preisen)									

[1] Veränderung in %
[2] Veränderung gegen das Vorjahr in %

Quelle: Stankovsky, in: DGFK-Jahrbuch 1979/80

(6) Der *Ostexport* der westlichen Industriestaaten (siehe Tabelle) stieg in den Jahren 1972 und 1973 – in der Hochkonjunktur! – rapide an; auch in der Rezession von 1974/75 expandierte er weiter; der Anstieg war zwar 1974 niedriger, aber schon 1975 wieder enorm; er schwächte sich dann 1976 erneut ab, 1977 wurde die prozentuale Veränderung gegenüber dem Vorjahr stark negativ; im folgenden Jahr zeichnete sich schließlich wieder eine Aufwärtstendenz ab;
der *Westexport* der osteuropäischen Staaten spiegelt noch deutlicher die konjunkturelle Entwicklung wider; er stieg ebenfalls 1972 und 1973 beachtlich an, ging jedoch schon 1974 und 1975 stark zurück, erlebte 1976 ein Zwischenhoch, 1977 wurde die prozentuale Veränderung zum Vorjahr negativ und 1978 kam es wieder zu einem merklichen Aufstieg (Aspekt der Konjunkturabhängigkeit);
(7) In den Jahren 1972–1974 kam es zu einem »Boom« von langfristigen Kooperationsvereinbarungen zwischen osteuropäischen Staaten und westlichen Firmen und stieg auch die Zahl der Dreieckskooperationen zwischen westlichen und östlichen Industriestaaten und Entwicklungsländern (1975 = 132) an; 1973 gab es ca. 600 und 1974 ca. 1000 Ost-West-Kooperationsverträge; dann nahm die Anzahl etwas ab; anteilsmäßig stehen Ungarn und Polen bzw. die Bundesrepublik Deutschland und Frankreich an der Spitze (Aspekt der Langfristigkeit).

Aus dieser Übersicht ergibt sich, daß in der Tat eine geradezu explosionsartige Ausdehnung der Ost-West-Wirtschaftsbeziehungen vonstatten gegangen ist, und zwar parallel zum Durchbruch bei der Entspannungspolitik in den Jahren 1972–1974. Es ist bezeichnend, daß z. B. die Handelsbeziehungen der Sowjetunion mit den marktwirtschaftlichen Industriestaaten – gemessen an ihrem Gesamtaußenhandel – nunmehr prozentual die gleiche Höhe erreicht haben wie 1946 vor Ausbruch des Kalten Krieges (siehe die Tabelle bei Goldman, 1975, S. 24). Bei Zugrundelegung des handelspolitischen Indikators hat also der zweite Versuch der antagonistischen Kooperation das Niveau der ersten antagonistischen Kooperationsphase in etwa erreicht, aber noch nicht überschritten. Die transnationalen Beziehungen und ökonomischen Verflechtungen haben – insbesondere soweit sie langfristiger Natur sind (vgl. Punkt 7) – die gesellschaftliche Unterstützungsbasis für die Entspannungspolitik verbreitert; sowohl bei den am Ostgeschäft vorteilhaft beteiligten westlichen Wirtschaftseliten als auch bei dem Management in den sozialistischen Staaten ist ein Interesse an stabilen Ost-West-Beziehungen entstanden. Zum Teil haben die wirtschaftlichen Eliten selbst aktiv zur Vorbereitung und Einleitung der Entspannungspolitik beigetragen und günstige Voraussetzungen für die politischen Entspannungsschritte geschaffen (speziell zur deutschen Ostpolitik vgl. Weisert, 1973; Kreile, 1974). Aber die enorme Ausweitung der

Ost-West-Wirtschaftsbeziehungen trat erst ein, nachdem die Regierungen die politischen Hindernisse beseitigt und neue politische Rahmenbedingungen geschaffen hatten. Insofern folgte die wirtschaftliche Kooperation der politischen Kooperation. Dabei waren offensichtlich die bilateralen Regierungsvereinbarungen wichtiger als die multilateralen Beschlüsse der KSZE. Und noch wichtiger als die außenpolitischen und internationalen Rahmenentscheidungen sind offenbar die konjunkturellen Entwicklungen: die Expansion des Ost-West-Handels lief parallel zur Hochkonjunktur; die Rezession von 1974/75 schlug bei den Importen aus den osteuropäischen Ländern sofort und bei den Ostexporten gebremst und mit Verzögerung durch (vgl. Punkt 5 und 6). Der Ost-West-Handel läßt sich mithin schon aus diesem Grunde schwer politisch steuern oder außenpolitisch instrumentalisieren. Die diesbezüglichen Schwierigkeiten, die oben hinsichtlich der amerikanisch-sowjetischen Wirtschaftsbeziehungen genannt wurden, treffen analog auch für die Ost-West-Wirtschaftsbeziehungen insgesamt zu.
Obwohl die führende Rolle der USA bei der Ausweitung der Ostexporte klar hervortritt, ist Europa eindeutig diejenige Region, in der die Wirtschaftsbeziehungen zwischen Ost und West sich am frühesten und am stärksten verdichtet haben (siehe Punkt 2 sowie Wilczynski, 1969). Kann dieser Sachverhalt die Annahme stützen, daß deshalb auch in Europa (im Unterschied zu den amerikanisch-sowjetischen Beziehungen, siehe oben) günstigere Voraussetzungen für intersystemare integrative Entwicklungen und für die Entstehung einer neuen politischen Ordnung gegeben sind? Vertreter funktionalistischer bzw. neofunktionalistischer Ansätze argumentieren in diesem Sinne: die organisatorische Form folge dem tatsächlichen Muster der Transaktionen und Funktionen (Groom, 1975) und die politischen Assoziationen entwickelten sich aus wirtschaftlichen und gesellschaftlichen Verflechtungen (Zellentin, 1970); die ökonomische Zusammenarbeit erfasse nach und nach auch andere Teilbereiche und habe eine politische Prägekraft, indem einzelne transnationale Interessen zur geplanten Zusammenarbeit in Teilbereichen vorstießen; so könne »schrittweise das Gleichgewicht der Abschreckung durch ein neues System militärischer, politischer, wirtschaftlicher und sozialer Sicherheit« (Zellentin) überlagert und schließlich ersetzt werden. Diese Annahmen und Erwartungen sollten schon allein deshalb skeptisch beurteilt werden, weil die Ost-West-Wirtschaftsbeziehungen einen wesentlich geringeren Umfang haben (siehe Punkt 1) als die Beziehungen zwischen den westlichen Industriestaaten (1978 = 47,5% des Welthandels) und sogar noch niedriger sind als die Beziehungen

zwischen diesen Staaten und den Entwicklungsländern (1978 = 15,9% bzw. 16,7% des Welthandels). Das Muster der Transaktionen und Funktionen, das nach funktionalistischer Auffassung die organisatorische Form schafft, hat in Europa ein zu niedriges Profil. Ferner muß bezweifelt werden, ob die Integrationsbedingungen, die am Beispiel der westeuropäischen Integration entwikkelt wurden, Entsprechungen (sogenannte funktionale Äquivalente) im Verhältnis zwischen demokratisch-marktwirtschaftlichen und sozialistisch-planwirtschaftlichen Staaten haben. Die staatlichen Manager der Sowjetunion und der osteuropäischen Staaten können kaum als »funktionale Äquivalente« zu westlichen Industriellen angesehen werden. Denn sie sind offizielle Repräsentanten und Funktionäre eines politischen und sozio-ökonomischen Systems mit entgegengesetzten Werten und Zielen; im Gegensatz zu marktwirtschaftlichen Gesellschaften, in denen sozio-ökonomische Gruppen einen breiten Spielraum gegenüber den Regierungsstellen haben, besitzen in sozialistischen Staaten die Regierungen Kontrollinstrumente, um Spill-Over-Prozesse zu blockieren, die gefährlich für ihre Herrschaftsausübung sind. Zur Zeit und in absehbarer Zukunft dürfte kaum zu erwarten sein, daß sich hinreichende »Ansätze eines sozialistischen Pluralismus« entwickeln (Zellentin, 1970). Ferner ist zu bedenken, daß sich die funktionalistische Theorie sogar bei der Analyse und Prognose von Integrationsprozessen, die sich zwischen den gleichstrukturierten westeuropäischen Gesellschaften abspielten, nur partiell bewährt hat. Offensichtlich muß das Eigengewicht der hochpolitischen Problembereiche, insbesondere der Sicherheitspolitik, auch bei nicht-antagonistischer Kooperation stärker berücksichtigt werden. Dies gilt um so mehr für die Kooperation antagonistischer Staaten, zumal die ideologische Abgrenzung nicht ohne Einfluß auf die wirtschaftlichen und politischen Bereiche sein kann. Auch in dieser Hinsicht nähren die Erfahrungen der intersystemaren wirtschaftlichen Kooperation in der Zwischenkriegszeit die Skepsis, ob friedlicher Wandel mit ökonomischen Mitteln in den Beziehungen mit geschlossenen Gesellschaften induzierbar ist. Die Einschränkung, daß ideologische Spaltungen nicht durch gemeinsame ökonomische Zielsetzungen überwunden werden können, wurde in dem ursprünglichen neofunktionalistischem Konzept von Ernst Haas (1971) durchaus berücksichtigt; sie ist für die Einschätzung der Ost-West-Beziehung zentral (vgl. Willms, 1976). Im macht- und sicherheitspolitischen Kontext kommt den Asymmetrien der Ost-West-Wirtschaftsbeziehungen (siehe Punkte 2 und 4) und der Komplementarität der Warenstruktur des Ost-West-Handels (sie-

he Punkt 5) eine hervorragende Bedeutung zu. Die Frage, ob dadurch eine einseitige Abhängigkeit der osteuropäischen Staaten begründet wird, ist umstritten. Für eine Bejahung spricht, daß die importierte Technologie einen beträchtlichen Wachstums- und Entwicklungsfaktor in den osteuropäischen Staaten darstellt (Müller, in: DGFK-Jahrbuch 1979/80) und daß diese Importe wegen der Komplementarität der Warenstruktur weitgehend von der kontinuierlichen Bereitstellung von Krediten durch westliche Banken und Regierungen abhängen. Die Verletzbarkeit, d. h. das Ausmaß der ökonomischen Kosten und negativen langfristigen Wirkungen im Falle der einseitigen Drosselung bzw. Unterbrechung der ökonomischen Beziehungen (Regression), wäre für die osteuropäischen Staaten vergleichsweise größer als für die westlichen Staaten. Denn der Ostexport hat für die westlichen Industriestaaten zwar eine gewisse beschäftigungspolitische Relevanz: in den USA geht man davon aus, daß ein Ostexport in Höhe von 15 000 Dollar einen Arbeitsplatz schafft (Goldman, 1975, S. 276); insgesamt dürften in den westlichen Industriestaaten ca. 1% der Arbeitsplätze vom Ostexport abhängen. Aber angesichts dieser Größenordnung könnte eine Handelsdrosselung wohl kaum einen »rezessionsverursachenden Nachfrageausfall« (Müller) hervorrufen. Beide Seiten (die osteuropäischen Staaten vielleicht etwas stärker als der Westen) dürften an der Stabilisierung der ökonomischen Ost-West-Beziehungen interessiert sein. Es existiert eine (durch politische Erwägungen) »begrenzte Abhängigkeit« (Knirsch, 1978 und 1979).
Die Diskussion über die indirekten Einflußmöglichkeiten der westlichen Regierungen, die sich demzufolge auf das langfristige Verhalten der sozialistischen Regierungen ergeben könnten, muß zwischen innen- bzw. gesellschaftspolitischen und außenpolitischen Wirkungen unterscheiden.
Die potentielle Wirkung einer »Liberalisierung« im *Innern* der sozialistischen Staaten und Gesellschaften wird von den dortigen Eliten als Gefährdung ihrer Herrschaftspositionen angesehen. Sie versuchen deshalb energisch, derartige Wirkungen zu verhindern, zumal sie die ökonomische Öffnung nach dem Westen wahrscheinlich nicht zuletzt deshalb vorgenommen haben, weil sie durch die Einführung westlicher Technologien die ansonsten unabdingbaren Reformmaßnahmen zu vermeiden trachten. Aus dieser Sicht kann die politische Abgrenzungs- und Repressionspolitik der sozialistischen Regierungen als der Versuch gewertet werden, innergesellschaftliche Auswirkungen der wirtschaftlichen Zusammenarbeit, die als destabilisierend empfunden werden, zu verhindern (vgl. Jacobsen, 1976). Auch wenn man diesen Zusammenhang nicht zu

einem dialektischen Bewegungsgesetz der Entspannungspolitik hochstilisiert (vgl. Willms, 1976), ist dadurch doch eine klare Schranke für – aus westlicher Sicht – positive innenpolitische Wirkungen der Ost-West-Wirtschaftsbeziehungen und für eine weitere Annäherung gesetzt.

Die Wirkungen der ökonomischen Asymmetrien auf das *außenpolitische* Verhalten der sozialistischen Führungseliten sollten ebenfalls weder in ihrem Ausmaß noch in ihrem entspannungspolitischen Wert überschätzt werden. Die einzelnen konkreten Geschäftsabschlüsse beruhen in der Regel auf beiderseitigen ökonomischen Vorteilen – sind also im Prinzip ausgewogen! Wenn man aufgrund der oben genannten Gegenüberstellung gleichwohl annimmt, daß die *gesamt*wirtschaftlichen Vorteile der wirtschaftlichen Zusammenarbeit für die sozialistischen Länder größer sind und somit die Bereitschaft zur politischen Zusammenarbeit fördern, muß man schon allein logisch auch die Umkehrwirkung zulassen: d. h. bei absichtlicher oder unabsichtlicher (nämlich konjunkturbedingter) Regression der Wirtschaftsbeziehungen würde bei den sozialistischen Staaten ein wichtiger Anreiz für die Fortsetzung der Entspannungspolitik entfallen.

Die Politik des teilweisen Handelsembargos, die seit Anfang 1980 in Reaktion auf die sowjetische Intervention in Afghanistan betrieben wird, könnte sich mithin entspannungspolitisch als konterproduktiv erweisen. Eine politisch negative Wirkung ist zusätzlich deshalb möglich, weil schon in den vorausgegangenen Jahren eine unbeabsichtigte Rückbildung der ökonomischen Ost-West-Beziehungen aus konjunktur- und kreditpolitischen Gründen eingesetzt hatte (s. die oben abgedruckte Tabelle):

Die ungleichmäßige Entwicklung von Exporten und Importen im Ost-West-Handel, die sich in der Rezession 1974/75 verschärfte, hat die Handelsbilanzdefizite und die Verschuldung der osteuropäischen Staaten erheblich vergrößert (1978 = 60 Milliarden Dollar). Um sie einzudämmen und die Devisenknappheit zu meistern, ist die Sowjetunion seit 1975 zu einer Drosselung der Westimporte und zunehmend zur Politik der Kompensationsabkommen übergegangen. Dadurch verschlechtern sich die westlichen Exportaussichten und verstärkt sich der Druck sowjetischer Waren auf den Märkten der westlichen Industriestaaten. Wenn nicht ein neuer wirtschaftlicher Aufschwung entsteht, könnten sich Konflikte ergeben, die die Entspannungspolitik innergesellschaftlich und international gefährden: »Ein langfristiges Wirtschaftswachstum im Westen von 3,5% ist (insbesondere nach der jüngsten Erdölkrise 1979) keineswegs gesichert. Bei dieser Wachstumsrate dürfte die

Arbeitslosigkeit kaum zurückgehen. Der politische Druck, die Arbeitsplätze gegen ausländische Konkurrenz zu schützen, wird daher in den westlichen Industriestaaten die Bereitschaft zum Abbau bestehender Handelshemmnisse nicht heben, sondern vielmehr die Neigung zur Errichtung neuer Barrieren vergrößern. [. . .] Der bisher positive Beschäftigungseffekt des Ost-West-Handels (er war eine Folge der aktiven Handelsbilanz *und* des Tausches arbeitsaufwendiger Fertigwaren gegen Roh- und Brennstoffe) wird sich in einen negativen umkehren müssen, wenn ein Zahlungsbilanzausgleich auch nur angenähert werden soll. Eine solche Situation wird aber zweifellos auf erhebliche Widerstände in den westlichen Ländern stoßen. Ein daraus möglicherweise resultierender Handelsprotektionismus gegenüber dem Osten würde sich sicherlich im politischen Bereich niederschlagen; er könnte aber auch dazu führen, daß einzelne Oststaaten ihren Zahlungsverpflichtungen nicht nachkommen könnten, was kaum übersehbare Probleme zur Folge hätte« (Stankovsky, in: DGFK-Jahrbuch 1979/80).

Bei einer Zuspitzung der Konflikte könnte – wie geschichtliche Erfahrungen zeigen (vgl. Link, 1970) – die Schuldnerposition als »Waffe des Schwachen« (Reichskanzler Brüning, 1932) eingesetzt werden, wodurch sich die asymmetrische Abhängigkeit umkehren würde. In einer politischen Krise wäre nicht mehr die langfristig, sondern die kurzfristig wirksame Abhängigkeit der Ost-West-Wirtschaftsbeziehungen von Bedeutung; sie verläuft derzeit wegen des hohen Anteils, den die Brennstoffe an den Ostimporten der westlichen Industriestaaten haben (siehe oben), asymmetrisch zuungunsten der westlichen Staaten und würde der Sowjetunion im Spannungsfall einen strategischen Vorteil einräumen (vgl. Müller, in: DGFK-Jahrbuch 1979/80). Zusammenfassend betrachtet, ist eine doppelte Schlußfolgerung erlaubt:

In den siebziger Jahren bestand ein gleich starkes Interesse an der Stabilität langfristiger Wirtschaftsbeziehungen, und die Wirkungen der ökonomischen Ost-West-Beziehungen auf dem Entspannungsprozeß waren und sind ambivalent. Die Ost-West-Wirtschaftsbeziehungen können die Entspannungspolitik und die politische Konfliktregulierung stützen; und sie können konfliktfördernd sein und damit die Notwendigkeit hervorrufen, die ökonomische Zusammenarbeit durch politische Entspannung abzustützen; dann müßte die Konfliktregulierung und Stabilisierung in den Wirtschaftsbeziehungen aus politischen Gründen erfolgen. Zu Beginn des neuen Jahrzehnts zeichnet sich freilich eher die entgegengesetzte Tendenz ab, daß nämlich – wie 1946/47 – politische Spannungen zu einer Rückbildung der Wirtschaftsbeziehungen führen.

Die »gegenseitige Bedingtheit« (Müller) von langfristiger Stabilität in den wirtschaftlichen *und* politischen Ost-West-Beziehungen ist in den siebziger Jahren zunehmend sichtbar geworden. Sie schließt eine erfolgversprechende junktimartige Verbindung (linkage) ebenso aus wie eine einseitige politische Instrumentalisierung des Osthandels. Die Einsicht in die gegenseitige Stabilitätsbedingtheit könnte aber ein (wenn auch nur begrenztes) gemeinsames Interesse an der Fortsetzung der Entspannungspolitik schaffen. Anders ausgedrückt: hinsichtlich des Ziels der langfristigen Stabilität dürfte ein gemeinsames Interesse bestehen, das den ökonomischen mit dem strategischen Bereich verbindet. Langfristige Stabilität ist aus ökonomischen und strategischen Gründen ein essentielles Ziel der Ost-West-Konfliktregulierung. Wenn die politische, strategische Stabilisierung mißlingt, wird auch die ökonomische Stabilisierung beeinträchtigt. Und wenn es richtig ist, daß die politische Wirkung einer Intensivierung der ökonomischen Ost-West-Beziehungen nicht überschätzt werden darf, dann darf auch die politische Wirkung, die von der Verringerung dieser Beziehungen (Embargo-Politik) ausgeht, nicht zu hoch eingeschätzt werden (vgl. Knirsch, 1979 und in: DGFK-Jahrbuch 1979/80). Die gegen die sowjetische Invasion in Afghanistan Anfang 1980 verhängten ökonomischen Sanktionen haben deshalb einen zweifelhaften Wert, falls sie nicht in ein konstruktives Krisenmanagement eingebaut werden (s. unten Kapitel IV).

10.3. Zusammenfassung: Die Entspannungspolitik der siebziger Jahre

Die Organisation der internationalen Beziehungen ist im Zeichen der zweiten antagonistischen Kooperation komplexer geworden als in der Zeit des Kalten Krieges. In beiden Phasen (nicht etwa nur im Kalten Krieg) bestimmte der Ost-West-Konflikt in hohem Maße die Weltpolitik; geändert hat sich die Konfliktregulierung. Die Entspannungspolitik ist nicht darauf ausgerichtet, den Ost-West-Konflikt in seinem Kern aufzuheben oder zu »lösen«, sondern einen neuen internationalen Organisationsrahmen zur Konfliktregulierung zu schaffen. Das siebte Jahrzehnt kann als eine Phase der internationalen Politik begriffen werden, in der die Kontrahenten des Ost-West-Konflikts das situationsadäquate Mischungsverhältnis zwischen Abgrenzung (Regression) und Zusammenarbeit (Integration) in den verschiedenen Beziehungsbereichen gesucht haben (vgl. dazu auch G. Zellentin, 1976). Die Ergänzung der vom Kalten Krieg geprägten Beziehungsstrukturen durch integrative Elemente ist – wie die empirische Analyse gezeigt hat – nur sehr zögernd und nur partiell, teils bilateral und teils multilateral erfolgt. Die ideologischen und machtpolitischen Gegensätze und miteinander unvereinbaren (bzw. unvereinbar erscheinenden) Tendenzen zwischen Ost und West enthalten ein derartig großes Spannungs- und Eskalationspotential, daß eine schnelle Verschiebung des Mischungsverhältnisses zugunsten von »Kooperationssystemen« nicht angebracht ist, sondern geradezu destabilisierend wirken kann. Zu hohe Erwartungen erwiesen sich als konterproduktiv für die Fortsetzung des Entspannungsprozesses; sie bergen die Gefahr in sich, statt Vertrauen Mißtrauen zu erzeugen, in Desillusionierung zu münden und in neue Konfrontation oder Regression umzuschlagen. Nur in einem lang andauernden Prozeß der durch Abgrenzung geschützten Kooperation dürften sich die Unsicherheiten in der Einschätzung der Absichten und des Verhaltens der Kontrahenten vermindern. Détentepolitik bewegt sich zwischen dem Minimalziel eines »kontrollierten Mißtrauensverhältnisses« und dem Maximalziel eines »Vertrauensverhältnisses«, in dem der Mißbrauch des Vertrauens kontrolliert werden kann (Kaufmann, 1973). Hier liegen die weiten Felder vertrauensbildender Maßnahmen, die – um im Bilde zu bleiben – unter Berücksichtigung der spezifischen Gegebenheiten des Bodens zu beackern und zu bestellen sind. Bisher sind nur einzelne Parzellen bestellt worden, und die bescheidenen Erfolge, die erzielt wurden, sind nunmehr von der Abkühlung, die die Afghanistan-Krise im Ost-West-Klima erzeugt hat, bedroht, aber noch nicht völlig zerstört worden. Die Umorganisation der internationalen Beziehungen im Sinne einer neuen Konfliktregulierung ist ein langer und widersprüchlicher Prozeß, der – wie die bisherigen Erfahrungen belegen – am besten durch eine gradualistische Politik gefördert werden kann.

Prozeßbestimmend war und ist zweifellos der Supermächte-Bilateralismus, insbesondere auf der entscheidenden nuklear-strategischen Ebene. Diese Dominanz des amerikanisch-russischen Bilateralismus, die bilateralen Verhandlungsergebnisse im nuklear-strategischen Bereich und die Schwierigkeiten der Multilateralisierung der Entspannungspolitik haben in der Hochphase der Détente zu der These geführt, daß ein »partielles Duopol« (Czempiel) oder gar ein »Kondominium« der Supermächte (Jobert) entstanden sei – mit gravierenden Folgen für die europäische Region und Allianzstruktur. Danach hat Westeuropa – gewissermaßen in einem zweiten Jalta – eine Staatsminderung erfahren (Jobert); ist die einst zentrale Sicherheitsfunktion der atlantischen Allianz zur bloßen »Reservefunktion« (Czempiel) amerikanischer Sicherheitspolitik abgewertet

worden oder gar tendenziell einer Abkoppelung der westeuropäischen Sicherheit von der amerikanischen Sicherheit erfolgt (vgl. dazu Nerlich, 1973; Dettke, 1976, mit Zitatnachweisen).
Die empirischen Analysen der Strukturen und Prozeßmuster des Kalten Krieges und der Entspannung, die Entwicklung der Allianzstrukturen, des krisenpolitischen Verhaltens und der integrativen Elemente im Ost-West-Konflikt (Kapitel III, 7–10) bestätigen diese Annahme nicht. In der Détentephase ist die Bipolarität und Bipolarisierung im Verhältnis zwischen den Antagonisten des Ost-West-Konflikts durch kooperative Elemente nur ergänzt, nicht aufgehoben worden; und die allianzpolitische Polarisierung ist (wenn auch in abgeschwächtem Maße) offenbar geradezu die Voraussetzung für eine weitgehende Depolarisierung und integrativ-kooperative Entwicklung in anderen, nicht-militärischen Beziehungsbereichen; es hat sich allerdings auch dort herausgestellt, daß die Wirkung der integrativen Elemente geringer ist, als häufig angenommen wird.
Die allianzpolitische Stabilisierung erwies sich als eine Grundbedingung der politischen Entspannung. Das System der militärischen Allianzen kann geradezu als ein internationales Sicherheitssystem begriffen werden, »innerhalb dessen bestimmte Handlungsmöglichkeiten [Agression und Erpressung] ausgeschlossen und damit andere [wirtschaftliche Kooperation u. dgl.] wahrscheinlich gemacht« werden (Kaufmann, 1973, S. 60). Nicht eine Funktionsminderung, sondern ein Bedeutungszuwachs und eine Funktionserweiterung ist eingetreten: der Bedeutungszuwachs erklärt sich daraus, daß mit der kooperativen Vereinbarung der nuklear-strategischen Parität in den zentralen Waffensystemen (SALT I und II) die Streitkräfte und Waffensysteme in Europa auch für die amerikanische Sicherheit wichtiger wurden (vgl. die Diskussion über die euro-strategischen Waffen). Zu der traditionellen Allianzfunktion der Abschreckung und Stabilisierung durch die militärische Organisation der Abgrenzung, die geo-strategisch noch an Bedeutung gewonnen hat, ist die integrative Allianzfunktion kooperativer Rüstungssteuerung und Konfliktregulierung hinzugekommen – eine Funktion, die Initiierung und Koordinierung bei der inhaltlichen Gestaltung der Entspannungspolitik erforderlich macht. Während die Informationen über das interne Funktionieren des Warschauer Paktes nicht ausreichen, um eine begründete Aussage zu machen (vgl. Tiedtke, in: DGFK-Jahrbuch 1979/80), läßt sich hinsichtlich der Atlantischen Allianz sagen, daß sie in der Lage war, hinreichende Unterstützung für die Entspannungspolitik bei allen Mitgliedstaaten zu erhalten, entspannungspolitische Initiativen zu

entwickeln und trotz beträchtlicher Schwierigkeiten und vorübergehender Irritationen die westliche Entspannungspolitik flexibel zu koordinieren, nämlich in Rollendifferenzierung und Arbeitsteilung mit anderen Gremien, wie EPZ und Gipfelkonferenzen der Sieben bzw. der Vier (siehe oben sowie die Studien von Holsti u.a., 1973; Dettke, 1976; Link, in: DGFK-Jahrbuch 1979/80). Hingegen scheint es der Allianz wesentlich schwerer zu fallen, auf die Krise der Entspannungspolitik mit einer gemeinsamen Strategie zu reagieren.

Als Zwischenergebnis der Analyse kann zusammenfassend gesagt werden, daß Entspannungspolitik darauf abzielt, den Ost-West-Konflikt durch Rüstungsbegrenzung und durch Kontrollvereinbarungen auf militärischem Gebiet und durch integrative Prozesse in anderen Bereichen zu dämpfen, zu regulieren und in einen friedlichen Wettbewerb zu transformieren. Dem entspricht folgendes Beziehungsmuster als Orientierungswert:

- engste Beziehungen auf allen Ebenen und in allen Bereichen zwischen den euro-amerikanischen Staaten und Gesellschaften;
- ein vergleichsweise niedriger Beziehungsgrad zwischen den beiden Allianzen im militärischen Bereich;
- mannigfache engere Beziehungen zwischen den Staaten und Gesellschaften der beiden Allianzen in den nicht-militärischen Bereichen.

Die Entspannungspolitik der siebziger Jahre dokumentiert, daß eine schrittweise Annäherung an dieses Muster – trotz aller Schwierigkeiten – realisierbar ist. Die Entwicklungen auf den drei Ebenen sind aufeinander bezogen und können sich wechselweise beeinflussen. Militärische Vereinbarungen können engere Wirtschaftsbeziehungen fördern und umgekehrt können engere Wirtschafts- und Kulturbeziehungen weitere vertrauensbildende Maßnahmen im militärischen Bereich begünstigen. Auch künftig dürften Erhaltung und Stärkung der Beziehungen zwischen den atlantischen und westeuropäischen Staaten und Gesellschaften – die Regulierung ihrer Konkurrenzen und die Koordinierung ihrer Politik – die Voraussetzung für einen Ausgleich zwischen Ost und West sein; ebenso wie umgekehrt die Entwicklung eines »mehr organischen« Verhältnisses zwischen der Sowjetunion und ihren osteuropäischen Alliierten für die Stabilisierung der Entspannungspolitik hilfreich sein könnte. Bereits Ende der siebziger Jahre wurde deutlich, daß der Entspannungsprozeß noch nicht irreversibel geworden war. Zu Beginn des neuen Jahrzehnts ist – nach dem Einmarsch der Roten Armee in Afghanistan – die Fortsetzung der Entspannungspolitik in eine offene Krise geraten, und das heißt, daß prinzipiell nach alternativen Konfliktregulierungsmustern gefragt wird, ohne daß bereits eine befriedigende Antwort gefunden wäre.

IV. Zusammenfassung und Ausblick: Konfliktregulierung und Organisation der internationalen Beziehungen in den achtziger Jahren

Die internationale Politik unserer Epoche ist – wie die empirische Analyse gezeigt hat – geprägt von dem Ost-West-Konflikt und den wiederholt unternommenen Versuchen, ihn zu regulieren, d. h. durch Erhöhung oder Verringerung des internationalen Beziehungsgrades, durch Integration oder Regression bzw. durch unterschiedliche Mischungen zwischen beiden Elementen die kritische Spannung im internationalen Beziehungszusammenhang zu mindern. Die Schwierigkeit lag und liegt darin, diejenige Mischung zu finden, die dem jeweiligen sich wandelnden Verhältnis von Gemeinsamkeiten und Gegensätzen adäquat ist. In der praktischen Politik sind die Staaten bzw. ihre Regierungen nach der Methode von Versuch und Irrtum (trial and error) verfahren. So haben sich Phasen mit vorwiegend integrativer Konfliktregulierung und Phasen mit eher regressiver Konfliktregulierung wellenartig einander abgelöst. Die Kurven der Bipolarisierung und Depolarisierung in den verschiedenen Beziehungsbereichen sind oben (siehe Kapitel III, 7) beschrieben worden.

Ordnet man die politischen Ereignisse zwischen Abgrenzung (Regression) und Zusammenarbeit (Integration) ein, d. h. verbindet man die Knotenpunkte der kritischen Zuspitzungen und der Entspannung, so entsteht ebenfalls eine wellenartige Kurve (vgl. Cline, 1977, S. 164f.). Die Phasen einer regressiven Konfliktregulierung (mit recht unterschiedlichen Ausprägungen!) umfassen die Periode des Interventionskriegs und der Nichtanerkennung (1918–1933) sowie die Zeit des Hitler-Stalin-Pakts (1939–1941) und sind dann gekennzeichnet durch die Berlin-Blockade (1948/49), den Korea-Krieg (1950–1953), die Ungarn-Krise (1956), die zweite Berlin-Krise und die Kuba-Raketen-Krise (1961/62), die CSSR-Krise (1968) und nunmehr die Afghanistan-Krise (1980). Zwischen diesen Phasen liegen jeweils Phasen einer mehr oder weniger integrativ-kooperativen Konfliktregulierung. Deren Höhepunkte markieren die Aufnahme der diplomatischen Beziehungen (1933), die antagonistische Kriegskoalition (1941–1945), das bilaterale Treffen in Camp David (1959), die Semi-Détente von 1963 und die bilateralen und multilateralen Gipfeltreffen in Moskau (1972), Washington (1973), Moskau (1974), Wladiwostock (1974) und Helsinki (1975).

Der Ost-West-Konflikt war und ist nach wie vor weltpolitisch dominant, weil die Hauptkontrahenten die beiden Supermächte sind. Daneben ist ein weiterer struktureller Weltkonflikt, der sogenannte *Nord-Süd-Konflikt*, entstanden. Seine Genese und Entwicklung und die Strategien der Konfliktregulierung sind mit Hilfe der in Kapitel II dargestellten Konflikttheorie und in Verbindung mit der Entkolonialisierungstheorie (Zartman, 1976) analysiert worden. Das Analyseergebnis wird (aus verlagstechnischen Gründen) gesondert veröffentlicht werden, um den Rahmen dieses Taschenbuches nicht zu sprengen. Ein skizzenhafter Hinweis muß an dieser Stelle genügen:

Allgemein formuliert, geht es bei dem Nord-Süd-Konflikt um die Gestaltung der weltpolitischen und weltwirtschaftlichen Ordnung – mit unterschiedlichen Akzentuierungen im Zeitablauf. Bereits in der Zwischenkriegszeit und dann verstärkt nach dem Zweiten Weltkrieg (mit den großen Entkolonialisierungsschüben von 1955 und 1960) widerstritt die säkulare Tendenz zur globalen Durchsetzung des national- und territorialstaatlichen Ordnungsprinzips der Tendenz zur Erhaltung der imperialen und kolonialen Ordnungen. Territorial- bzw. nationalstaatliche Souveränität und Selbstbestimmung in allen Bereichen (in Politik, Wirtschaft und Kultur sowohl auf innergesellschaftlicher als auch auf internationaler Ebene) gegen imperiale Herrschaft und globale Vorherrschaft der Industriestaaten – das war und ist nach wie vor der politische Kern des strukturellen Gegensatzes zwischen Erster Welt und Dritter Welt. Im wirtschafts- und handelspolitischen Bereich widerstreiten – idealtypisch betrachtet – marktwirtschaftliche und freihändlerische Tendenzen den Lenkungs-, Planungs- und Interventionstendenzen, und zwar hinsichtlich der Gestaltung sowohl der innerstaatlichen als auch der internationalen Ordnung; wobei sich in der Realität allerdings hier wie dort bereits Mischformen herausgebildet haben (vgl. Heiduk, 1973).
In der politischen Entkolonialisierung kommt jenes Ordnungsprinzip territorialstaatlicher Souveränität und Autonomie zu seiner späten globalen Anwendung, das für das europäische Staatensystem mit dem Westfälischen Frieden etabliert und dann im Zuge der imperialistischen Übersee-Expansion durch das kolonialistisch-imperiale Prinzip überlagert worden war. Der Anti-Kolonialismus erzeugte zunächst nur partielle Konflikte, nämlich solche, die auf die jeweiligen Imperien bzw. imperialen Regionen bezogen waren; die Spannungen eskalierten teilweise zu blutigen Unabhängigkeitskriegen (in Indonesien, Indochina, Algerien, Guinea-Bissau, Mozambique, Angola). Die Konfliktparteien waren weder insgesamt der »Norden« noch der »Süden«, sondern einerseits die einzelnen Unabhängigkeitsbewegungen in den Kolonien und andererseits die jeweiligen kolonialen Imperien. Aber nachdem die meisten der ehemaligen Kolonien bzw. Mandatsgebiete ihre politische Unabhängigkeit erkämpft hatten, konnte eine machtpolitisch relevante Koalition zur Vereinheitlichung der Konfliktposition in und außerhalb der Vereinten Nationen entstehen; die Vereinten Nationen wurden zunehmend nicht nur zu einem wichtigen Verhandlungsforum, sondern auch zu einem internationalen Akteur, der von den Unabhängigkeitsbewegungen als Koalitionspartner genutzt werden konnte (vgl. u.a. Delbrück, 1973).

In den siebziger Jahren ist der Prozeß der *politischen* Entkolonialisierung durch die Auflösung der Imperien und die Entstehung von mehr als 100 neuen souveränen Staaten in einem enormen Beschleunigungsprozeß bis auf wenige Ausnahmen zu seinem Ende gekommen (vgl. Modelski, 1972, S. 119ff. und Ansprenger, [2]1973). Dieses Ergebnis markiert schon alleine für sich betrachtet eine radikale Strukturveränderung im internationalen Staatensystem. Die neuen Staaten der Dritten Welt haben sich international als eine Gruppe organisiert (die Bewegung der blockfreien Staaten und die Gruppe der 77, vgl. Willetts, 1978; Matthies, 1979); dadurch sind sie zu einem kollektiven Quasi-Akteur geworden; sie drängen darauf, daß aus der politischen Unabhängigkeit Konsequenzen für die innergesellschaftlich-wirtschaftliche Organisation und für die neue Organisation der internationalen Beziehungen (insbesondere in dem ökonomischen Bereich) gezogen werden. Die umfassende Entkolonialisationstendenz hat in territorialstaatlich fundierter kollektiver Gegenmacht ihren organisatorischen Ausdruck gefunden und ist weltpolitisch bedeutsam geworden. Die partiellen Konflikte sind prinzipiell zu einem globalen, die Gesamtorganisation der internationalen Beziehungen direkt betreffenden Konflikt geworden. Diese neue Qualität wurde Anfang der siebziger Jahre erreicht. In derselben Periode wurde die kritische Spannung im Ost-West-Konflikt durch eine Neuregelung (Détente) vermindert, so daß sich die Spannungen in der Weltwirtschaftsordnung stärker bemerkbar machen konnten.

Im Verlauf der Regulierung des Ost-West-Konflikts und des Nord-Süd-Konflikts sind tiefgreifende Änderungen in der Struktur der internationalen Beziehungen (d. h. hinsichtlich des Ordnungsprinzips und des Arrangements der Staaten) eingetreten.
Am wichtigsten ist, daß sich das national- bzw. territorialstaatliche Ordnungsprinzip der Dezentralisation gegenüber dem Prinzip kolonialer, imperialer Herrschaft global durchgesetzt hat. Die daraus resultierende extreme Fragmentierung des internationalen Systems in mehr als 150 Staaten hat zwei Hauptkonsequenzen:
(a) Das relative Übergewicht der beiden Unionsstaaten, USA und UdSSR, ist erheblich gestärkt worden. Aufgrund ihrer schieren Größe, ihres ökonomischen Potentials und ihres Entwicklungsstandes sind sie – und zunehmend auch die Volksrepublik China – die »natürlichen« Großmächte im zersplitterten Staatensystem, denen die Führungsaufgaben nolens volens zufallen.
(b) Die Anforderungen an die Organisation und Steuerung dieser fragmentierten Staatenwelt sind immens gestiegen. Denn mit der formalen Fragmentierung ist eine reale Verflechtung einhergegangen; durch weltweite Kommunikation und Interaktion ist ein äußerst komplexer Beziehungszusammenhang entstanden. Internationale Regimebildung ist deshalb notwendiger und zugleich schwieriger denn je. Einer Organisation der internationalen Beziehungen, die von allen Staaten als legitim akzeptiert wird, stehen die

gravierenden macht- und entwicklungsmäßigen Unterschiede und die ideologischen Gegensätze entgegen.
Die widerstreitenden Tendenzen und Interessen, die den Kern der beiden Weltkonflikte ausmachen, und die verschiedenen Versuche der Konfliktregulierung haben im Zeitablauf zu einer Reihe von Änderungen in der Gruppierung zwischen den Staaten geführt – und das ist der zweite wichtige Aspekt des internationalen Strukturwandels.
In den zwanziger und dreißiger Jahren war die traditionelle Konkurrenz zwischen den Großmächten noch vorherrschend, aber der Ost-West-Konflikt bzw. dessen Regulierung hat bereits in diesen Jahrzehnten ansatzweise die internationale Gruppierung beeinflußt, nämlich zunächst durch den isolierenden Ausschluß und dann durch die Integration der Sowjetunion in den Völkerbund und in die universelle Staatenwelt. Prototypisch waren bereits in der Zwischenkriegszeit die USA und die UdSSR die Hauptkontrahenten widerstreitender globaler Ordnungsvorstellungen. Der Hitler-Stalin-Pakt hat für lediglich zwei Jahre diejenigen Staaten, die eine rassen- oder klassenpolitische Neuordnung der internationalen Beziehungen anstrebten, in einer »unheiligen« Allianz gegen die Vertreter der traditionalen nationalstaatlich-imperialen Staatenordnung zusammengeschlossen. Dann brachte der den Kontrahenten des Ost-West-Konflikts nach und nach aufgezwungene neuartige Konflikt mit den Achsenmächten und die Politik des kämpferischen Konfliktaustrags (Zweiter Weltkrieg) jene antagonistische Kriegskooperation zwischen den demokratischen Staaten des Westens und der sozialistischen Sowjetunion zustande, die auf der Basis des integrativen Konzepts der Vereinten Nationen im Frieden fortgesetzt werden sollte. Der projektierte Organisationsgrad entsprach indes nicht dem realen Mischungsverhältnis aus Gegensätzen und Gemeinsamkeit; nachdem die alle Differenzen überragende Gemeinsamkeit der Bedrohung 1945 entfallen war, erhielten die ideologischen und machtpolitischen Gegensätze zwischen Ost und West wieder ein größeres Gewicht. Zudem war die Machtdifferenz zwischen den Hauptkontrahenten so enorm, daß die Verwirklichung des integrativen Konzepts die Unterordnung des Schwächeren (UdSSR) unter den Übermächtigen (USA) bedeutet hätte. Statt der gemeinsamen Steuerung der Weltpolitik durch die Großmächte, die de facto einer kooperativen Suprematie der USA gleichgekommen wäre, entstanden im Zeichen regressiver Einflußsphärenpolitik bipolare Allianzsysteme, die den Regeln der Gegenmachtbildung folgten. Diese Gruppierungstendenz war weltweit, erwies sich aber in Europa am beständigsten. Die allianzmäßige Bipolari-

sierung ist dort sowohl in der Phase des Kalten Krieges als auch in der Phase der Entspannungspolitik das durchgängige Charakteristikum der Staatengruppierung. Die fortdauernde Notwendigkeit der Gegenmachtbildung im sicherheitspolitischen Bereich hat ihre ungewöhnliche Kontinuität begründet – ungeachtet der Tatsache, daß sich im ökonomischen Bereich Umgruppierungen ergaben (wie insbesondere die Entstehung und Stärkung der EG). Das System von Allianz und Gegenallianz hat in Europa eine klare Abgrenzung der Interessensphären und damit eine sicherheitspolitische Stabilisierung geschaffen. Auf diesem Fundament konnten dann in verschiedenen Funktionsbereichen intensivere Austauschbeziehungen entwickelt werden. Die Entspannungspolitik war und ist nichts anderes als der Versuch, unter Bewahrung des allianzpolitischen Ergebnisses regressiver Konfliktregulierung nunmehr neue Elemente einer integrativen Konfliktregulierung in das Ost-West-Verhältnis einzubauen bzw. die bereits vorhandenen intersystemaren Beziehungen zu verstärken. Über die Reichweite dieser Politik, d. h. über das Problem der »Teilbarkeit« oder »Unteilbarkeit« der Entspannung, existierten stets unterschiedliche Vorstellungen in Ost und West, die durch die sowjetisch-amerikanische Gemeinsame Erklärung vom Mai 1972 lediglich verbal überbrückt wurden.
In den außereuropäischen Regionen ist die allianzpolitische Bipolarisierung nur teilweise und nur vorübergehend erfolgreich gewesen. Der Nord-Süd-Konflikt, der in seinem Kern ein fortschreitender, tendenziell umfassender Entkolonialisierungsprozeß ist, hat in den außereuropäischen Regionen von Anfang an und in zunehmendem Maße die Ost-West-Konfliktstrukturen modifiziert und überlagert et vice versa. Die kollektive Selbstorganisation der Dritten Welt, die Bewegung der blockfreien Staaten, definiert sich einerseits in bezug auf die Hauptkontrahenten und die Allianz des Ost-West-Konflikts als »ungebunden«; d. h. sie versucht eine Position außerhalb dieser Konfliktkonfiguration bipolarer Allianzpolitik einzunehmen. Andererseits ist sie als informelle anti kolonialistische, entwicklungspolitische Allianz die kollektive Gegenmacht zu der Gruppe der Industrieländer, die in der bestehenden Welt(wirtschafts)ordnung auch nach der Zerschlagung der Kolonialreiche dominant ist. Die Auseinandersetzung um die Errichtung einer Neuen Internationalen Wirtschaftsordnung ist der Versuch, die kritische Spannung zwischen den widerstreitenden Tendenzen der Ersten und Dritten Welt nach dem Konzept der integrativen Konfliktregulierung zu reduzieren (vgl. Sauvant und Hasenpflug, 1977; Senghaas, 1977; Fishlow u. a., 1978; Hansen, 1979).
Beide strukturelle Weltkonflikte, der Ost-West-Konflikt und der

Nord-Süd-Konflikt, bilden, wohlgemerkt, zwei verschiedene Konfliktkonfigurationen, aber hier wie dort richten sich die widerstreitenden Tendenzen auf die Organisation der internationalen Gesamtbeziehungen. Während im »Westen« und im »Süden« die Neigung vorherrscht, sie nach Möglichkeit getrennt zu halten, verfolgt der »Osten« eine entgegengesetzte Politik.
Die kommunistisch-sozialistischen Staaten und Theoretiker behaupten zwar einerseits, daß sich die Forderungen der Entwicklungsländer ausschließlich an die ehemaligen Kolonialmächte bzw. »neokolonialistischen« westlichen Staaten richten. Sie versuchen jedoch andererseits, konzeptionell und praktisch eine Verbindung zwischen den beiden Konflikten und ihren jeweiligen Hauptkontrahenten dadurch herzustellen, daß sie den Entkolonialisierungsprozeß als Bestandteil des »anti-imperialistischen Kampfes« der Zweiten Welt interpretieren. Danach gelten die sozialistischen Staaten als die natürlichen Verbündeten der Dritten Welt im gemeinsamen Kampf gegen »Imperialismus« und »Kolonialismus« bzw. »Neokolonialismus« (vgl. Alimow und Stschetinin, 1975). Die Nord-Süd-Konfliktachse wird gewissermaßen in die Ost-West-Konfliktachse verschoben und soll mit ihr in Deckung gebracht werden. Diejenigen westlichen Interpreten, die die Auseinandersetzung mit der Dritten Welt als einen internationalen Klassenkampf deuten, akzeptieren indirekt diese Sichtweise. Von der Dritten Welt ist indes, sieht man von Ausnahmen (wie Kuba und Vietnam) ab, die kommunistische Sichtweise nicht übernommen, sondern gerade umgekehrt die Politik verfolgt worden, eine informelle anti-kolonialistische, entwicklungspolitische Allianz außerhalb der Großmächtekonkurrenz des Kalten Krieges zu bilden. Zwar stimmen in der Regel in entwicklungspolitischen und oft in weltpolitischen Fragen die Länder der Zweiten Welt auf der UN-Ebene mit den Staaten der Dritten Welt, und somit kommt häufig eine gemeinsame Abstimmungsfront gegen die Länder der Ersten Welt zustande. Aber die Forderungen der Dritten Welt nach Ressourcentransfer und Umstrukturierung der internationalen Wirtschaftsordnung richten sich zunehmend auch an die sozialistischen Industriestaaten; von der Zweiten Welt werden ebenfalls praktische Beiträge zur Entwicklung der Dritten Welt und zur Neustrukturierung der internationalen Wirtschafts- und Handelsordnung verlangt. Die überwältigende Mehrheit der Entwicklungsländer identifiziert ihre Interessen nicht mit dem »sozialistischen Lager« und lehnt ein festes politisches oder militärisches Bündnis sowohl mit der UdSSR als auch mit deren Konfliktkontrahenten, den USA, ab.

Eine neue Konstellation ist durch die machtpolitische und ideologische Konkurrenz zwischen der Volksrepublik China und der UdSSR entstanden. Diese innersozialistische Konkurrenz hat sich freilich nicht deshalb zu einem Konflikt zugespitzt, weil die Kontrahenten unvereinbare Tendenzen hinsichtlich des Ordnungsprinzips internationaler Beziehungen vertreten. Beide Mächte halten für sich an dem klassenpolitischen, revolutionären Internationalismus fest; sie interpretieren jeweils die Politik des anderen als eine Abweichung und als Streben nach imperialer Herrschaft (Hegemonismus). Der Widerstreit geht um die Prinzipientreue und um die internationale Gruppierung.
Vor dem Bruch mit der UdSSR hatte auch Mao Tse-tung die Zwei-Lager-These vertreten: hier Sozialismus – dort Imperialismus, eine Zwischenposition oder einen dritten Weg gäbe es nicht (Mao, 1949, zitiert bei Sim, 1979, S. 75). Spiegelbildlich sahen auch die USA und ihre Verbündeten in dieser Phase den Konflikt mit der Volksrepublik China als einen Bestandteil des Ost-West-Konflikts (vgl. Kalicki, 1975), und sie reagierten erst spät auf diejenigen Änderungen, die sich in der chinesischen Politik seit Ende der fünfziger Jahre vollzogen. Seit dieser Zeit haben die chinesischen Kommunisten schrittweise und mit verschiedenen Varianten die These von der Zwischenzone formuliert und theoretisch begründet, um sich zunächst von beiden Supermächten abzugrenzen. Das neue internationale Strukturmodell beruht auf der These, daß in der gegenwärtigen weltpolitischen Situation vier Hauptwidersprüche vorhanden sind:

1. der Widerspruch zwischen den unterdrückten Nationen einerseits und dem Imperialismus und Sozialimperialismus andererseits;
2. der Widerspruch zwischen dem Proletariat und der Bourgeoisie in den kapitalistischen und revisionistischen Ländern;
3. der Widerspruch zwischen imperialistischen und sozialimperialistischen Ländern und zwischen den imperialistischen Ländern;
4. der Widerspruch zwischen sozialistischen Ländern einerseits und Imperialismus und Sozialimperialismus andererseits.

Demzufolge hätten sich im Weltsystem vier Zonen herausgebildet:
1. die Zone der Supermächte (amerikanischer Imperialismus und sowjetischer Sozialimperialismus),
2. die Zone des Sozialismus (mit der Volksrepublik China als beispielhafter sozialistischer Staat),
3. die erste Zwischenzone der Entwicklungsländer (die asiatischen, afrikanischen und lateinamerikanischen Staaten), und

4. die zweite Zwischenzone, die von »bestimmten größeren kapitalistischen Ländern in Ost und West« gebildet wird.

Durch die Verbindung der ersten Zwischenzone mit der Zone des Sozialismus reduziert sich das theoretische Weltmodell schließlich auf drei Zonen:

1. die Zone der beiden imperialistischen bzw. sozialimperialistischen Supermächte,
2. die Zwischenzone der Staaten Europas plus Kanada und Japan,
3. die Dritte Welt, zu der sich China rechnet.

(Vgl. dazu u.a. Kim, 1979, S. 76ff.; Bechtoldt, ^{2}1969)

Damit ist theoretisch die ursprüngliche Gleichsetzung von Sozialismus, Anti-Imperialismus und Anti-Kolonialismus wiederhergestellt; allerdings nunmehr nicht mit der Sowjetunion, sondern mit der Volksrepublik China als führende Macht, die ihrerseits – wie die Sowjetunion – betont, keinen Herrschaftsanspruch zu erheben: »China ist ein sozialistisches Land und ein Entwicklungsland. China gehört zur Dritten Welt [...]. China ist weder eine Supermacht noch wird China je eine Supermacht werden wollen« (Teng, 1974, zitiert bei Yahuda, 1978, S. 242). Generell wird aber dieses weltpolitische Modell als Übergangskonfiguration begriffen, bis sich der Sozialismus revolutionär weltweit durchgesetzt hat. Die revolutionäre Kraft der Entwicklungsländer treibe das Rad der Geschichte in diese Richtung – im Kampf »gegen Kolonialismus, Imperialismus und insbesondere gegen die Supermächte«. »Sieg im weltweiten Kampf gegen Hegemonismus und Sieg im Kampf des internationalen Proletariats für Sozialismus und Kommunismus sind in Anbetracht der fundamentalen Interessenlage identisch« (People's Daily, 1. 11. 1977, zitiert bei Yahuda, 1978, S. 242). Demzufolge wird der Kampf gegen beide Supermächte und schließlich gegen diejenige Supermacht, die aus chinesischer Sicht die größte unmittelbare Bedrohung darstellt, ideologisch als revolutionär-sozialistisch gerechtfertigt. Und das heißt, daß sich damit eine Verbindung zwischen den beiden Konfliktachsen Ost-West und Nord-Süd spiegelbildlich zu dem obengenannten sowjetischen Verbindungsversuch ergibt: Die sozial-imperialistische Sowjetunion wird zum Hauptgegner sowohl der westlichen demokratischen Industrieländer als auch der Dritten Welt erklärt. Nach dem Imperativ der Gegenmachtbildung wurden so die USA zum erwünschten Verbündeten, ebenso wie umgekehrt die Sowjetunion während der SALT-Verhandlungen versuchte, die USA für eine anti-chinesische Politik, bis hin zur Tolerierung eines atomaren Schlages gegen die Volksrepublik China zu gewinnen (vgl. Newhouse, 1973, S. 188; New York Times, 2. 7. 1973). Je stärker nach der amerikanisch-chinesischen Annäherung 1972 die Supermacht USA in die anti-sowjetische Gegengruppierung einbezogen wird, um so mehr wird das Drei-Zonen-Modell praktisch bipolar umgeformt: ein Eindämmungskonzept à la manière chinoise.

Freilich handelt es sich bei alldem weniger um eine Realitätsbeschreibung als um eine internationale Ordnungsvorstellung und ein politisches Programm, dessen Realisierungschancen ungewiß sind. Während sich das Vier-Zonen-Modell dadurch auszeichnet, daß die strukturelle Bedeutung der Supermächte-Bipolarität erfaßt wird und die Konzeption einer (ersten) Zwischenzone der asiatischen, afrikanischen und lateinamerikanischen Staaten mit der Vorstellung der Bewegung der blockfreien Staaten prinzipiell in Übereinstimmung gebracht werden könnte, findet weder das Drei-Zonen-Modell noch seine bipolare Reduktion die Zustimmung der Dritten Welt. Die Bewegung der blockfreien Staaten will sich ja gerade nicht in die Ost-West-Konfrontation der Supermächte einordnen lassen, und es ist kein Zufall, daß die Volksrepublik China weder Mitglied der Bewegung der blockfreien Staaten noch der Gruppe der 77 ist. Ähnlich wie das konträre sowjetische Konzept enthält auch dieser chinesische Versuch, die Achse des Nord-Süd-Konflikts in die Ost-West-Konfliktachse einzufügen, am ehesten die Zustimmung derjenigen westlichen Politiker, die die Probleme der Dritten Welt primär unter dem Aspekt der Auseinandersetzung mit der Sowjetunion und ihrer globalen Politik betrachten und eine amerikanisch-chinesische »Proto-Allianz« (Robinson, 1978) zur Eindämmung der sowjetischen Expansionspolitik bejahen. Die amerikanische Regierung hat sich in jüngster Zeit praktisch in diesem Sinne verhalten. Die Befürworter einer Eindämmungskoalition mit der Volksrepublik China übersehen indes geflissentlich, daß die chinesische Leitlinie des proletarischen Internationalismus und die chinesische langfristige Zielsetzung, das klassenpolitische Ordnungsprinzip in der Weltpolitik zu verwirklichen, unvereinbar mit der westlichen Ordnungstendenz ist. Chinas Kommunisten wollen die Weltordnung nicht stabilisieren, sondern revolutionieren (vgl. u.a. Bechtoldt, ²1969; Näth, 1978; Opitz, 1980).

Lenkt man den Blick nicht primär auf die theoretisch-programmatischen Konzepte, in denen ideologische Zielsetzungen und gegenwartspolitische Taktiken untrennbar miteinander vermischt sind, sondern auf die realen internationalen Konfigurationen und Staatengruppierungen, so ergibt sich ein Bild, das komplexer und vielschichtiger ist, als die skizzierten Muster und Modelle. Wie in Kapitel III im einzelnen gezeigt wurde, ist auf der *höchsten nuklearstrategischen Ebene* eine bipolare Gruppierung nach wie vor das entscheidende Strukturmerkmal des Staatensystems, wobei das amerikanische Übergewicht zugunsten eines ungefähren Gleichgewichtes zwischen den beiden Supermächten abgebaut wurde. Nach der Gesamtverteilung der beiden Machtpotentiale hat sich aber zugleich in den siebziger Jahren eine Tripolarität herausgebildet, d. h. die Volksrepublik China ist gemessen an ihrem ökonomischen Potential (das noch nicht voll mobilisiert ist) in die Gruppe der Großmächte eingetreten – mit der Tendenz, eine nukleare Zweitschlagfähigkeit gegenüber einer der Supermächte, nämlich der UdSSR, zu gewinnen*; die Aussicht, in absehbarer Zukunft beiden Supermächten ebenbürtig zu werden, ist jedoch gering.

Unterhalb der nuklearstrategisch-sicherheitspolitischen Ebene der Bipolarität und der ansatzweisen Tripolarität stehen die Staaten und Staatengruppen je nach Sachbereich und je nach Region in einem spezifischen Verhältnis zueinander und bilden unterschiedliche, zum Teil wechselnde multipolare Konfigurationen:

Gesamtpolitisch die drei Großmächte USA, UdSSR und Volksrepublik China mit ihren jeweiligen bi- und multilateralen allianzpolitischen Ergänzungen und die informelle Allianz der Bewegung der blockfreien Staaten; im *weltwirtschaftlichen und handelspolitischen Bereich* die OECD-Staaten, die Gruppe der 77, die sozialistischen Staatshandelsländer und die Volksrepublik China; *innerhalb der Gruppe der westlichen Industriestaaten* die trilaterale Gruppierung USA–EG–Japan, die Gruppe der Sieben (USA–Kanada–Japan–Bundesrepublik Deutschland–Großbritannien–Frankreich–Italien) und der Vier (USA–Bundesrepublik Deutschland–Großbritannien–Frankreich), die sich zu mehr oder weniger regelmäßigen Gipfelkonferenzen zusammenfinden; sowie *regionale Gruppierungen* (EG, RGW, ASEAN, OAS, LAFTA, SELA, Arabische Liga, OAU, ECOWAS u. dgl.) und *kartellartige Gruppen* (OPEC, OAPEC).

Aus den Beziehungen zwischen ihnen ergeben sich Wettbewerbs- und Konfliktformationen, die zum Teil ineinander verschoben sind und sich wechselseitig durchdringen:

- die bipolare Wettbewerbs- und Konfliktformation zwischen den Supermächten und ihren Allianzen (Ost-West-Konflikt),
- die bipolare Wettbewerbs- und Konfliktformation zwischen In-

* Mehrstufige ballistische Interkontinentalraketen (ICBM) mit einer Reichweite von 3000–3500 Meilen wurden 1976 erfolgreich getestet und disloziert; inzwischen dürften auch ICBMs mit einer Reichweite von 8000 Meilen in Dienst gestellt sein (IISS, The Military Balance, 1979–1980, S. 59).

dustrie- und Entwicklungsländern, zwischen der Ersten und der Dritten Welt (Nord-Süd-Konflikt), und

- zahlreiche multipolare Wettbewerbs- und Konfliktformationen zwischen Großmächten, Mittelmächten und/oder regionalen Mächtegruppierungen (mit wechselnden Kombinationen je nach Sachbereich und Region), unter denen das Mächtedreieck UdSSR–Volksrepublik China–USA regional in Asien und tendenziell auch global die wichtigste multipolare Konfiguration darstellt.

Diese komplexe Struktur der internationalen Beziehungen beschränkt das außenpolitische Handeln der Staaten in erheblichem Maße – auch das Handeln der beiden Supermächte. Kein einzelner Staat, keine Staatengruppierung und auch keine der beiden Supermächte kann allein und unilateral eine stabile internationale Friedensordnung errichten. Stabilität oder Instabilität sowie letztendlich der Fortbestand der Zivilisation hängen entscheidend davon ab, ob und wie die Kontrahenten der beiden strukturellen Weltkonflikte ihre Konkurrenz- und Konfliktbeziehungen zu regulieren vermögen; ob es insbesondere den Supermächten gelingt, die kritische Spannung zu reduzieren, sowie die anderen Staaten und Gruppierungen als eigenständige regionale Ordnungsfaktoren zu respektieren und hinlänglich an einer regional und funktional differenzierten Weltordnung zu beteiligen.

Die ost-westliche Entspannungspolitik und die gleichzeitig unternommenen Schritte zur integrativen Regulierung des Nord-Süd-Konflikts waren bzw. sind Versuche in dieser Richtung, die freilich gegenwärtig in eine Sackgasse geraten sind. Im Nord-Süd-Konflikt dokumentiert die 3. UNIDO-Konferenz in Neu-Delhi (1980) den verhandlungspolitischen Stillstand. Hinsichtlich des Ost-West-Konflikts ist es nicht auszuschließen, daß – ähnlich wie nach der Phase der ersten antagonistischen Kooperation – erneut eine Art Kalter Krieg »ausbricht«.

Ähnlich wie nach dem Zweiten Weltkrieg die Erwartungen, die mit dem integrativen Friedenskonzept verbunden wurden, übersteigert waren und somit den Keim des Scheiterns in das integrative Konzept einpflanzten (siehe oben), sind auch in der Détente-Phase die Erwartungen auf beiden Seiten unrealistisch hoch gewesen; sowohl die Sowjetunion als auch die USA sind über die Resultate der Entspannungspolitik enttäuscht, weil sie zuviel und miteinander Unvereinbares von dieser Politik erwartet haben (vgl. Wagner, 1980). In beiden Fällen war bzw. ist die Regulierung der militärisch-sicherheitspolitischen Machtkonkurrenz auf der höchsten strategischen Ebene (Baruch-Plan 1946 und SALT II 1979/80) und im konventionellen militärischen Bereich (Ausgleichung der regionalen Ungleichgewichte) das zentrale Problem. Eine gewisse Analogie zwischen der Krise der antagonistischen Kooperation nach dem Zweiten Weltkrieg und der gegenwärtigen Krise der Entspannungspolitik besteht sogar auch hinsichtlich der auslösenden Rolle, die der Machtkonkurrenz in ein und derselben Region (vgl. Agwani, 1978) zukam bzw. zukommt: 1946/47 scheiterte das integrative kooperative Konzept im Iran (siehe oben), 1980 scheint es – vermittelt durch die Iran-Krise – in Afghanistan zu scheitern. Und schließlich signalisiert 1947 wie 1980 die spektakuläre Verkündigung einer außenpolitischen Doktrin durch den amerikanischen Präsidenten, die sich auf die Abschirmung des Mittleren Ostens und der Golf-Region bezog bzw. bezieht*, die Wende in den Ost-West-Beziehungen.

Damit endet freilich auch die Analogie, die man sinnvollerweise ziehen kann. Denn machtpolitisch ist die gegenwärtige Situation grundlegend andersartig. Die einstige Kontinentalmacht UdSSR ist eine globale Großmacht mit weltweiten Land- und Seestützpunkten geworden (siehe die Karte im SIPRI-Jahrbuch 1972, Anhang) und die Rote Flotte ist auf allen Meeren präsent (siehe das Schaubild auf S. 217):

Statt des nuklearen Monopols bzw. Übergewichts der USA ist ein annäherndes strategisches Gleichgewicht entstanden, das sich – wenn die amerikanischen Berechnungen zutreffen (siehe oben) – Ende der siebziger Jahre leicht zugunsten der Sowjetunion verschoben hat und Ende der achtziger Jahre (nach Einführung der amerikanischen MX-Raketen und nach Wirksamwerden der NATO-Nachrüstung) vermutlich wiederum zugunsten der USA verschieben wird. In dieser Situation sind gemäß der oben genannten Hypothese, daß in der Phase kurz vor bzw. nach der Erreichung einer ungefähren Gleichheit die Wahrscheinlichkeit offener Konflikte bzw. krisenhafter Zuspitzungen am größten ist, eine beträchtliche Risikobereitschaft und die Tendenz zur Ausnutzung expansiver Möglichkeiten zu erwarten gewesen und auch tatsächlich eingetreten.

Möglichkeiten der Einflußerweiterung eröffnen sich vor allem in den Ländern der Dritten Welt aufgrund der dortigen sozialen,

---

* Die Truman-Doktrin war zwar unmittelbar durch die Bedrohung Griechenlands und der Türkei ausgelöst worden, aber die Golf-Region und der Indische Ozean wurden als die Ziele der sowjetischen Expansionsbestrebungen angesehen (siehe oben S. 109). Zwischen beiden Doktrinen liegt die Eisenhower-Doktrin (1958), die sich ebenfalls auf den Nahen bzw. Mittleren Osten (Libanon-Krise) bezog.

Regionale Verteilung der amerikanischen und sowjetischen Seestreitkräfte (1974)

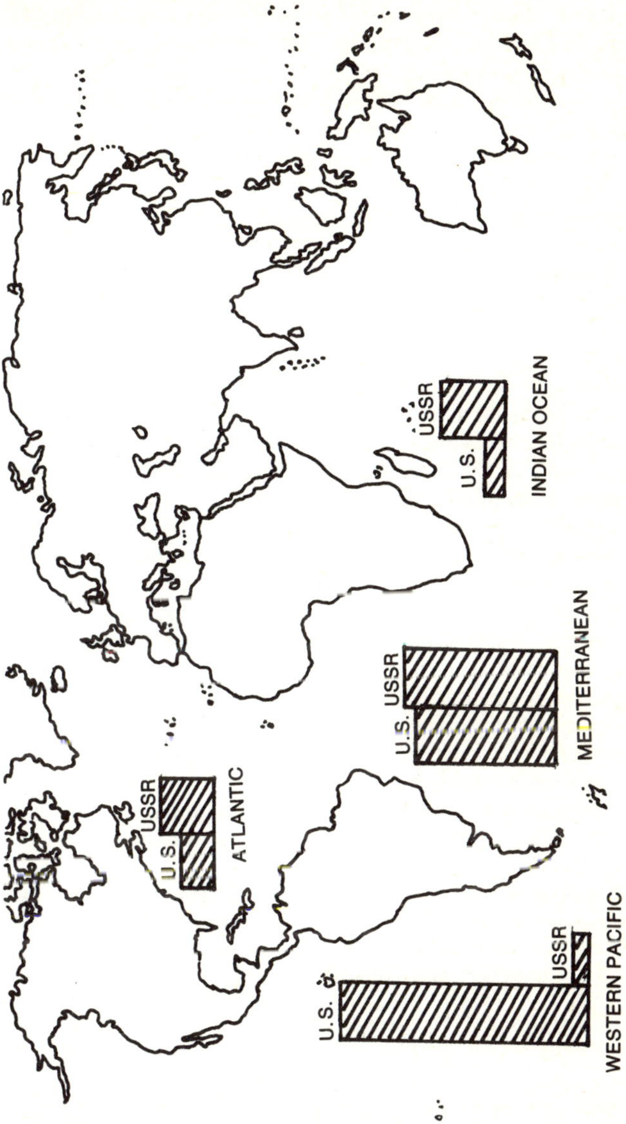

Quelle: Collins, 1978, S. 188

politischen und religiösen Umwälzungen. Die lokalen bzw. regionalen Konfliktparteien suchen die Unterstützung bei dieser oder jenen Großmacht je nach politischer und/oder ideologischer Affinität. Die direkte militärische Intervention der Sowjetunion in Afghanistan ist einerseits ein Glied in der Entwicklung, die durch die Verschärfung der Großmächtekonkurrenz in außereuropäischen Regionen unter diesen Bedingungen vonstatten geht; andererseits markiert sie jedoch auch einen qualitativen Einschnitt.

Die Kontinuität ist darin zu sehen, daß – wie in Kapitel III, 9 gezeigt wurde – die Großmächte in lokalen und regionalen Machtvakuen oder Turbulenzen konkurrierend einwirken, und zwar insbesondere dann, wenn die betreffende Region für die Rohstoffversorgung und strategische Sicherheit wichtig ist (vgl. Bertram, 1979).

An diesem Sachverhalt hat auch die Détente-Politik nichts ändern können; es wäre unrealistisch, dergleichen von ihr zu erwarten. Die einzige sinnvolle Frage war und ist, *wie* die Einwirkung geschieht, ob im Rahmen einer Politik der Entspannung bzw. friedlichen Koexistenz eine Krisenvermeidung durch beiderseitige Zurückhaltung oder zumindest eine Intensivierung des Krisenmanagements gefördert wird. Die Rhetorik der gemeinsamen sowjetisch-amerikanischen Erklärung vom Mai 1972 schien in diese Richtung zu deuten (siehe oben). Ihr stand jedoch nicht nur die offizielle verbale Bekundung der sowjetischen Führung entgegen, daß »friedliche Koexistenz« die »Unterstützung von Befreiungsbewegungen« in der Dritten Welt nicht ausschließe, vielmehr widersprach der rhetorischen Gemeinsamkeit auch die *tatsächliche* Politik *beider* Supermächte (siehe oben).

Im Verlauf der gesteigerten Großmächtekonkurrenz in den außereuropäischen Regionen hat die Sowjetunion auch in der Entspannungsphase sowohl Erfolge als auch Mißerfolge erzielt; d. h. die Bilanz fällt keineswegs eindeutig positiv für die UdSSR aus:

Die UdSSR und ihre osteuropäischen Verbündeten haben zweifellos ihr wirtschaftliches und militärisches Engagement in der Dritten Welt merklich erhöht: Die ökonomische Hilfe konzentrierte sich 1973–75 auf die Türkei (26%), Afghanistan (18%), Indien (14%) und Pakistan (11%), die militärische Hilfe auf den Mittleren Osten (U.S. Congress, The Soviet Union and the Third World, 1977). Aber die politischen Wirkungen waren bis Mitte der siebziger Jahre marginal oder gar konterproduktiv (vgl. Rubinstein, [2]1976). Die Ausweisung der sowjetischen Berater aus dem Sudan (1971) und aus Ägypten (1972) markierten die eklatanten Mißerfolge in dieser Phase, deren Schwere durch das endgültige Überwechseln Ägyptens in das amerikanische Lager 1976 noch unterstrichen wurde. Hingegen gelang es 1975/76 der Sowjetunion bzw. ihrem Verbündeten Kuba, durch eine massive indirekte bzw. direkte Militärintervention (mit 15000–20000 kubanischen Soldaten) im angolanischen Bürgerkrieg der prosowjetischen Partei (MPLA) zur Macht und zur Machtstabilisierung zu verhelfen; und in Mozambique wurde die zunächst erfolgreiche Volksrepublik China durch die sowjetisch-kubanische Konkurrenz ausgebootet. Seit 1977 wird das prosowjetische Regime Mengistu in Äthiopien durch kubanische Kampftruppen und sowjetische Militärberater nach innen und nach außen, im Kampf gegen Somalia und die eritreische Befreiungsbewegung, kompakt gestützt; aber dafür ging Somalia für die Sowjetunion verloren – einschließlich des von den Sowjets ausgebauten Hafens Berbera, der nunmehr den USA zur Verfügung steht. Die kommunistische Machteroberung im Südjemen und in Afghanistan im Jahre 1978 war ein sowjetischer Positionsgewinn von noch nicht absehbarem Ausmaße. Bedeutsamer ist die feste sowjetisch-vietnamesische Bindung, die sowohl den amerikanischen als auch den chinesischen Einfluß in dieser Region beeinträchtigt; hingegen ist die gewaltsame Einfügung Kambodschas in den vietnamesischen Einflußbereich primär eine Schwächung der chinesischen Position; zugleich ist jedoch durch die chinesische Militärintervention gegen Vietnam im Februar/März 1979 die Verletzbarkeit des sowjetischen Verbündeten offenkundig geworden.

Insgesamt betrachtet, haben die USA und ihre Verbündeten in Afrika, Asien, Lateinamerika und im Mittleren Osten nach wie vor eine wesentlich größere Zahl und ein dichteres Netz von politischen und militärischen Abkommen und Stützpunkten als die UdSSR und ihre Verbündeten (siehe IISS, The Military Balance, 1979/1980).
Die sowjetischen Versuche der außereuropäischen Einflußausweitung waren also, wie diese Übersicht nur andeuten kann, weder vor noch während der Entspannungsphase stets erfolgreich und sollten im internationalen Vergleich nicht überbewertet werden. Zweifellos belasteten die sowjetischen Positionsgewinne schon vor 1979/80 die Fortsetzung der Entspannungspolitik; aber es ist in dieser Phase zwischen der Kuba-Raketenkrise und der Afghanistan-Krise entweder nicht zu einer *beiderseitigen* Politik des Krisenrisikos bzw. zu einer direkten Kriseneskalation zwischen den Supermächten gekommen oder das Krisenmanagement hat in der seit 1963 »eingeübten« Weise funktioniert (siehe oben).
Der neue »Krisenbogen« (Brzezinski) im Mittleren Osten und in der Golf-Region ist primär das Produkt autochthoner Entwicklung; die islamische Revolution im Iran ist dafür der beste Beweis. Die Politik der Großmächte, die Destabilisierung dieser Region jeweils im eigenen Interesse zu nutzen, gewinnt in diesem Krisenbogen seine strategische Relevanz dadurch, daß bei einem Erfolg

des sowjetischen Konkurrenten die westliche Ölversorgung und damit die Sicherheit unmittelbar bedroht wäre (vgl. Agwani, 1978). Mit der Afghanistan-Krise ist der Widerspruch zwischen Entspannungspolitik in ausgewählten Bereichen und in Europa einerseits und der ungeregelten außereuropäischen Machtkonkurrenz andererseits an dem kritischsten Regionalpunkt auf die Spitze getrieben worden. Er wurde damit notwendigerweise handlungsbestimmend für das Gesamtverhältnis zwischen Ost und West, und zwar im Kontext der beiderseitigen spiegelbildlichen Vermutung, daß im zentralen strategischen Bereich jeweils die andere Konfliktpartei eine Überlegenheit anstrebt bzw. daß die UdSSR gegenwärtig und die USA Ende der achtziger Jahre eine (wenn auch nur geringfügige) Überlegenheit besitzen könnte. Damit ist die Entspannungspolitik insgesamt in eine Krise geraten.
Beide Seiten haben einen Wettbewerb im Eingehen von Krisenrisiken begonnen. Die Sowjetunion hat durch den direkten Einsatz massiver Kampfverbände außerhalb ihres Herrschaftsbereiches – in einem Land, das auch nach der kommunistischen Machtergreifung im April 1978 noch Mitglied der Bewegung der blockfreien Staaten geblieben war und in unmittelbarer Nachbarschaft zur strategisch lebenswichtigen Golf-Region liegt – eine hohe Risikobereitschaft bekundet; und die USA haben mit Sanktionsmaßnahmen, die unterhalb der Ebene militärischer Intervention liegen, reagiert (siehe unten). In dieser Kriseneskalation, die unter den Bedingungen eines neuartigen strategischen Kräfteverhältnisses fortzuschreiten droht, liegt der qualitative Einschnitt, den die Afghanistan-Krise in der Entwicklung des Ost-West-Konflikts darstellt.
Wie im Kapitel III gezeigt wurde, war die Phase der Entspannungspolitik charakterisiert durch die Einfügung von integrativ-kooperativen Elementen in die Ost-West-Konfliktregulierung, durch eine Mischung von Abgrenzung und Zusammenarbeit, die in den verschiedenen Beziehungsbereichen und Regionen unterschiedlich ausfiel. Dieser empirische Sachverhalt ist die Grundlage der These, daß Entspannungspolitik teilbar sei. Nachdem jetzt diese Politik generell in Frage gestellt ist, gibt es für die Weiterentwicklung der Ost-West-Beziehungen theoretisch drei Alternativen, nämlich
(1) daß der in den siebziger Jahren erreichte Beziehungszusammenhang, der im Vergleich zur Phase des Kalten Krieges in zentralen Regionen und Bereichen eine größere Dichte und einen höheren Integrationsgrad aufweist, trotz vorübergehender Störungen erhalten wird;
(2) daß über eine längere Zeitspanne hinweg überwiegend eine Rückbildung der Ost-West-Beziehungen (Regression) in einzelnen

Bereichen und Regionen oder gar hinsichtlich des Gesamtverhältnisses betrieben wird; oder

(3) daß sich nach einem erfolgreichen Krisenmanagement die Chance bietet, auf der Basis eines ungefähren strategischen Gleichgewichts die integrativen Elemente zu stärken und deren Anwendungsbereiche zu erweitern, indem die Machtkonkurrenz in der Dritten Welt ähnlich wie in Europa zwischen den Hauptkontrahenten des Ost-West-Konflikts reguliert wird.

Welche Richtung die Konfliktkontrahenten einschlagen werden, ist zum gegenwärtigen Zeitpunkt nicht verläßlich erkennbar. Eindeutig ist nur, daß beide Seiten trotz aller Risikobereitschaft keine Kriseneskalation zum Weltkrieg wollen und kooperative Rüstungskontrolle nach wie vor als im gemeinsamen Interesse liegend ansehen. Die Forderung von 104 UN-Mitgliedsstaaten (Resolution der Generalversammlung vom 14. 1. 1980) und der 36 islamischen Staaten (Resolution der Außenministerkonferenz in Islamabad vom 29. 1. 1980) nach bedingungslosem Rückzug der sowjetischen Truppen aus Afghanistan dokumentiert, daß die große Mehrheit der Staatenwelt die Wiederherstellung der territorialen Integrität und Unabhängigkeit Afghanistans als Voraussetzung für die Wahrung des Friedens ansieht.

Die USA versuchen, diese Weltstimmung zur Eindämmung der Sowjetunion zu nutzen, und haben zugleich auf die sowjetische Herausforderung mit einer Reihe regressiver Maßnahmen unterhalb militärischer Intervention reagiert:

Beschränkung der Getreideexporte in die UdSSR und der Phosphatexporte sowohl in die UdSSR als auch in die osteuropäischen Staaten; weigehende Einschränkung der sowjetischen Fischereirechte vor der Küste Alaskas; Embargo-Politik für strategisch wichtige Waren und Verschärfung der COCOM-Liste; Boykott der Olympiade in Moskau. Die westlichen Verbündeten haben sich dieser regressiven Politik teilweise angeschlossen; am weitesten ist Großbritannien der amerikanischen Regressionspolitik gefolgt (Nichterneuerung des Handelskreditvertrages; Einstellung aller Kontakte zur Sowjetunion auf Ministerebene; Verschärfung der Embargo-Bestimmungen; Einfrieren des kulturellen Austausches). Auf dem Gebiet des kulturellen und wissenschaftlichen Austausches haben sowohl die USA als auch die UdSSR eine Rückbildung ihrer Beziehungen vorgenommen. Die Öffnung neuer Konsulate in New York und Kiew wurde verschoben.

Das Pendant zu dieser regressiven Politik gegenüber dem Konfliktgegner ist die Intensivierung der Beziehungen zu der Volksrepublik China, Pakistan, der Türkei und den arabischen Gegnern der

Sowjetunion; Verhandlungen über die Nutzung von Stützpunkten in Somalia, Saudi-Arabien, Oman und Kenia; beschleunigter Ausbau des Flottenstützpunktes Diego Garcia; und schließlich die Entsendung von 1800 Marineinfanteristen in den Persischen Golf. Auf die Verstärkung der amerikanischen Flottenpräsenz im Indischen Ozean hat inzwischen die Sowjetunion ihrerseits mit einer Verstärkung der Präsenz der Roten Flotte reagiert. Insgesamt betrachtet, gleicht dieses Muster der regressiven Politik der Jahre 1947/48, die den Kalten Krieg einleitete (siehe oben).

Noch sind zwar die genannten westlichen Maßnahmen ausdrücklich mit dem Zweck verbunden, die Sowjetunion zum militärischen Rückzug aus Afghanistan zu bewegen und vor weiteren Risiken abzuschrecken. Das »Rahmenwerk der Ost-West-Beziehungen«, das in den siebziger Jahren geschaffen wurde, soll nach Möglichkeit erhalten werden (deutsch-amerikanisches Pressekommuniqué vom 28. 2. 1980; Rede von Außenminister Vance vom 3. 3. 1980). Die KSZE-Folgekonferenz in Madrid soll stattfinden (ebenso wie die Wissenschaftskonferenz in Hamburg im Februar 1980 stattfand und mit einem gemeinsamen Bericht abgeschlossen wurde). Nicht zuletzt hat die amerikanische Regierung auch ihr anhaltendes Interesse an der Unterzeichnung von SALT II und an der Fortsetzung der Rüstungskontrolle bekundet. Je länger jedoch die sowjetische Besetzung Afghanistans und die Gegenmaßnahmen des Westens anhalten, um so mehr wird die Regression ihr eigenes Momentum erhalten; dann würde die zweite oben genannte Alternative politische Realität – mit unabsehbaren Folgen für den Weltfrieden.

Eine Rückbildung der Beziehungen schränkt nämlich zugleich die Möglichkeiten ein, Kriseneskalationen zu verhindern. Die Carter-Doktrin vom 23. Januar 1980 (Europa-Archiv, 35, 1980, S. D 104) gibt bereits eine vorweggenommene Antwort auf eine mögliche Eskalation, indem sie feststellt: »Ein Versuch irgendeiner auswärtigen Macht, die Kontrolle über die Region des Persischen Golfes zu erlangen, wird als ein Angriff auf die lebenswichtigen Interessen der Vereinigten Staaten betrachtet werden. Und solch ein Angriff wird unter Einsatz aller notwendigen Mittel, einschließlich militärischer Macht, zurückgewiesen werden«.

Diese Bereitschaft zur Übernahme des Krisen- und Kriegsrisikos ist vom Präsidentenberater Brzezinski durch die Ankündigung, notfalls auch in anderen Regionen auf eine Intervention in der Golf-Region militärisch zu antworten, geographisch ausgedehnt worden (Rede vom 21. 2. 1980, FAZ, 23. 2. 1980).

Dieses Krisenverhalten ist nicht neu, sondern aus der Zeit des Kalten Krieges bekannt (s. oben). Unter den neuen strategischen

Bedingungen ist aber das Risiko, daß eine Konflikteskalation in konkreten Krisen außer Kontrolle gerät, wesentlich höher als in der Hauptphase des Kalten Krieges. Die *gegenseitige* Verwundbarkeit und die Gefahr der wechselseitigen Zerstörung der Zivilisation sind immens gestiegen. Daraus resultiert der »Imperativ der Nicht-Regression« (Stanley Hoffmann, 1978, S. 242): Die bestehenden Elemente einer Konfliktbeschränkung, die sich aus den nuklearen und ökonomischen wechselseitigen Abhängigkeiten ergeben, müssen erhalten werden. Ob sich dieser Imperativ in der praktischen Politik tatsächlich durchsetzt und wenigstens die bescheidenen integrativen Elemente im Ost-West-Verhältnis bewahrt werden (Alternative 1), dürfte davon abhängen, ob in nicht allzu ferner Zukunft ein Krisenmanagement gelingt. Der Vorschlag der EG, eine Neutralisierung Afghanistans auszuhandeln, könnte – mit welchen Modifikationen auch immer – eine Deeskalation erleichtern.

Ob später nach einem erfolgten Krisenmanagement die Chance besteht und genutzt werden wird, die dritte Alternative zu realisieren und die integrativen Elemente in den bisherigen Bereichen (Rüstungskontrolle, Handel, etc.) zu vertiefen und bereichsmäßig und regional auszuweiten, ist am schwersten abzuschätzen. Daß eine solche Strategie notwendig ist, läßt sich indes wohl begründen. Schon vor der Afghanistan-Krise ist in der wissenschaftlichen und politischen Literatur überzeugend argumentiert worden, daß nur durch die Bändigung der Großmächtekonkurrenz in der Dritten Welt die Entspannungspolitik gerettet und fortgesetzt werden kann (vgl. R. Legvold, 1979, und U.S. Congress, Senate, Soviet Diplomacy and Negotiating Behavior, 1979). Die Erfahrungen der Entspannungspolitik in Europa zeigen, daß die Depolarisierung und Entspannung erst relativ erfolgreich eingeleitet und intensiviert wurden, als eine sicherheitspolitische Stabilisierung durch die klare Abgrenzung der Einflußsphären und deren militärische Sicherung erfolgt war. Daß eine solche Sequenz auch in anderen Regionen mit Erfolg praktiziert werden könnte, ist eine naheliegende Annahme. Sie ist unlängst von Wilhelm Grewe (1980) in die Frage gekleidet worden, ob der friedenssichernde Grundgedanke der Einflußsphärenpolitik, »die genaue Definition der Interessengebiete der Supermächte und Verständigungen über die Begrenzungen des beiderseitigen Einflusses«, nicht nur in Europa, sondern auch in Asien und Afrika verwertbar sei – einschließlich der Verständigung beider Seiten, in bestimmten Gebieten auf Einflußnahme zu verzichten. Die Verwertbarkeit dieses Grundgedankens zu bejahen, heißt zugleich, Inhalt und Methoden den neuen internationalen Gegeben-

heiten modifizierend anzupassen und sie durch andere Grundelemente zu ergänzen.
Am wichtigsten ist, daß die Volksrepublik China als Großmacht mit einzubeziehen und die Eigenständigkeit der Bewegung der blockfreien Staaten zu berücksichtigen wäre. Die Schwierigkeiten, die sich dabei ergäben, liegen auf der Hand. Vor allem die Einschränkung des »proletarischen Internationalismus« dürfte angesichts der sowjetisch-chinesischen Konkurrenz um dessen prinzipientreue Anwendung ungemein schwer sein. Der Wille führender Staaten der Dritten Welt, außerhalb der Bündnissysteme der Kontrahenten des Ost-West-Konfliktes zu bleiben, käme einerseits einer solchen Einschränkung entgegen und spräche für eine stärkere Anwendung derjenigen Variante der Einflußzonenpolitik, die einige Regionen einvernehmlich aus der Großmächtekonkurrenz auszugrenzen trachtet. Andererseits stößt die »Politik der Teilung der Welt in Einflußsphären« auf die entschiedene Ablehnung der Dritten Welt, da sie an die Politik der Kolonialmächte erinnert (vgl. die Schlußerklärung der 6. Gipfelkonferenz der blockfreien Staaten in Havanna, 1979; abgedruckt in: Europa-Archiv, 34, 1980, S. D 655ff.; hier S. D 664).
Generell ist zu beachten, daß jeglicher Purismus in der Politik unangebracht ist. Begrenzung und Ausgrenzung müssen durch Verschränkungen und partielle Integration ergänzt werden. Aber welches Verhältnis zwischen diesen Elementen auch immer in der politischen Praxis angestrebt werden mag, eine Verständigung über Einflußbegrenzung und -ausgrenzung wird nicht nach den »klassischen« Methoden des Großmächte-Diktats möglich sein, sondern nur gemeinsam mit den Staaten der betreffenden Regionen. Denn alleine deren selbstverantwortliche und gleichberechtigte Mitwirkung und freie Zustimmung vermögen solchen Übereinkünften Legitimität zu verschaffen. Regionale Mächte müssen als zentrale Ordnungsfaktoren respektiert werden. Regionale Staatengruppierungen könnten die Verhandlungsmacht und die ordnungspolitische Handlungsfähigkeit mittlerer und kleinerer Staaten erhöhen und somit sicherstellen, daß ihre Interessen hinreichend berücksichtigt werden. Darüber hinaus bieten quasi-institutionalisierte interregionale Beziehungen, wie z. B. die Kooperationsverhältnisse zwischen der EG und regionalen Gruppierungen in Afrika, Asien und Lateinamerika (vgl. Hasenpflug, 1979) reale Ansatzpunkte und eine konkrete Basis für eine regional differenzierte Weltordnung. Denn letztlich ist nicht von verbalen Verständigungen zwischen den Großmächten, sondern nur von der Existenz und praktischen Wirkung machtpolitisch fundierter Gruppierungen zwischen mitt-

leren und kleineren Staaten bzw. regionalen Organisationen eine Einschränkung der Großmächtekonkurrenz und die Einhaltung solcher Verständigungen zu erwarten. Die politische, soziale und wirtschaftliche Stabilisierung der Länder der Dritten Welt und ihre regionalen Zusammenschlüsse sind mithin zugleich essentielle Beiträge zur Regulierung der Großmächtekonkurrenz.

Im Endeffekt würde der Wettbewerb zwischen den Staaten und Ideologien weder global noch regional stillgestellt, sondern in einen »kompetitiven Wettbewerb« oder in einen »Wettbewerb durch Kooperation« (Stanley Hoffmann, 1959) transformiert. Die machtmäßige Stabilisierung zwischen Ost und West durch eine Konfliktregulierung, die neben den Elementen der Abgrenzung hinreichend integrativ-kooperative Elemente enthält, ist nicht zuletzt auch die unabdingbare sicherheitspolitische Voraussetzung für eine integrative Neuordnung der weltwirtschaftlichen und welthandelspolitischen Beziehungen, an der die sozialistischen Staaten aktiv beteiligt werden müssen (vgl. dazu die Vorschläge der Brandt-Kommission).

Kein Mensch kann sagen, ob eine solche Umstrukturierung der internationalen Beziehungen gelingt; aber wenn sie gelingen soll, kann sie nur durch Vermeidung eines Weltkrieges, nur durch kompromißhaften friedlichen Wandel erfolgen. Dafür ist global und regional ein ungefähres sicherheitspolitisches Gleichgewicht die notwendige Bedingung, zu der die Tendenz zur integrativ-kooperativen Konfliktregulierung als hinreichende Bedingung hinzutreten muß. Die internationalen Beziehungen so zu strukturieren, daß aggressive Handlungsmöglichkeiten eingeengt oder gar ausgeschlossen werden und Kooperation im Wettbewerb gefördert wird, sind die sich gegenseitig ergänzenden Hauptaufgaben einer strukturellen Friedenspolitik (siehe oben Kapitel II). Das Ausmaß erfolgversprechender internationaler Organisation bemißt sich nach dem Grad der Gemeinsamkeiten, der regional und funktional verschieden ist. Global ist er, verglichen mit den gravierenden Gegensätzen, nach wie vor relativ niedrig. Aber ein Minimum der Gemeinsamkeit, das universale Interesse an der Sicherung des Überlebens, ist vorhanden und muß politisch umgesetzt werden.

Während im Imperativ der Gegenmachtbildung (Gleichgewichtspolitik) ein regressives Moment liegt, entspricht dem Imperativ der Nicht-Regression die Tendenz zur Erhaltung oder Stärkung der Elemente einer integrativ-kooperativen Konfliktregulierung. Beide Imperative gehören zusammen und müssen miteinander verbunden werden. Die praktisch-politische Eliminierung des einen zugunsten des anderen führt entweder zur Katastrophe oder zur realitätsfernen Utopie. In der gegenwärtigen Weltkonstellation ist auch bei der Ordnung der internationalen Beziehungen – ähnlich wie bei der internen Staatsordnung (vgl. Gralher, 1977) – eine »gemischte Verfassung« (regimen mixtum) die angemessene Organisationsform. Daß die komplementäre Ergänzung und Verbindung beider Imperative nicht nur notwendig, sondern auch möglich ist, findet seinen rationalen Grund in dem genannten gemeinsamen Interesse an der Sicherung des individuellen und nationalen Überlebens in einem dezentralisierten Staatensystem, in dem ansonsten tiefe Gegensätze existieren und ungeheuere Vernichtungspotentiale zu Verfügung stehen.

Im Lichte der Erfahrungen, die die Entwicklung der beiden strukturellen Weltkonflikte und die Konfliktregulierungen über Jahrzehnte vermittelt haben, gilt in der gegenwärtigen krisenhaften Situation mehr denn je die mahnende Einsicht, die Harold Lasswell (1946) in der Übergangszeit von der antagonistischen Kooperation zum Kalten Krieg formuliert hat: »Wenn [. . .] die globale Organisation hinter dem zurückbleibt, was mit politischem Geschick in einer bestimmten Zeit erreicht werden kann, wird die Menschheit unter dem Schatten nuklearen Desasters bleiben.«

Der Schatten der nuklearen Katastrophe verlängert sich in Zeiten internationaler Krisen, an denen die Supermächte beteiligt sind. Die Herausforderung besteht heute vorrangig darin, mit politischem Geschick zu verhindern, daß die in den siebziger Jahren erreichte Konfliktregulierung aufgegeben und die Quasi-Ordnung der Entspannungsphase nach rückwärts revidiert wird. Erst dann können sich neue Möglichkeiten eröffnen, die Gemeinsamkeiten behutsam zu stärken, den internationalen Ausgleich schrittweise zu vertiefen und die globale Organisation der internationalen Beziehungen in Orientierung an dem jeweiligen Grad der Gemeinsamkeiten weiterzuentwickeln.

Literaturverzeichnis

Abschreckung und Entspannung (1977)
Veröffentlichungen des Instituts für Internationales Recht an der Universität Kiel, Bd. 76, hrsg. von W. A. Kewenig, Berlin 1977

Acheson, Dean (1970)
Present at the Creation, New York 1970

Adler-Karlsson, Gunnar (1968)
Western Economic Warfare 1947–1967, Stockholm 1968

Adomeit, Hannes (1973)
Soviet Risk-Taking and Crisis Behaviour: From Confrontation to Coexistence?, London 1973

Agwani, Mohamed S. (1978)
The Politics in the Gulf, Neu-Delhi u.a. 1978

Akten zur deutschen auswärtigen Politik (ADAP)
Akten zur deutschen auswärtigen Politik, 1918–1945, Göttingen 1966ff.

Alimow, J. I.; Stschetinin, W. D. (1975)
Die Legende von der Einteilung der Welt in reiche und arme Nationen, Berlin 1975

Alker, Hayward R. (1977/78)
A Methodology for Design Research on Interdependence Alternatives, in: International Organization, 31, 1977/78, 29–63

Allison, Graham T. (1971)
Essence of Decision, Explaining the Cuban Missile Crisis, Boston 1971

Altmeppen, Hans (1972)
Entspannungsinitiativen von NATO und Warschauer Pakt seit 1966, in: Beiträge zur Konfliktforschung, 2, 1972, 65–96

Ansprenger, Franz (^{2}1973)
Auflösung der Kolonialreiche, München ^{2}1973

Arkes, Hadley (1972)
Bureaucracy, the Marshall Plan, and the National Interest, Princeton, N.J. 1972

Arndt, Claus (1979)
The Effects of Détente on the Two German States, in: West European Politics, 2, 1979, 237–245

Aron, Raymond (1974)
The Imperial Republic, Englewood Cliffs, N.J. 1974

Arons, Renée; Jahn, Egbert (1973)
Vom Kalten Krieg zur Entspannung, in: Bielfeldt, Carola u.a., Frieden in Europa?, Reinbek 1973, 88–130

Ashby, W. Ross (1962)
Principles of the Self-Organizing System, in: Foerster, Heinz von; Zopf, George W. (Hrsg.), Principles of Self-Organization, Oxford u.a. 1962, 255–278

Banks, Michael (1973)
Charles Manning, The Concept of »Order«, and Contemporary International Theory, in: James, Alan (Hrsg.), The Bases of International Order, London u.a. 1973, 188–209

Barringer, Richard E. (1972)
Patterns of Conflict, Cambridge, Mass. 1972

Bechtoldt, Heinrich ([2]1969)
Chinas Revolutionsstrategie, Freiburg [2]1969
Bergeron, Gérard (1971)
La guerre froide inachevée, Montréal 1971
Bergström, Lars (1970)
What is a conflict of interest?, in: Journal of Peace Research, 7 (1970), 197–218
Bernstein, Barton J. (1976)
The Uneasy Alliance: Roosevelt, Churchill, and the Atomic Bomb, 1940–1945, in: Western Political Quarterly, 29, 1976, 202–230
Bernstein, Barton J. (1976)
The Atomic Bomb, the Critical Issues, Boston und Toronto 1976
Bernstein. Barton J.; Matusow, A. J. (Hrsg.) (1966)
The Truman Administration, New York 1966
Bertram, Christoph (1979)
Die Dritte Welt in der Ost-West-Politik, [Ms.] 1979
Besson, Waldemar (1970)
Die Außenpolitik der Bundesrepublik, München 1970
Beugel, Ernst H. van der (1966)
From Marshall Aid to Atlantic Partnership, Amsterdam 1966
Bishop, Donald G. (1965)
The Roosevelt-Litvinov Agreements, The American View, Syracuse, N.Y. 1965
Black, Cyril E. (Hrsg.) (1954)
Challenge in Eastern Europe, New Brunswick, N.J. 1954
Blakeslee, George H. (1951)
Negotiating to Establish the Far Eastern Commission, 1945, in: Dennett, R.; Johnson, J. E. (Hrsg.), Negotiating with the Russians, World Peace Foundation 1951
Bonwetsch, Bernd (1980)
Kalter Krieg als Innenpolitik, in: Aus Sozial- und Verfassungsgeschichte, Festschrift für Eberhard Naujoks, Sigmaringen 1980
Boulding, Kenneth E. (1967)
Conflict and Defense, New York 1967
Bracher, Karl Dietrich (1963)
Kritische Betrachtungen über den Primat der Außenpolitik, in: Faktoren der politischen Entscheidung, Festgabe für Ernst Fraenkel zum 65. Geburtstag, hrsg. von G. A. Ritter und G. Ziebura, Berlin 1963, S. 115ff.
Bräker, Hans (1976)
Aspekte des Konzeptionswandels in der wirtschaftlichen Zusammenarbeit und Integration Osteuropas, in: Moderne Welt, Jahrbuch für Ost-West-Fragen, 1976, 343–369
Bräker, Hans (1979)
Die sowjetische Iran- und Afghanistan-Politik, Köln 1979
Braun, Aurel (1978)
Romanian Foreign Policy since 1965, New York u.a. 1978
Braunthal, Julius ([3]1978)
Geschichte der Internationale, Bd. 1 und 2, Berlin und Bonn [3]1978
Bromke, Adam; Rokowska-Harmstone, Teresa (Hrsg.) (1972)
The Communist States in Disarray 1965–1971, Minneapolis 1972
Bronfenbrenner, Urie (1961)
The Mirror Image in Soviet-American Relations, in: Journal of Social Issues, 17, 1961, 45–56

Brown, Seyom; Cornell, Nina W.; Fabian, Larry L.; Brown-Weiss, Edith (1977)
Regimes for the Ocean, Outer Space, and Weather, Washington, D.C. 1977
Bruns, Wilhelm (²1979)
Deutsch-deutsche Beziehungen, Opladen ²1979
Buchan, Alastair (1974)
The End of the Postwar Era – A New Balance of World Power, London 1974
Bühl, Walter L. (1978)
Transnationale Politik, Stuttgart 1978
Bühl, Walter L. (Hrsg.) (1972)
Konflikt und Konfliktstrategie, München 1972
Bull, Hedley (1977)
The Anarchical Society, London und Basingstoke 1977
Bunker, Rod (1969)
Linkages and the Foreign Policy of Peru, 1958–1966, in: Western Political Quarterly, 22, 1969, 280–297
Burton, John W. (1968)
Systems, States, Diplomacy and Rules, Cambridge 1968
Burton, John W. (1972)
World Society, Cambridge 1972
Burzig, Arno (1978)
Ostpolitik und Osthandel, in: Haftendorn, Helga u.a. (Hrsg.), Verwaltete Außenpolitik, Köln 1978, 225–237
Butterworth, Robert Lyle (in Zusammenarbeit mit Scranton, Margaret E.) (1976)
Managing Interstate Conflict, 1945–1974, Pittsburgh, Pa. 1976
Byrnes, J. F. (1947)
In aller Offenheit, Frankfurt o.J. [1947]
Calleo, David P.; Rowland, Benjamin M. (1973)
America and The World Political Economy, Bloomington und London, 1973
Chiu, Hungdah (1972)
The People's Republic of China and the Law of Treaties, Cambridge, Mass. 1972
Churchill, Winston S. (1953)
Der Zweite Weltkrieg, Bern u.a. 1953
Claude, Inis L. (1962)
Power and International Relations, New York 1972
Claude, Inis L. (³1964)
Swords into Plowshares, New York ³1964
Claude, Inis L. (1974)
The OAS, the UN, and the United States, in: Falk, Richard A.; Mendlowitz, Saul H. (Hrsg.), Regional Politics and World Order, San Francisco 1973, 169–297
Cline, Ray S. (1977)
World Power Assessment 1977, Boulder, Colorado 1977
Cohen, Benjamin J. (1973)
The Question of Imperialism, New York 1973
Collins, John M. (1978)
Imbalance of Power, San Rafael, Cal. und London 1978
Coser, Lewis A. (1956)
The Functions of Social Conflict, Glencoe, Illinois 1956

Coser, Lewis A. (1961)
The Termination of Conflict, in: Journal of Conflict Resolution, 5, 1961, 345–353
Crossman, R. H. S. (1951)
Reflections on the Cold War, in: Political Quarterly, 22, 1951, 7–15
Czempiel, Ernst-Otto (1966)
Das amerikanische Sicherheitssystem 1945–1949, Berlin 1966
Czempiel, Ernst-Otto (1970)
Soziologische und analytische Aspekte der Weltgesellschaft, in: Mück, J. (Hrsg.), Internationale Politik, Wiesbaden o. J. [1970], 98–115
Czempiel, Ernst-Otto (1972)
Schwerpunkte und Ziele der Friedensforschung, München und Mainz 1972
Czempiel, Ernst-Otto (1975)
Frieden und Konflikt in den internationalen Beziehungen, in: Haftendorn, Helga u. a. (Hrsg.), Theorie der Internationalen Politik, Hamburg 1975, 89–113
Czempiel, Ernst-Otto (1977)
Die Vereinigten Staaten von Amerika und die Entspannung, in: Aus Politik und Zeitgeschichte, 17. 9. 1977, 3–17
Dahrendorf, Ralf (1957)
Soziale Klassen und Klassenkonflikt in der industriellen Gesellschaft, Stuttgart 1957
Dahrendorf, Ralf (1961)
Gesellschaft und Freiheit, München 1961
Dahrendorf, Ralf (1965)
Gesellschaft und Demokratie in Deutschland, München 1965
Dauth, J. (1979)
ASEAN, in: Aus Politik und Zeitgeschichte, 24. 2. 1979, 31–46
Davis, Lynn E. (1974)
The Cold War Begins, Princeton, N. J. 1974
Dawson, Raymond H. (1959)
The Decision to aid Russia, 1941, Chapel Hill 1959
Dehio, Ludwig (^{3}1974)
Gleichgewicht oder Hegemonie, Krefeld ^{3}1974
Delbrück, Jost (1973)
Selbstbestimmung und Dekolonisation, in: Scheuner, Ulrich; Lindemann, Beate (Hrsg.), Die Vereinten Nationen und die Mitarbeit der Bundesrepublik Deutschland, München und Wien 1973, 69–108
Delbrück, Jost (Hrsg.) (1979)
Völkerrecht und Kriegsverhütung, Berlin 1979
Dennett, R.; Johnson, J. E. (Hrsg.) (1951)
Negotiating with the Russians, World Peace Foundation, 1951
Dettke, Dieter (1976)
Allianz im Wandel, Frankfurt 1976
Deutsch, Karl W. (1966)
External Influences on the International Behavior of States, in: Farrell, Barry R. (Hrsg.), Approaches to Comparative and International Politics, Evanston 1966, 5–26
Deutsch, Karl W. (^{2}1978)
The Analysis of International Relations, Englewood Cliffs, N. J. ^{2}1978
Deutsche Gesellschaft für Auswärtige Politik (DGAP) (1975)
Forschungsinstitut (Hrsg.), Die Außenpolitik Chinas, München und Wien 1975

DGFK-Jahrbuch 1979/80 (1980)
hrsg. von W. Graf von Baudissin, J. Delbrück, K. Koppe, P. Knirsch, W. Link und N. Ropers, Baden-Baden 1980
Dörr, Werner (1980)
Wandlungsprozesse in der amerikanischen Außenpolitik gegenüber der Sowjetunion 1961–72, [Ms.], Trier 1980
Domes, Jürgen; Näth, Marie-Luise (1972)
Die Außenpolitik der Volksrepublik China, Düsseldorf 1972
Duchêne, François (1970)
SALT, die Ostpolitik und die Liquidierung des Kalten Krieges, in: Europa-Archiv, 25, 1970, 639–653
Eakins, David W. (1969)
Business Planners and America's Postwar Expansion, in: Horowitz, D. (Hrsg.), Corporations and the Cold War, New York und London 1969
Easton, David (1965)
A Framework for Political Analysis, New York 1965
Elias, Norbert (^{2}1969)
Über den Prozeß der Zivilisation, Bern und München ^{2}1969
Ellsworth, Robert F.; Adelman, Kenneth L. (1979)
Foolish Intelligence, in: Foreign Policy, Nr. 36, Herbst 1979, 147–159
End, Heinrich (1973)
Zweimal deutsche Außenpolitik, Köln 1973
Etzioni, Amitai (1965)
Political Unification, New York u.a. 1965
Etzioni, Amitai (1965)
Der harte Weg zum Frieden, Göttingen 1965
Etzioni, Amitai (1968)
The Active Society, London und New York 1968
Etzioni, Amitai (^{2}1970)
Das Kennedy-Experiment, in: Krippendorff, E. (Hrsg.), Friedensforschung, Köln und Berlin ^{2}1970, 393–412
Etzold, Thomas H.; Gaddis, John Lewis (Hrsg.) (1978)
Containment, New York 1978
Fahl, Gundolf (1978)
Der UNO-Sicherheitsrat, Berlin 1978
Falk, Richard A. (1969)
The Interplay of Westphalia and Charter Conceptions of International Legal Order, in: Falk, Richard A.; Black, Cyril E. (Hrsg.), The Future of International Legal Order, vol. I, Princeton, N.J. 1969, 32–70
Falk, Richard A. (1975)
A Study of Future Worlds, New York 1975
Faul, Erwin (1954)
Hitlers Über-Machiavellismus, in: Vierteljahrshefte für Zeitgeschichte, 2 (1954), 344–372
Feis, Herbert (1966)
1933: Characters in Crisis, Boston und Toronto 1966
Feis, Herbert (1967)
Churchill–Roosevelt–Stalin, The War They Waged and the Peace They Sought, Princeton, N.J. 1967
Feld, Werner J. (1972)
Nongovernmental Forces and World Politics, New York u.a. 1972
Fichte, Johann Gottlieb (1806)
Die Grundzüge des gegenwärtigen Zeitalters (1806), Hamburg 1956

Fielder, P. C. (1969)
The Pattern of Super-Power Crises, in: International Relations, 3, 1969, 498–510
Fink, Clinton F. (1968)
Some Conceptual Difficulties in the Theory of Social Conflict, in: Journal of Conflict Resolution, 12, 1968, 412–460
Fischer, Alexander
Sowjetische Außenpolitik in der Weltwirtschaftskrise 1929–1933, in: Internationale Beziehungen in der Weltwirtschaftskrise 1929–1933, hrsg. von Josef Becker und Klaus Hildebrand, München 1980
Fischer, Alexander (Hrsg.) (1968)
Teheran – Jalta – Potsdam, Die sowjetischen Protokolle von den Kriegskonferenzen der »Großen Drei«, Köln 1968
Fischer, Alexander (1977)
Kollektive Sicherheit und imperialistischer Krieg, in: Saeculum, 28 (1977), 419–431
Fischer, Fritz (1967)
Griff nach der Weltmacht, Düsseldorf 1967
Fischer, Gabriel (1972)
Rumania, in: Bromke, Adam; Rakowska-Harmstone, Teresa (Hrsg.), The Communist States in Disarray 1965–1971, Minneapolis 1972, 158–179
Fishlow, Albert; Diáz-Alejandro, Carlos F.; Fagen, Richard R.; Hansen, Roger D. (1978)
Rich and Poor Nations in the World Economy, New York u.a. 1978
Foreign Relations of the United States (=FR)
(Papers Relating to ...), 1919ff., Washington 1934ff.
Forndran, Erhard (1977)
Die Dynamik des gegenwärtigen Rüstungsprozesses, in: Kaiser, Karl; Kreis, Karl Markus (Hrsg.), Sicherheitspolitik vor neuen Aufgaben, Frankfurt 1977, 143–219
Forndran, Erhard; Friedrich, Paul J. (Hrsg.) (1979)
Rüstungskontrolle und Sicherheit in Europa, Bonn 1979
Fraenkel, Ernst (1954)
Regionalpakte und Weltfriedensordnung, in: Vierteljahrshefte für Zeitgeschichte, 2, 1954, 34–54
Freeland, Richard M. (1972)
The Truman Doctrine and the Origins of McCarthyism, New York 1972
Frenzke, Dietrich (1975)
Rumänien, der Sowjetblock und die europäische Sicherheit, Berlin 1975
Freye, Alton (1967)
Nazi Germany and the American Hemisphere 1933–1941, New Haven und London 1967
Fucks, Wilhelm (1965)
Formeln zur Macht, Stuttgart 1965
Gaddis, John Lewis (1972)
The United States and the Origins of the Cold War, 1941–1947, New York 1972
Galtung, Johan (1966)
East-West Interaction Patterns, in: Journal of Peace Research, 3, 1966, 146–176
Galtung, Johan (1970)
A Theory of Peaceful Co-operation, in: ders. (Hrsg.), Co-operation in Europe, Oslo 1970, 9–20

Galtung, Johan (1971)
Theorie des Friedens, in: Senghaas, Dieter (Hrsg.), Kritische Friedensforschung, Frankfurt a. M. 1971, 235–246
Gamson, William A.; Modigliani, André (1971)
Untangling the Cold War, Boston 1971
Gantzel, Klaus Jürgen (1972a)
System und Akteur, Düsseldorf 1972
Gantzel, Klaus Jürgen (1972b)
Internationale Faktoren der Rüstungsdynamik im Ost-West-Konflikt, in: Hessische Stiftung Friedens- und Konfliktforschung, Mitteilungen Nr. 4, 1972, 4–60
Gantzel, Klaus Jürgen (1972c)
Zu herrschaftssoziologischen Problembereichen von Abhängigkeitsbeziehungen in der gegenwärtigen Weltgesellschaft, in: Senghaas, D. (Hrsg.), Imperialismus und strukturelle Gewalt, Frankfurt 1972, 105–120
Gantzel, Klaus Jürgen; Kress, Gisela; Rittberger, Volker (Hrsg.) (1972)
Konflikt – Eskalation – Krise, Düsseldorf 1972
Gardner, Lloyd C. (1970)
Architects of Illusion, Chicago 1970
Gardner, Lloyd C.; Schlesinger, Arthur; Morgenthau, Hans J. (1970)
The Origins of the Cold War, Waltham, Mass. 1970
Gardner, Richard N. ([2]1969)
Sterling-Dollar Diplomacy, London [2]1969
Garthoff, Raymond L. (1950/51)
The Concept of the Balance of Power in Soviet Policy-Making, in: World Politics, 4, 1950/51, 85–111
Gaulle, Charles de (1956)
Mémoires de Guerre, L'Unité 1942–1944, Paris 1956
Gentz, Friedrich von ([2]1806)
Fragmente aus der neuesten Geschichte des Politischen Gleichgewichts in Europa, St. Petersburg [2]1806
Geyer, Dietrich (1955)
Die Sowjetunion und Iran, Tübingen 1955
Gilpin, R. (1975)
U.S. Power and the Multinational Corporations, New York 1975
Gimbel, John (1976)
The Origins of the Marshall Plan, Stanford, Cal. 1976
Görtemaker, Manfred (1979)
Die unheilige Allianz, München 1979
Goldman, Marshall I. (1975)
Détente and Dollars, New York 1975
Goldmann, Kjell (1972)
Bipolarization and Tension in International Systems, in: Cooperation and Conflict, 7, 1972, 37–63
Goldmann, Kjell (1974)
Tension and Détente in Bipolar Europe, Stockholm 1974
Goldmann, Kjell; Lagerkranz, Johan (1977)
Neither Tension nor Détente, in: Cooperation and Conflict, 12, 1977, 251–264
Gosovic, Branislav (1972)
UNCTAD – Conflict and Compromise, Leiden 1972
Gouldner, Alvin W. (1967)
Reziprozität und Autonomie in der funktionalen Theorie, in: Hartmann,

Heinz (Hrsg.), Moderne Amerikanische Soziologie, Stuttgart 1967, 293–309
Gralher, Martin (1977)
Mitte – Mischung – Mäßigung, in: Haungs, Peter (Hrsg.), Res Publica, Festschrift für Dolf Sternberger, München 1977, 82–114
Grewe, Wilhelm G. (1979)
Rückblenden 1976–1951, Frankfurt a. M. u. a. 1979
Grewe, Wilhelm (1980)
Machtungleichgewicht in der Weltpolitik, Vortragsmanuskript, Außenpolitische Fachtagung der CDU in Bonn, 4. 3. 1980
Griffith, William E. (Hrsg.) (1976)
The Soviet Empire: Expansion and Détente, Lexington und Toronto 1976
Groom, A. J. R.; Taylor, Paul (Hrsg.) (1974)
Functionalism – Theory and Practice in International Relations, London 1974
Groom, A. J. R. (1975)
The Functionalist Approach and East/West Cooperation in Europe, in: Journal of Common Market Studies, 13, 1975, 21–60
Groten, Hubert (1977)
Friedensforschung – Anspruch und Praxis, Baden-Baden 1977
Grünbuch zu den Folgewirkungen der KSZE (1977)
DGFK-Veröffentlichungen Bd. 3, hrsg. von J. Delbrück, N. Ropers und G. Zellentin, Köln 1977
Haas, Ernst B. (1964)
Beyond the Nation-State, Stanford 1964
Haas, Ernst B. ([2]1968)
The Uniting of Europe, Stanford [2]1968
Haas, Ernst B. (1974/75)
Is there a Hole in the Whole? Knowledge, Technology, Interdependence, and the Construction of International Regimes, in: International Organization, 29, 1974/75, 827–876
Hacke, Christian (1979)
Anspruch und Wirklichkeit der Außenpolitik von Richard Nixon und Henry Kissinger, Habilitationsschrift [MS], Bonn 1979
Hacker, Jens (1976)
Der Warschauer Pakt, in: Geyer, D.; Meissner, B. (Hrsg.), Sowjetunion, Völkerrechtstheorie und Vertragspolitik (Osteuropa-Handbuch), Köln 1976, 178 ff.
Haftendorn, Helga (1974)
Abrüstungs- und Entspannungspolitik zwischen Sicherheitsbefriedigung und Friedenssicherung, Düsseldorf 1974
Haftendorn, Helga (Hrsg.) (1975)
Theorie der Internationalen Politik, Hamburg 1975
Hagemann, Max (1964)
Der provisorische Frieden, Erlenbach-Zürich und Stuttgart 1964
Halle, Louis (1967)
The Cold War as History, New York 1967
Hanrieder, Wolfram F. (1979)
Coordinating Foreign Policies, in: Link, Werner; Feld, Werner J. (Hrsg.), The New Nationalism, New York u. a. 1979, 45–60
Hansen, Roger D. (1979)
Beyond the North-South Stalemate, New York u. a. 1979

Hasenpflug, Hajo (Hrsg.) (1979)
Die EG-Außenbeziehungen, Hamburg 1979
Healy, Bian; Stein, Arthur (1973)
The Balance of Power in International History, in: Journal of Conflict Resolution, 17, 1973, 33–61
Heiduk, G. (1973)
Die weltwirtschaftlichen Ordnungsprinzipien von GATT und UNCTAD, Baden-Baden 1973
Heinemann, Klaus (1976)
Zur Problematik von Gleichgewichtskonzepten in den Sozialwissenschaften, in: Trierer Beiträge, März 1976, 15–22
Heinzig, Dieter (1979)
Der sowjetisch-chinesische Grenzkonflikt (Berichte des Bundesinstitutes für ostwissenschaftliche und internationale Studien, 17), Köln 1979
Heller, Hermann ([2]1961)
Staatslehre, Leiden [2]1961
Herring, George C., jr. (1969)
Lend-Lease to Russia and the Origins of the Cold War, 1944–1945, in: Journal of American History, 56, 1969, 93–114
Herz, John (1959)
International Politics in the Atomic Age, New York 1959
Herz, John (1974)
Staatenwelt und Weltpolitik, Hamburg 1974
Herz, Martin F. (1967)
Beginnings of the Cold War, Bloomington und London 1967
Hess, Gary R. (1974)
The Iranian Crisis of 1945–46 and the Cold War, in: Political Science Quarterly, 89, 1974, 117–146
Hewlett, Richard G.; Anderson, Oscar E., jr. (Hrsg.), (1962)
The New World, 1939/1946, University Park, Pennsylvania 1962
Hildebrand, Klaus (1971)
Deutsche Außenpolitik 1933–1945, Stuttgart u. a. 1971
Hildebrand, Klaus (1974)
Innenpolitische Antriebskräfte der nationalsozialistischen Außenpolitik, in: Sozialgeschichte heute, Festschrift für Hans Rosenberg zum 70. Geburtstag, hrsg. von Hans-Ulrich Wehler, Göttingen 1974, 635–651
Hildebrand, Klaus (1976)
Hitlers »Programm« und seine Realisierung 1939–1942 (1971), in: Niedhart, G. (Hrsg.), Kriegsbeginn 1939, Wege der Forschung, Bd. 274, Darmstadt 1976, 178–224
Hillgruber, Andreas (1965)
Hitlers Strategie, Frankfurt 1965
Hillgruber, Andreas (1966)
Der Faktor Amerika in Hitlers Strategie 1938–1941, in: Aus Politik und Zeitgeschichte, 11. 5. 1966, 3–21
Hillgruber, Andreas (1969)
Kontinuität und Diskontinuität in der deutschen Außenpolitik von Bismarck bis Hitler, Düsseldorf 1969
Hinton, Harold C. ([2]1972)
The Bear at the Gate, Washington, D.C. [2]1972
Hintze, Otto ([3]1970)
Wesen und Wandlung des modernen Staats (1931), in: ders., Staat und Verfassung, Göttingen [3]1970, 470–502

Hirsch, Fred; Doyle, Michael W.; Morse, Edward L. (1977)
Alternatives to Monetary Disorder, New York u. a. 1977
Hiscocks, Richard (1973)
The Security Council, London 1973
Hoensch, Jörg K. (1977)
Sowjetische Osteuropa-Politik, 1945–1975, Kronberg und Düsseldorf 1977
Hoffmann, Stanley (1965)
The State of War, New York u. a. 1965
Hoffmann, Stanley (1970)
Gulliver's Troubles oder die Zukunft des internationalen Systems, Bielefeld 1970
Hoffmann, Stanley (1978)
Primacy of World Order, New York u. a. 1978
Hoffmann, Stanley (1979/80)
Muscle and Brains, in: Foreign Policy, Nr. 37, 1979/80, 3–27
Holsti, Kal J. (1967)
International Politics, Englewood Cliffs, N. J. 1967
Holsti, Ole R.; Hopmann, P. Terrence; Sullivan, John D. (1973)
Unity and Disintegration in International Alliances, New York u. a. 1973
Hopkins, Raymond F.; Mansbach, Richard W. (1973)
Structure and Process in International Politics, New York u. a. 1973
Hsüeh, Chün-Tu (1977)
Dimensions of China's Foreign Relations, New York 1977
Hütter, Joachim (1976)
Einführung in die Internationale Politik, Stuttgart u. a. 1976
Hull, Cordell (1948)
Memoirs, New York 1948
Huntington, Samuel P. (1972/73)
Transnational Organizations in World Politics, in: World Politics, 25, 1972/73, 333–368
International Institute for Strategic Studies (IISS) (1979)
The Military Balance 1979–1980, London 1979
Iklé, Fred Charles (1965)
Strategie und Taktik des diplomatischen Verhandelns, Gütersloh 1965
Internationale Politik
Die Jahrbücher des Forschungsinstituts der Deutschen Gesellschaft für Auswärtige Politik, 1956/57 ff., München und Wien 1961 ff.
Jacobsen, Hanns-Dieter (1975)
Die wirtschaftlichen Beziehungen zwischen West und Ost, Reinbek bei Hamburg 1975
Jacobsen, Hans-Adolf (1968)
Nationalsozialistische Außenpolitik 1933–1938, Frankfurt und Berlin 1968
Jacobsen, Hans-Adolf; Mallmann, Wolfgang; Meier, Christian (Hrsg.) (1973 und 1978)
Sicherheit und Zusammenarbeit in Europa (KSZE), Bd. 1 und 2, Köln 1973 und 1978
Jahn, Egbert; Rittberger, Volker (Hrsg.) (1974)
Die Ostpolitik der Bundesrepublik, Opladen 1974
Jankowitsch, Odette; Sauvant, Karl P. (Hrsg.) (1978)
The Third World Without Superpowers, The Collected Documents of the Non-aligned Countries, I–IV, Dobbs Ferry, N. Y. 1978

Jegorow, Waleri N. (1972)
Friedliche Koexistenz und revolutionärer Prozeß, Berlin 1972
Jensen, L. (1965)
Military Capabilities and Bargaining Behavior, in: Journal of Conflict Resolution, 9, 1965, 155–163
Jervis, Robert (1976)
Perceptions and Misperceptions in International Politics, Princeton, N. J. 1976
Jones, Joseph M. (1955)
The Fifteen Weeks, New York 1955
Jütte, Rüdiger (1977)
Europäische Friedensstruktur, in: Große-Jütte, A.; Jütte, Rüdiger (Hrsg.), Entspannung ohne Frieden, Frankfurt 1977, 148–172
Junker, Detlef (1975)
Der unteilbare Weltmarkt, Stuttgart 1975
Kahin, George McTurnan (1956)
The Asian-African Conference, Bandung, Indonesia, April 1955, Port Washington, N. Y. und London 1956
Kaiser, Joseph H. (1973)
Crisis Management, in: Picht, Georg; Eisenbart, Constanze (Hrsg.), Frieden und Völkerrecht, Stuttgart 1973, 623–639
Kaiser, Karl (1968)
German Foreign Policy in Transition, London u. a. 1968
Kaiser, Karl; Kreis, Karl Markus (Hrsg.) (1977)
Sicherheitspolitik vor neuen Aufgaben, Frankfurt 1977
Kaiser, Karl; Schwarz, Hans-Peter (Hrsg.) (1977)
Amerika und Westeuropa, Stuttgart und Zürich 1977
Kalb, Marvin und Bernard (1974)
Kissinger, Frankfurt 1974
Kalicki, J. H. (1975)
The Pattern of Sino-American Crises, Cambridge University Press, London 1975
Kammler, Hans (1978)
Staatenkonkurrenz, Machtverteilung, Imperialismus, in: Zeitschrift für Politik, 25, 1978, 327–348
Kaser, Michael (²1967)
Comecon, Integration Problems of the Planned Economies, London ²1967
Kaufmann, Franz-Xaver (²1973)
Sicherheit als soziologisches und sozialpolitisches Problem, Stuttgart ²1973
Kautsky, Karl (1908)
Nationalität und Internationalität, Ergänzungsheft zur »Neuen Zeit«, Nr. 1, 1908
Kautsky, Karl (1914)
Der Imperialismus, in: Die Neue Zeit, 32, 1914, 908–922
Kautsky, Karl (1915)
Nationalstaat, imperialistischer Staat und Staatenbund, Nürnberg 1915
Keohane, Robert O.; Nye, Joseph S. (Hrsg.) (1971)
Transnational Relations and World Politics, Cambridge, Mass. 1971
Keohane, Robert O.; Nye, Joseph S. (1977)
Power and Interdependence, Boston und Toronto 1977
Kim, Samuel S. (1979)
China, the United Nations, and World Order, Princeton, N. J. 1979

Kimche, David (1973)
The Afro-Asian Movement, Jerusalem 1973
Kindermann, Gottfried-Karl (Hrsg.) (1977)
Grundelemente der Weltpolitik, München und Zürich 1977
Kipp, Jacob W. (1978)
Detente Politics and the U.S. -USSR Military Balance, in: Sheldon, Della W. (Hrsg.), Dimensions of Detente, New York u.a. 1978, 196–216
Kissinger, Henry (1979)
Memoiren, Bd. 1, 1968–1973, München 1979
Knapp, Manfred (Hrsg.) (1975)
Die deutsch-amerikanischen Beziehungen nach 1945, Frankfurt 1975
Knapp, Manfred; Link, Werner; Schröder, Hans-Jürgen; Schwabe, Klaus (1978)
Die USA und Deutschland 1918–1975, München 1978
Knight, Jonathan (1975)
American Statecraft and the 1946 Black Sea Straits Controversy, in: Political Science Quarterly, 90, 1975, 451–475
Knipping, Franz (1974)
Die amerikanische Rußlandpolitik in der Zeit des Hitler-Stalin-Paktes, 1939–1941, Tübingen 1974
Knirsch, Peter (1972)
Bemühungen um eine Wirtschaftsintegration in Osteuropa, in: Europa-Archiv, 27, 1972, 21–32
Knirsch, Peter (1978)
Interdependence in East-West Economic Relations, in: Organisation for Economic Co-operation and Development (Hrsg.), From Marshall Plan to Global Interdependence, Paris 1978, 135–167
Knirsch, Peter (1979)
Interdependenzen im Ergebnis der Ost-West-Wirtschaftsbeziehungen, in: Osteuropa-Wirtschaft, 24, 1979, 102–120
Kolko, Gabriel (1968)
The Politics of War, London 1968
Kolko, Joyce und Gabriel (1972)
The Limits of Power, New York u.a. 1972
Korpi, Walter (1974)
Conflict and Balance of Power, in: Acta Sociologica, 17, 1974, 99–114
Korpi, Walter (1974)
Conflict, Power and Relative Deprivation, in: American Political Science Review, 68, 1974, 1569–1578
Kraus, Rainer (1978)
Die Imperialismusdebatte zwischen Vladimir I. Lenin und Karl Kautsky, Frankfurt 1978
Kreile, Michael (1974)
Ostpolitik und ökonomische Interessen, in: Jahn, E.; Rittberger, V. (Hrsg.), Die Ostpolitik der Bundesrepublik, Opladen 1974, 71–94
Krell, Gert (1976)
Zur Theorie der Rüstungsdynamik im Ost-West-Konflikt, in: Politische Vierteljahresschrift, 17, 1976, 437–473
Krikorian, Y. H. (1935)
The Concept of Organization, in: Journal of Philosophy, 32, 1935, 119–126
Krippendorff, Ekkehart (1970)
Die amerikanische Strategie, Frankfurt 1970

Krock, Arthur (1970)
Ich und die Präsidenten, Gütersloh 1970
Kucklick, Bruce (1970)
The Division of Germany and American Policy of Reparations, in: Western Political Quarterly, 23, 1970, 276–293
Larson, Thomas B. (1978)
Soviet-American Rivalry, New York 1978
Lasswell, Harold D. (1946)
The Interrelations of World Organization and Society, in: Yale Law Journal, 55, 1946, 890–909
Legvold, Robert (1979)
The Super Rivals: Conflict in the Third World, in: Foreign Affairs, 57, 1979, 755–778
Lenin, W. I. (1917)
Der Imperialismus als höchstes Stadium des Kapitalismus (1917), Berlin 1951
Lerche, Charles O., jr. (1965)
The Cold War . . . and after, Englewood Cliffs, N.J. 1965
Levin, N. Gordon, jr. (1968)
Woodrow Wilson and World Politics, New York 1968
Link, Werner (1970)
Die amerikanische Stabilisierungspolitik in Deutschland 1921–1932, Düsseldorf 1970
Link, Werner (1971)
Das Konzept der friedlichen Kooperation und der Beginn des Kalten Krieges, Düsseldorf 1971
Link, Werner (1971)
Die amerikanische Außenpolitik aus revisionistischer Sicht, in: Neue Politische Literatur, 16, 1971, 205–220
Link, Werner (1972)
Die Rolle der USA im westeuropäischen Integrationsprozeß, in: Aus Politik und Zeitgeschichte, 1. 4. 1972, 3–13
Link, Werner (1974)
Procedures and Outcomes of Detente Policy, Washington, D.C. 1974
Link, Werner (1977)
Zielperspektiven in der amerikanischen Deutschland-Politik in der frühen Nachkriegszeit, in: Zeitgeschichte, 5, 1977, 2–12
Link, Werner (1978)
Deutsche und amerikanische Gewerkschaften und Geschäftsleute 1945–1975, Eine Studie über transnationale Beziehungen, Düsseldorf 1978
Link, Werner (1979)
Überlegungen zum Begriff »Konflikt« in den internationalen Beziehungen, in: Politische Vierteljahresschrift, 20, 1979, 33–50
Link, Werner; Feld, Werner J. (Hrsg.) (1979)
The New Nationalism, New York u.a. 1979
Liska, George (1960)
International Equilibrium, in: Hoffmann, Stanley (Hrsg.), Contemporary Theory in International Relations, Englewood Cliffs, N.J. 1960, 137–149
Liska, George (1973)
The Third World: Regional Systems and Global Order, vol. II, in: Osgood, Robert u.a., Retreat from Empire?, Baltimore und London 1973, 279–343

Löwenthal, Richard (1963)
Staatsfunktionen und Staatsform in den Entwicklungsländern, in: Die Demokratie im Wandel der Gesellschaft, Berlin 1963, 164–192
Löwenthal, Richard (1967)
Der Einfluß Chinas auf die Entwicklung des Ost-West-Konflikts in Europa, in: Europa-Archiv, 22, 1967, 339–350
Löwenthal, Richard (1971)
Freiheit der Eigenentwicklung, in: Außenpolitische Perspektiven des westdeutschen Staates, Bd. 1, Das Ende des Provisoriums, München und Wien 1971, 11–18
Löwenthal, Richard ([2]1974)
Vom Kalten Krieg zur Ostpolitik, in: Löwenthal, Richard; Schwarz, Hans-Peter (Hrsg.), Die zweite Republik, Stuttgart [2]1974, 604–699
Luard, Evan (1968)
Conflict and Peace in the Modern International System, Boston 1968
Luhmann, Niklas (1968)
Vertrauen – ein Mechanismus der Reduktion sozialer Komplexität, Stuttgart 1968
Luterbacher, Urs (1974)
Dimensions historiques de modèles dynamiques de conflit: application aux processus de course aux armements, 1900–1965, Leiden 1974
Maddox, Robert James (1973)
The New Left and the Origins of the Cold War, Princeton, N. J. 1973
Mansilla, Hugo C. F. (1978)
Entwicklung als Nachahmung, Meisenheim 1978
Martin, Bernd (1974)
Friedensinitiativen und Machtpolitik im Zweiten Weltkrieg 1939–1942, Düsseldorf 1974
Martin, Laurence W. (1963)
The American Decision to Rearm Germany, in: Stein, H. (Hrsg.), American Civil-Military Decisions, University of Alabama Press 1963, 643–665
Marx, Karl (1953)
Die Frühschriften, hrsg. von Siegfried Landshut, Stuttgart 1953
Materialien zum Bericht der Bundesregierung zur Lage der Nation, 1971 ff., Bonn 1971 ff.
Matthies, Volker (1979)
Die Bewegung der Blockfreien, in: Aus Politik und Zeitgeschichte, 15. 9. 1979, 35–46
Mayer, Arno J. (1959)
Political Origins of the New Diplomacy, 1917–1918, New Haven 1959
Mayer, Arno J. (1967)
Politics and Diplomacy of Peacemaking, New York 1967
McNeill, William H. (1970)
America, Britain and Russia, New York 1953, Neudruck 1970
Medick, Monika (1975)
Das Konzept des »Military-Industrial Complex« und das Problem einer Theorie demokratischer Kontrolle, in: Berghahn, V. (Hrsg.), Militarismus, Köln 1975, 347–377
Meier, Victor E. (1968)
Neuer Nationalismus in Südosteuropa, Opladen 1968
Meissner, Boris (1969)
Die »Breshnew-Doktrin«: das Prinzip des »proletarisch-sozialistischen

Internationalismus« und die Theorie von den »verschiedenen Wegen zum Sozialismus«; Dokumentation, Köln 1969
Meissner, Boris (1979)
Spezifische Wandlungen im Ostpakt-System, in: Außenpolitik, 30, 1979, 279–300
Menzel, Eberhard (1973)
Das Völkerrecht und die politisch-sozialen Grundstrukturen der modernen Welt, in: Picht, Georg; Eisenbart, Constanze (Hrsg.), Frieden und Völkerrecht, Stuttgart 1973, 401–456
Messelken, Karlheinz (1968)
Politikbegriff der modernen Soziologie, Köln und Opladen 1968
Millis, Walter (Hrsg.) (1951)
The Forrestal Diaries, New York 1951
Mitrany, David (1975)
The Functional Theory of Politics (1943), London 1975
Modelski, George (1972)
Principles of World Politics, New York und London 1972
Modelski, George (1974)
World Power Concentrations: Typology, Data, Explanatory Framework, Morristown, N.J. 1974
Modelski, George (1976)
The Long Cycle of Global Politics and the Nation-State, IPSA-Kongreß-Papier, Edingburgh 1976
Mols, Manfred (1978)
SELA – das jüngste lateinamerikanische Koordinationsinstrument, in: Berichte zur Entwicklung in Spanien, Portugal und Lateinamerika, 3, 1978, 14–30
Moore, Barrington, jr. (1951)
Soviet Politics – The Dilemma of Power, Cambridge, Mass. 1951
Moran, Theodore H. (1972/73)
Foreign Expansion as an »Institutional Necessity« for U.S. Corporate Capitalism, in: World Politics, 25, 1972/73, 369–386
Moreton, N. Edwina (1978)
East Germany and the Warsaw Alliance: The Politics of Détente, Boulder, Colorado 1978
Morgenthau, Hans J. (1963)
Macht und Frieden, Gütersloh 1963
Müller, Harald (1977)
Energiepolitik, Nuklearexport und die Weiterverbreitung von Kernwaffen, HSFK-Report, Frankfurt 1977
Näth, Marie Luise (1978)
Strategie und Taktik der chinesischen Außenpolitik, Hannover 1978
Nerlich, Uwe (1973)
Die Einhegung des Nuklearkrieges, in: Europa-Archiv, 28, 1973, 669–678
Nerlich, Uwe (1978)
Die amerikanisch-sowjetischen Beziehungen, in: Die Internationale Politik 1970–1972, München und Wien 1978, 187–230
Neuhold, Hanspeter (1977)
Internationale Konflikte – verbotene und erlaubte Mittel ihrer Austragung, Wien und New York 1977
Newhouse, John (1973)
Cold Dawn, The Story of SALT, New York u.a. 1973

Niclauss, Karlheinz (1966)
Die Sowjetunion und Hitlers Machtergreifung, Bonn 1966
Niedhart, Gottfried (1971)
Der Bündniswert der Sowjetunion im Urteil Großbritanniens 1936–1939, in: Militärgeschichtliche Mitteilungen, 2/1971, 55–67
Niedhart, Gottfried (1972)
Großbritannien und die Sowjetunion 1934–1939, München 1972
Nixon, Richard (1973)
U.S. Foreign Policy for the 1970's, A Report to the Congress, May 3, 1973
Nixon, Richard (1978)
Memoiren, Köln 1978
Nolte, Erich (1974)
Deutschland und der Kalte Krieg, München und Zürich 1974
North, Robert C.; Coser, Lewis A. (1968)
Conflict, in: International Encyclopedia of the Social Sciences, 3, 1968, 220–246
Nye, Joseph S. (1974)
Transnational Relations and Interstate Conflicts: An Empirical Analysis, in: International Organization, 28, 1974, 961–996
Offner, Arnold A. (1969)
American Appeasement, United States Foreign Policy and Germany 1933–1938, Cambridge, Mass. 1969
Onwuka, R. I. (1980)
Development and Integration in West Africa, The Case of ECOWAS, University of Ife, Nigeria 1980
Opitz, Peter J. (1980)
Prinzipielle Grundlagen und strategische Grundlinien der Außenpolitik der Volksrepublik China, in: Politische Studien, 31, 1980, 51–62
Organisation for Economic Co-operation and Development (1978)
From Marshall Plan to Global Interdependence, Paris 1978
Osgood, Charles E. ([2]1970)
Wechselseitige Initiative (1960), in: Krippendorff, E. (Hrsg.), Friedensforschung, Köln und Berlin [2]1970, 355–392
Osgood, Robert E.; Tucker, Robert W. (1967)
Force, Order, and Justice, Baltimore 1967
Overton, Willis F.; Reese, Hayne W. (1973)
Models of Development: Methodological Implications, in: Nesselroade, John R.; Reese, Hayne W. (Hrsg.), Lifespan Developmental Psychology, New York und London 1973, 65–86
Paterson, Thomas G. (1969)
The Abortive American Loan to Russia and the Origins of the Cold War, 1943–1946, in: Journal of American History, 56, 1969, 70–92
Pfaul, Albert (1929)
Weltstaat und Weltverfassung, Düsseldorf 1929
Popper, Karl R. (1973)
Über Wolken und Uhren, in: ders., Objektive Erkenntnis, Hamburg 1973, 230–282
Price, Thomas J. (1978)
Constraints on Foreign Policy Decision Making, in: International Studies Quarterly, 22, 1978, 357–376
Quester, George H. (1970)
Nuclear Diplomacy, New York 1970

Randelzhofer, Albrecht (1979)
Der normative Gehalt des Friedensbegriffs im Völkerrecht der Gegenwart, in: Delbrück, J. (Hrsg.), Völkerrecht und Kriegsverhütung, Berlin 1979, 13–39
Range, Willard (1959)
Franklin D. Roosevelt's World Order, Athens 1959
Ratchford, B. U.; Ross, W. D. (1947)
Berlin Reparations Assignment, Chapel Hill 1947
Rauschning, Hermann (1940)
Gespräche mit Hitler, Zürich u. a. 1940
Rivera, J. H. de (1968)
The Psychological Dimension of Foreign Policy, Columbus, Ohio 1968
Robinson, Thomas W. (1978)
Détente and the Sino-Soviet-U.S. Triangle, in: Sheldon, Della W. (Hrsg.), Dimensions of Détente, New York u. a. 1978, 50–83
Rölling, Bert V. A. (1970)
Einführung in die Wissenschaft von Krieg und Frieden, Neunkirchen 1970
Rosecrance, Richard (1973)
International Relations: Peace or War?, New York u. a. 1973
Rosenau, James N. (1966)
Pre-theories and Theories of Foreign Policy, in: Farrell, R. Barry (Hrsg.), Approaches to Comparative and International Politics, Evanston 1966
Royen, Christoph (1979)
Die sowjetische Koexistenzpolitik gegenüber Westeuropa, Baden-Baden 1979
Ruehl, Lothar (1974)
Machtpolitik und Friedensstrategie, Hamburg 1974
Ruffmann, Karl-Heinz ([7]1977)
Sowjetrußland 1917–1977, München [7]1977
Ruge, Martin (1976)
Der Beitrag der UNCTAD zur Herausbildung des Entwicklungsvölkerrechts, Frankfurt 1976
Ruggie, John Gerard (1971)
The Structure of International Organization: Contingency, Complexity, and Post-Modern Form, in: Peace Research Society, Papers, 18, 1971, 73–91
Ruggie, John Gerard (1972)
Collective Goods and Future International Collaboration, in: American Political Science Review, 66, 1972, 874–893
Rustow, Dankwart A.; Mugno, John F. (1976)
OPEC – Success and Prospects, New York 1976
Sasse, Horst (1958)
Die asiatisch-afrikanischen Staaten auf der Bandung-Konferenz, Frankfurt a. M. 1958
Sauvant, Karl P.; Hasenpflug, Hajo (Hrsg.) (1977)
The New International Economic Order, Boulder, Colorado 1977
Scott, Andrew M. (1977)
The Logic of International Interaction, in: International Studies Quarterly, 21, 1977, 429–460
Senghaas, Dieter (1969)
Abschreckung und Frieden, Frankfurt a. M. 1969

Senghaas, Dieter (1972)
Rüstung und Militarismus, Frankfurt a. M. 1972
Senghaas, Dieter (1977)
Weltwirtschaftsordnung und Entwicklungspolitik, Plädoyer für Dissoziation, Frankfurt 1977
Senghaas-Knobloch, Eva (1969)
Frieden durch Integration und Assoziation, Stuttgart 1969
Sherwin, Martin J. (1975)
A World Destroyed, New York 1975
Simma, Bruno; Blenk-Knocke, Edda (Hrsg.) (1979)
Zwischen Intervention und Zusammenarbeit, Berlin 1979
Simmel, Georg (1908)
Soziologie (1908), Berlin [4]1958
Simson, Werner von (1975)
Die Verteidigung des Friedens, München 1975
Singer, David J.; Small, Melvin (1966)
Formal Alliances, in: Journal of Peace Research, 3, 1966, 1–32
Singer, David J.; Small, Melvin (1972)
The Wages of War, 1816–1965, New York 1972
Singer, Kurt (1949)
The Meaning of Conflict, in: Australasian Journal of Philosophy, 27, 1949, 145–170
Singer, Kurt (1949)
The Resolution of Conflict, in: Social Research, 16, 1949, 230–245
Singer, Kurt (1949)
The Idea of Conflict (1949), Basel und Tübingen 1973
SIPRI (Stockholm International Peace Research Institute)
World Armaments and Disarmament, Yearbook 1972ff., Stockholm u. a. 1972ff.
Skjelsbaek, Kjell (1971)
The Growth of International Nongovernmental Organization in the Twentieth Century, in: Keohane, Robert O.; Nye, Joseph S., jr. (Hrsg.), Transnational Relations and World Politics, Cambridge, Mass. 1971, 70–92
Slocombe, Walter (1971)
The Political Implications of Strategic Parity, London 1971
Smith, Robert Freeman (1968)
American Foreign Relations 1920–1942, in: Berstein, B. J. (Hrsg.), Towards a New Past, New York 1968, 232–262
Smith, Tony (1977/78)
Changing Configurations of Power in North-South Relations since 1945, in: International Organization, 31, 1977/78, 1–27
Snyder, Glenn H. (1972)
Crisis Bargaining, in: Hermann, Charles F. (Hrsg.), International Crises, London 1972
Snyder, Glenn H.; Diesing, Paul (1977)
Conflict Among Nations, Princeton, N. J. 1977
Soell, Hartmut (1972)
Weltmarkt – Revolution – Staatenwelt, in: Archiv für Sozialgeschichte, 12, 1972, 109–184
Sorensen, Theodore C. (1966)
Kennedy, München 1966
Spiegel, Steven L. (1972)
Dominance and Diversity, Boston 1972

Sprout, Harold und Margaret (1971)
Ökologie, München 1971
Spulber, Nicolas (1957)
The Economics of Communist Eastern Europe, New York und London 1957
Spykman, Nicholas J. (1942)
America's Strategy in World Politics, New York 1942
Summer, William G. (1911)
Folksways, Boston 1911
Szulc, Tad (1978)
The Illusion of Peace: Foreign Policy in the Nixon Years, New York 1978
Schelling, Thomas C. (1960)
The Strategy of Conflict, Cambridge, Mass. 1960
Schmid, Günther (1979)
Entscheidung in Bonn: Die Entstehung der Ost- und Deutschlandpolitik 1969/1970, Köln 1979
Schmiederer, Ursula (1973)
Systemkonkurrenz als Strukturprinzip der internationalen Politik, in: Internationale Beziehungen als System, PVS-Sonderheft 5, 1973, 309–346
Schmitter, Philippe C. (1969)
Three Neo-Functional Hypotheses About International Integration, in: International Organization, 23, 1969, 162–166
Schramm, Friedrich K.; Riggert, Wolfram G.; Friedel, Alois (Hrsg.) (1972)
Sicherheitskonferenz in Europa (1954–1972), Frankfurt 1972
Schröder, Dieter (1968)
Die Konferenzen der »Dritten Welt«, Hamburg 1968
Schröder, Hans-Christoph (1968)
Sozialismus und Imperialismus, Hannover 1968
Schröder, Hans-Jürgen (1970)
Deutschland und die Vereinigten Staaten 1933–1939, Wiesbaden 1970
Schröder, Hans-Jürgen (1976)
Zur Genesis des Kalten Krieges, in: Neue Politische Literatur, 21, 1976, 488–506
Schroeder, P. W. (1977)
Quantitative Studies in the Balance of Power, in: Journal of Conflict Resolution, 21, 1977, 3–22, 23–74
Schulz, Eberhard (1975)
Moskau und die europäische Integration, München und Wien 1975
Schulz, Eberhard (1977)
Die Ostbeziehungen der Europäischen Gemeinschaft, München und Wien 1977
Schumpeter, Joseph A. (1953)
Zur Soziologie der Imperialismen, in: ders., Aufsätze zur Soziologie, Tübingen 1953
Schwarz, Hans-Peter (Hrsg.) (1979)
Entspannung und Wiedervereinigung, Stuttgart und Zürich 1979
Schwarz, Hans-Peter; Meissner, Boris (Hrsg.) (1979)
Entspannungspolitik in Ost und West, Köln u.a. 1979
Schwarz, Klaus-Dieter (Hrsg.) (^{2}1977)
Sicherheitspolitik, Bad Honnef-Erpel ^{2}1977
Schwarzenberger, Georg (1976)
The Dynamics of International Law, Abingdon 1976

Steinert, Marlis G.; Kapur, Harish (1977)
New Configurations of Power in International Relations, in: Institut universitaire des hautes études internationales (Hrsg.), Les relations internationales dans un monde en mutation, Genf 1977, 123–161
Stephens, Jerone (1972)
An Appraisal of Some System Approaches in the Study of International Systems, in: International Studies Quarterly, 16, 1972, 321–349
Sterling, Richard W. (1974)
Macropolitics – International Relations in a Global Society, New York 1974
Stratmann, K.-Peter (1973)
Vom Autismus kritischer Friedensforschung, in: Aus Politik und Zeitgeschichte, 6. 10. 1973, 3ff.
Thompson, John M. (1967)
Russia, Bolshevism, and the Versailles Peace, Princeton, N.J. 1967
Tiedtke, Stephan (1978)
Die Warschauer Vertragsorganisation: Zum Verhältnis von Militär- und Entspannungspolitik in Osteuropa, München 1978
Timberlake, Charles E. (1978)
Détente, A Documentary Record, New York u.a. 1978
Tomuschat, Christian (1976)
Tyrannei der Minderheit, in: German Yearbook of International Law, Jahrbuch für Internationales Recht, 19, 1976, 278–316
Triepel, Heinrich (1943)
Die Hegemonie (1943), Aalen [2]1974
Tucker, Robert W. (1977)
The Inequality of Nations, New York 1977
Uibopuu, Henn-Jüri (1971)
Die sowjetische Doktrin der friedlichen Koexistenz als Völkerrechtsproblem, Wien 1971
United Nations, Department of International Economic and Social Affairs, Statistical Office (Hrsg.).
Statistical Yearbook, New York 1948ff.
U.S. Congress, House of Representatives (1976)
United States National Security Policy vis-à-vis Eastern Europe (The »Sonnenfeldt Doctrine«), Hearings before the Subcommitee on International Security and Scientific Affairs, 94th Congress, 2nd Session, April 12, 1976, Washington, D.C. 1976
U.S. Congress, House of Representatives, Committee on International Relations (1977)
The Soviet Union and the Third World, 95th Congress, 1st Session, Washington, D.C. 1977
U.S. Congress, Senate, Committee on Foreign Affairs (1979)
Soviet Diplomacy and Negotiating Behavior, Special Studies Series on Foreign Affairs Issues, Vol. I, Washington, D.C. 1979
U.S. Department of Commerce (Hrsg.)
Statistical Abstracts of the United States, Washington, D.C. 1975ff.
U.S. Department of Commerce, Bureau of the Census (Hrsg.)
Survey of Current Business, Washington, D.C. 1979f.
Uschakow, Alexander (1972)
Der Ostmarkt im Comecon, Baden-Baden 1972
Väyrynen, Raimo (1973)
Militarization, Conflict Behavior and Interaction, Tampere Peace Research Institute, Research Reports, No. 3, 1973

Väyrynen, Raimo (1977)
Zur Dynamik des Unfriedens in Europa, in: Große-Jütte, A.; Jütte, R. (Hrsg.), Entspannung ohne Frieden, Frankfurt 1977, 60–67
Vandenberg, Arthur H., jr. (Hrsg.) (1952)
The Private Papers of Senator Arthur H. Vandenberg, Boston 1952
Venkataramani, M. S. (1958)
Manganese as a Factor in Indo-American Relations, in: Indian Quarterly, 14, 1958, 135ff.
Verdross, Alfred; Simma, Bruno (1976)
Universelles Völkerrecht, Berlin 1976
Wagner, Wolfgang (1980)
Das Ost-West-Verhältnis nach der sowjetischen Invasion in Afghanistan, in: Europa-Archiv, 35, 1980, 135–146
Wall, G. Roger (1975)
The Dynamics of Polarization, Stockholm 1975
Wallensteen, Peter (1973)
Structure and War, Stockholm 1973
Walters, F. P. (1952)
A History of the League of Nations, London 1952
Waltz, Kenneth N. (1971)
Conflict in World Politics, in: Spiegel, Steven L.; Waltz, Kenneth N. (Hrsg.), Conflict in World Politics, Cambridge, Mass. 1971, 454–474
Waltz, Kenneth N. (1975)
Theory of International Relations, in: Greenstein, F. I.; Polsby, N. W. (Hrsg.), Handbook of Political Science, vol. 8, Reading, Mass. 1975, 1–85
Watt, Donald Cameron (1975)
Too Serious a Business, Berkeley und Los Angeles 1975
Weingartner, Thomas (1973)
Die Außenpolitik der Sowjetunion seit 1945, Düsseldorf 1973
Weisert, Hartmut (1973)
Die Ausübung von auswärtiger Gewalt durch Privatpersonen, Diss. jur. Tübingen 1973
Weißbuch 1979
Zur Sicherheit der Bundesrepublik Deutschland und zur Entwicklung der Bundeswehr, hrsg. vom Bundesminister der Verteidigung, o.O. [1979]
Weltbank (Hrsg.)
Weltentwicklungsbericht 1978, 1979, Washington 1978f.
Wendt, Bernd-Jürgen (1971)
Economic Appeasement, Düsseldorf 1971
Wettig, Gerhard (1972)
Europäische Sicherheit, Düsseldorf 1972
Whetten, Lawrence L. (1971)
Germany's Ostpolitik, London u.a. 1971
Wight, Martin (1977)
Systems of States, Leicester 1977
Wight, Martin (1978)
Power Politics, Leicester 1978
Wilcox, Clair (1949)
A Charter for World Trade, New York 1949
Wilczynski, Jozef (1969)
The Economics and Politics of East-West-Trade, London 1969

Wilkins, Mira (1974)
The Maturing of Multinational Enterprise, Cambridge, Mass. 1974
Willetts, Peter (1978)
The Non-Aligned Movement, London und New York 1978
Williams, Phil (1976)
Crisis Management, London 1976
Williams, William Appleman (²1962)
The Tragedy of American Diplomacy, New York ²1962
Willms, Bernard (1974)
Ist weltpolitische Sicherheit institutionalisierbar?, in: Der Staat, 13, 1974, 305–334
Willms, Bernard (1976)
Dialektische Ansätze der Interpretation von intersystemaren Beziehungen, in: Zellentin, G. (Hrsg.), Annäherung, Abgrenzung und friedlicher Wandel in Europa, Boppard 1976, 45–78
Wohlstetter, Albert (1974)
Is there a Strategic Arms Race?, in: Foreign Policy, No. 15 und 16, 1974, 3–20 und 48–81
Wohlstetter, Albert (1976)
Racing Forward? Or Ambling Back?, in: Survey 22, 1976, 163–217
Wohlstetter, Albert und Roberta (1966)
Krisenmanagement: Das kubanische Beispiel, in: Nerlich, Uwe (Hrsg.), Krieg und Frieden in der modernen Staatenwelt, Gütersloh 1966, 85–124
Wolfe, Thomas W. (1970)
Soviet Power and Europe, 1945–1970, Baltimore und London 1970
Wolfers, Arnold (1946)
The Atomic Bomb in Soviet-American Relations, in: Brodie, Bernard (Hrsg.), The Absolute Weapon, New York 1946, 111–173
Woronoff, Jon (1970)
Organizing African Unity, Metuchen, N. J. 1970
Woyke, Wichard (Hrsg.) (1977)
Handwörterbuch Internationale Politik, Opladen 1977
Yahuda, Michael B. (1978)
China's Role in World Politics, London 1978
Yergin, Daniel (1977)
Shattered Peace, London 1977, (dt. Übersetzung: Der zerbrochene Frieden, Frankfurt 1979)
Young, Oran R. (1967)
The Intermediaries, Third Parties in International Crisis, Princeton, N. J. 1967
Young, Oran R. (1972)
The Actors in World Politics, in: Rosenau, J. N.; Davis, V.; East, Maurice A. (Hrsg.), The Analysis of International Politics, New York 1972, 125–144
Young, Oran R. (1976)
Die Vereinten Nationen im internationalen System, in: Doeker, Günther (Hrsg.), Die Vereinten Nationen, München 1976, 60–98
Young, Oran R. (1978)
On the Performance of the International Polity, in: British Journal of International Studies, 4, 1978, 191–208
Zartman, I. William (1976)
Europe and Africa: Decolonization or Dependency?, in: Foreign Affairs, 54, 1976, 325–343

Zellentin, Gerda (1970)
Intersystemare Beziehungen in Europa, Leiden 1970
Zellentin, Gerda (Hrsg.) (1976)
Annäherung, Abgrenzung und friedlicher Wandel in Europa, Boppard 1976
Zinnes, Dina A. (1967)
An Analytical Study of the Balance of Power Theories, in: Journal of Peace Research, 4, 1967, 270–288
Zinnes, Dina A. (1970)
Coalition Theories and the Balance of Power, in: Goenings, S.; Kelley, E. W.; Leiseson, M. (Hrsg.), The Study of Coalition Behavior, New York 1970, 351–368
Zusammenschlüsse und Pakte der Welt ([12]1979)
Siegler & Co., Bonn u.a. [12]1979

Nachwort

Eine systematische Studie über Entstehung und Verlauf des zentralen weltpolitischen Konflikts unseres Jahrhunderts zu schreiben, war eine Herausforderung, der ich mich nur aufgrund einer Reihe von Vorarbeiten zu stellen gewagt habe. Mein Kölner Kollege Peter Graf Kielmansegg hat im Sommer 1976 angeregt, diese Gesamtdarstellung zu versuchen. Sie beruht auf einem konflikttheoretischen Konzept, das ich im Winter 1978/79 entwickelt und vorab in der Politischen Vierteljahresschrift veröffentlicht habe. Der empirische Hauptteil ist im Sommer 1979 entstanden – dank der Gewährung eines Forschungssemesters durch den Kultusminister des Landes Rheinland-Pfalz.
Zahlreiche Bibliotheken und Archive haben mir ihre Unterstützung zuteil werden lassen. Bei der Beschaffung der umfangreichen Literatur (und später beim Korrekturlesen) waren Hildegard Locker, Ilse Eulenbruch und Paul Tücks behilflich. Mein Trierer Kollege und Freund Peter Haungs hat sich der Mühe unterzogen, das Rohmanuskript zu lesen und mit mir zu besprechen. Elfriede Schreiber hat die verschiedenen Manuskript-Fassungen mit großer Sorgfalt und Geduld geschrieben. Und schließlich wurde die lektoratsmäßige Betreuung von Dr. Reinhard Stumpf (Kohlhammer Verlag) mit Sachverstand und Verständnis vorgenommen.
Ihnen allen gilt mein herzlicher Dank.

Trier, im Sommer 1980 W. L.